让热爱劳动成为一种习惯

——高职院校劳动教育

主　审　赵航涛

主　编　李智勇　顾晓霞

副主编　陈　珂　胡培培　张　诚　葛　斌

编　委　方浩军　魏甜甜　胡晓红

南京大学出版社

图书在版编目(CIP)数据

让热爱劳动成为一种习惯：高职院校劳动教育 / 李
智勇，顾晓霞主编. -- 南京：南京大学出版社，2022.7
ISBN 978 - 7 - 305 - 25865 - 7

Ⅰ. ①让... Ⅱ. ①李... ②顾... Ⅲ. ①劳动教育-高
等职业教育-教材 Ⅳ. ①G40 - 015

中国版本图书馆 CIP 数据核字(2022)第 100836 号

出版发行 南京大学出版社
社　　址 南京市汉口路 22 号　　　邮　　编 210093
出 版 人 金鑫荣

书　　名 **让热爱劳动成为一种习惯——高职院校劳动教育**
主　　编 李智勇　顾晓霞
责任编辑 高　军　　　　　　编辑热线 (025)83305645

照　　排 南京私书坊文化传播有限公司
印　　刷 南京人文印务有限公司
开　　本 718mm×960mm 1/16　印张 15.75　字数 250 千
版　　次 2022 年 7 月第 1 版 2022 年 7 月第 1 次印刷
ISBN 978 - 7 - 305 - 25865 - 7
定　　价 42.00 元

网　　址 http://www.njupco.com
官方微博 http://weibo.com/njupco
官方微信 njupress
销售热线 (025)84461646

前　　言

习近平总书记在全国教育大会上强调，"要在学生中弘扬劳动精神，教育引导学生崇尚劳动、尊重劳动，懂得劳动最光荣、劳动最崇高、劳动最伟大、劳动最美丽的道理，长大后能够辛勤劳动、诚实劳动、创造性劳动"。习近平新时代中国特色社会主义劳动思想回应了新时代的重大关切，习近平总书记的多次重要讲话围绕劳动、劳动者、劳模精神等内容进行深刻阐述，讲话中蕴含了"实干兴邦"的劳动实践观、"民族复兴"的劳动发展观、"崇尚劳动""热爱劳动"的劳动价值观等丰富内涵，对劳动教育观等内容的论述丰富了新时代中国特色社会主义劳动思想理论体系。劳动具有树德、增智、强体、育美的多效功能，劳动教育是构建全面教育体系不可或缺的一环，是全面发展教育的重要组成部分。新时代加强劳动教育，是构建德智体美劳全面培养的教育体系，形成更高水平的人才培养体系的必然要求。

2020 年 3 月，中共中央、国务院印发的《关于全面加强新时代大中小学劳动教育的意见》要求"把劳动教育纳入人才培养全过程，贯通大中小学各学段，贯穿家庭、学校、社会各方面，与德育、智育、体育、美育相融合"。2020 年 7 月，教育部进一步印发的《大中小学劳动教育指导纲要（试行）》明确指出，"职业院校开设劳动专题教育必修课，不少于 16 学时；主要围绕劳动精神、劳模精神、工匠精神、劳动组织、劳动安全和劳动法规等方面设计"。2021 年 3 月，江苏省委办公厅印发《中共江苏省委江苏省人民政府关于全面加强新时代大中小学劳动教育的实施意见》提出，职业院校要"围绕增强职业荣誉感和责任感，以日常生活劳动、校内外公益服务劳动、真实的生产劳动和服务性劳动为主要内容，结合专业特点、运用专业技能、依托实习实训，广泛开展职业技能大赛、创新创业大赛、'劳模工匠进校园'等活动，发挥劳模先进示范引领作用，培育精益求精、追求卓越的工匠精神和爱岗敬业的劳动态度，坚定'三百六十行、行行出状元'的职业信念和'劳动光荣、技能宝贵、创造伟大'的价值观"。

关于新时代劳动教育的重要论述与文件,高扬了劳动教育的旗帜,丰富发展了党的教育方针,具有重大的时代价值和鲜明的现实针对性。从国家层面上讲,我们要始终弘扬劳模精神、劳动精神,为实现中华民族伟大复兴的中国梦注入强大的精神动力;从社会层面上讲,我们要在全社会营造"崇尚劳动"的浓厚氛围和精益求精的敬业风气,为中国特色社会主义事业汇聚劳动正能量;从个人层面上讲,需要感染并引领广大劳动者勤奋做事、勤勉为人、勤劳致富,培育践行社会主义核心价值观。由此,新时代党和国家对劳动教育的新要求、"立德树人"的根本任务以及在"劳育"中贯通"五育"的实践需要,也对高职院校深入开展劳动教育提出了新任务与新课题。

为引导高职院校学生理解和形成马克思主义劳动价值观,培养学生热爱劳动、崇尚劳动的情感,提升学生的劳动素养,锻炼学生在社会实践、家庭、校园、工作与创新创业等环境中的劳动技术与能力,辅助院校劳动教育课程开展,我们组织编写了本书。本书是集体智慧的结晶,由李智勇、顾晓霞担任主编,陈珂、胡培培、张诚、葛斌担任副主编,方浩军、魏甜甜、胡晓红参加了编写工作。全书按照高职学生的认知规律与高职院校育人目标,以项目为统领,以模块为主题,以案例导入、实践活动为特色,采用简明生动的语言将劳动理论、劳动素养、劳模精神、劳动技能与能力分模块组织起来,整体上体系完备、逻辑严密。丰富多样的实践任务贯穿全书,体现并落实了劳动教育的创新性、实践性与内外联动性,拉近了劳动理论与具体实践的距离,鼓励学生在生活中培养劳动习惯并结合学科和专业开展实习实训、志愿服务、勤工助学、创新创业等。

本书在编写过程中参考了许多专家学者的著作与文献资料,在此向有关作者表示诚挚的谢意!也希望本书的出版能够更好地辅助高职院校劳动教育课程的开展,并对本书的使用者有所帮助。

编者

2022 年 6 月

目　　录

项目一 劳动教育与劳动教育课程

学习目标

1. 了解劳动教育的概念、劳动教育的背景和意义。
2. 理解劳动素养、劳动精神、工匠精神、劳模精神的内涵及其要素。
3. 了解无锡科技职业学院建设"区校一体化"劳动教育课程的思路。

模块一　劳动与劳动教育

案例导入

习近平：在全国劳动模范和先进工作者表彰大会上的讲话（节选）
（2020 年 11 月 24 日）

劳动模范是民族的精英、人民的楷模，是共和国的功臣。我国是人民当家作主的社会主义国家，党和国家始终坚持全心全意依靠工人阶级方针，始终高度重视工人阶级和广大劳动群众在党和国家事业发展中的重要地位，始终高度重视发挥劳动模范和先进工作者的重要作用。

大力弘扬劳模精神、劳动精神、工匠精神。"不惰者，众善之师也。"在长期实践中，我们培育形成了爱岗敬业、争创一流、艰苦奋斗、勇于创新、淡泊名利、甘于奉献的劳模精神，崇尚劳动、热爱劳动、辛勤劳动、诚实劳动的劳动精神，执着专注、精益求精、一丝不苟、追求卓越的工匠精神。劳模精神、劳动精神、工匠精神是以爱国主义为核心的民族精神和以改革创新为核心的时代精神的生动体现，是鼓舞全党全国各族人民风雨无阻、勇敢前进的强大精神动力。

劳动是一切幸福的源泉。新形势下，我国工人阶级和广大劳动群众要继续学先进赶先进，自觉践行社会主义核心价值观，用劳动模范和先进工作者的崇高精神和高尚品格鞭策自己，焕发劳动热情，厚植工匠文化，恪守职业道德，将辛勤劳动、诚实劳动、创造性劳动作为自觉行为。各级党委和政府要尊重劳模、关爱劳模，贯彻好尊重劳动、尊重知识、尊重人才、尊重创造方针，完善劳模政策，提升劳模地位，落实劳模待遇，推动更多劳动模范和先进工作者竞相涌现。全社会要崇尚劳动、见贤思齐，加大对劳动模范和先进工作者的宣传力度，讲好劳模故事、讲好劳动故事、讲好工匠故事，弘扬劳动最光荣、劳动最崇高、劳动最伟大、劳动最美丽的社会风尚。要开展以劳动创造幸福为主题的宣传教育,把劳动教育纳入人才培养全过程,贯通大中小学各学段和家庭、学校、社会各方面,教育引导青少年树立以辛勤劳动为荣、以好逸恶劳为耻的劳动观,培养一代又一代热爱劳动、勤于劳动、善于劳动的高素质劳动者。

(资料来源:新华网)

案例点评　劳模是劳动者的杰出代表,劳模精神更是时代的宝贵财富。习近平总书记曾用"干劲、闯劲、钻劲"为劳模精神赋予新的时代内涵,这充分体现出党中央对广大劳动者的亲切关怀,把我们党对劳模精神的认识上升到新高度。要建设知识型、技能型、创新型劳动者大军,弘扬劳模精神和工匠精神。这是一种风向,更是一种取向:强调埋头苦干不等于一味蛮干,新三百六十行,哪一行都离不开创新。拥抱知识、技能和创新,是中国人口红利从"数量型"向"质量型"转型的必由之路,也是每一个个体放大人生价值的关键砝码。

一、劳动的内涵

(一)中国古代劳动观

认识和理解劳动的概念,首先应追溯古代,先从"劳"和"动"开始。"劳"字始见于甲骨文,本义是费力、劳苦,引申为疲劳、劳累、功劳、功绩。如《诗·邶风·凯风》云"棘心夭夭,母氏劬劳",泛指一般的劳动、烦劳。《尔雅·释诂》云"劳,勤也",指勤劳。《左传·僖公三十二年》提到"师劳力竭,远主备之,无乃不可乎?"这里的劳就是劳累。动,指改变原来的位置或状态。《礼记·月令》指出仲春,"蛰虫咸动"。《易·坤卦》指出"六二之动,直以方也",有动作之意。"劳动"指一般的劳作、活动。如《三国志·魏书·华佗传》"人体欲得劳动,但不当使极尔。"这里表示操作、活动的意思。宋代朱彧《萍洲可谈》中说:"但人生恶安逸,喜劳动,惜乎非中庸也。"可见,"劳动"一词是从古代"劳""动"中引申而来,最终演变为操作、活动之意。

(二)马克思主义劳动观

马克思认为,劳动是一种自由自觉的创造性活动,是自由的生命表现。劳动创造了人,劳动与人类社会历史相始终。劳动是具体的社会历史活动,劳动也具有超越社会历史的性质。在马克思看来,人不是理性的动物,而是劳动的动物,将人类与动物相区别的,不是理性而是劳动。人在改变自然的过程中创造了自己:首先,让自己从四肢爬行的动物变成直立行走的动物,创造了自己的肉体;其次,在劳动中心智不断丰富发展,让自己的活动越来越具有自觉性、能动性;再次,在劳动中结成社会组织,使人成为社会的人。劳动是创造人的真正"上帝",劳动是人的本质。

1. 劳动创造人和人类社会

马克思认为,劳动过程是人满足自己生存和生活需求,使自己获得主体性的过程。马克思以无产阶级的视角,从唯物史观的角度对"人类社会"做了深刻地阐释。首先,劳动创造了人。马克思认为,人的本质的生成和发展是在劳动中完成的,人首先是一种自然存在物,人类在劳动过程中利用自身的自然力(手、臂、腿等)去改变自然界,同时也改变自身。人类在劳动过程中开始越来越多地体现自己的主观能动性,将人类从动物界分离出来的就是这种有意识的劳动过程。这种特有的活动形式,其目的在于改造自然界以满足自身需求。所以马克思认为,通过劳动,人类就可以证明自身的诞生和形成。其次,劳动创建了人类社会。劳动在人类社会发展中具有基础性的作用。为了生存,人类必须生产劳动,以获得生存所必需的物质资料。劳动是社会中的劳动,在物质生产劳动中人们会结成一定的社会关系,即产生了社会,在其现实性上,社会就是个人彼此间关系的总和。

2. 劳动决定人的类本质

马克思对人的本质做了全面而又准确的阐述,从人学的角度出发对劳动进行阐释,由此论述了劳动与人的本质间的关系。首先,劳动决定人的"类本质"。"类特性"就是"类本质"。马克思认为:"种的类特性就在于生命活动的性质,而自由的有意识的活动恰恰就是人的类特性。"人类的劳动实践,将人与动物区分开来,人类证明自己是有意识的类存在物。其次,人的本质是社会关系的总和。只有与他人相联系,人们才能够进行生产劳动,并在生产的过程中与他人结成各种社会关系。因而,脱离社会的单个人是不存在的,只要进行实践劳动,必然会与他人结成一定的社会关系,劳动关系便是其中最基础的社会关系。因而,他认为人的本质是一切社会关系的总和。最后,劳动也是人的本质需要。人自身的需要形成了劳动实践和社会活动,人类为了生存必须进行物质生产。而人对自己的需要有一个逐步认识的过程,人类通过劳动创造物质财富,以满足当前的物质需要的同时,在一定程度上也促进了人对自我需要的认知,如正是劳动在满足人类物质需要的同时,催生了人类的精神需求。可见,劳动实践在人的需要中发挥了重要的作用。

3. 劳动实现人的本质复归

马克思认为,要实现人的本质的复归,就必须对异化劳动进行"扬弃"。实现劳动的解放,让劳动成为人自由自觉的活动,为实现人的全面解放提供最直接的条件。马克思劳动解放学说内涵十分丰富,具体来说主要包含三个层面的内容:首先,自然层面的解放。人类在劳动实践中不断地发现和掌握自然规律,人的主体性得到进一步彰显,改造自然的能力进一步增强,社会生产力进一步提高。其次,社会层面的解放。主要体现在分工和私有制的消灭,以及和谐劳动关系的建立上。马克思认为,自由、和谐的劳动关系只有在共产主义社会才能实现。最后,人自身的解放。劳动不再是人们谋生的手段,而是人们生活的"第一需要",人们享有充分的劳动自由,且可以根据自身需要获得劳动产品。人在劳动过程中肯定自己,实现对自己本质的复归。劳动解放的最终目的是实现人类自身的解放。在劳动解放阶段,人自由全面地发展成为人类劳动的目的,只有在共产主义社会,劳动解放才能实现,人的自由全面发展才能得到最坚实的保障。

总之,劳动是人类最本质的特征。从广义上讲,无论人们从事什么样的工作,实际上都是在付出劳动。从狭义上讲,劳动更倾向于我们为满足生存需要而进行的体力劳动。劳动是人类自身的活动,它通过相互合作使人类群体融入自然,以自身的力量促进人与自然的互动,并与物质、信息、能量进行交流,以满足人类和社会的需要。

二、劳动教育的内涵

劳动教育是指教育者有目的、系统地对受教育者进行劳动知识讲授、劳动能力培养、劳动精神培养和劳动习惯培养的教育活动。其目的是督促大学生掌握现代生产的劳动技能,提高劳动质量。

第一,劳动教育是具有教育性的活动。檀传宝认为,劳动教育是促进学生全面发展的教育活动。劳动教育主张贯彻执行,需要我们进行研究、讨论、探索,只有进行劳动实践探索,才能真正解答劳动教育的问题。劳动教育是教导学生热爱劳动、热爱劳动人民的教育活动。陶行知也把劳动教育视为让年轻人劳力劳心的实践活动。劳动教育可以帮助学生形成正确的劳动观和积极的工作态度，养成良好的工作习惯，掌握必要的劳动知识和技能，并开展创造性的劳动教育活动。

第二，劳动教育是具有劳动的教育。劳动教育要求学生形成劳动习惯，具备一定的劳动知识和技能，具有创造性劳动的能力。大学劳动教育的发展离不开具体的劳动形式。《教师百科辞典》认为："劳动教育向受教育者传授基础常识和技能，注重智力的培育，培育他们具有正确的劳动观和劳动习惯。"《新时期新名词大辞典》指出："劳动教育要求学生树立正确的劳动观和劳动态度，爱劳动和劳动人民，掌握必需的劳动知识和技能，养成爱劳动的习惯。"

第三，劳动教育具有德育的部分内容。劳动教育在《辞海》里的定义是"热爱劳动，尊重劳动人民，重视劳动成果，树立正确劳动观念和态度，并通过日常生活养成工作习惯的教育"。

高校劳动教育通过开展劳动教育活动，使大学生获得全面的发展。著名教育家陶行知认为，劳动是青少年手脑发展的重要途径，青少年通过劳动获得对事物的真知，感受劳动人民辛勤工作的诚恳品质，增强对劳动和劳动者的认同感。

除此之外，苏霍姆林斯基认为，劳动教育在劳动过程中融入德育、智育和美育等因素，使青年学生参加社会生产的实际训练，进而促进大学生的道德品格和智力品格的提升。

综上所述，劳动教育是大学生成长的必由之路。劳动教育有计划地组织大学生参加劳动，使大学生参与实践、锤炼意志，培养大学生树立正确的劳动价值观并形成良好的劳动素质。

三、劳动教育的意义

劳动教育关系到人的全面发展，关系到国家的未来，开展劳动教育是遵循马克思主义教育思想、构建高质量教育体系和高水平人才培养体系的必然要求，对于职业院校整个课程教学及人才培养具有重要意义，应当予以高度重视。

（一）必然要求

首先，开展劳动教育是遵循马克思主义教育思想的必然要求。马克思提出了生产劳动与教育相结合的劳动教育思想，并将其确定为办好社会主义教育的一条重要原则。而且，这不同于普通的教育思想，他从唯物主义角度阐述了系统全面的劳动教育思想，把劳动教育提升到普遍规律的高度之上，强调人的解放需要开展劳动教育，从根本上明确了教育应当"为人、对人、靠人"。事实上，对照人类社会的发展历史，无论人类的解放和自身发展，还是生产生活及获得财富的实践，都离不开劳动，获得幸福也需要通过劳动创造。不仅如此，劳动还有助于人们获得生产生活经验和增强个人奋斗的主动性。显然，劳动教育的开展不可或缺。

其次，开展劳动教育是构建高质量教育体系和高水平人才培养体系的必然要求。我国职业院校肩负着培养社会主义事业建设者和接班人、造就无数高技术技能人才的重大任务，肩负着"为人民服务、为中国共产党治国理政服务、为巩固和发展中国特色社会主义制度服务、为改革开放和社会主义现代化建设服务"的神圣使命，其培养的人才就应该有正确的世界观、人生观和价值观以及正确的事业观、审美观和劳动观。职业院校开展劳动教育，可以促进树德、增智、强体、育美。其中，劳动精神的培育是职业院校德育的重要内容，劳动科学和技能的教育是职业院校智育的重要内容，劳动能力的锻炼是职业院校体育的重要内容，劳动者对美的追求和创造是职业院校美育的重要内容。但五者并不能彼此替代，因为德育侧重于解决教育对象的世界观、人生观和价值观问题，体现"善"的要求；智育侧重于开发智能，体现"真"的要求；体育促进身体发育和功能发展，体现"健"的要求；美育陶冶情操，塑造心灵，体现"美"的要求；而劳动教育侧重培养劳动观念，培育劳动技能，体现"实"的要求。加强劳动教育，倡导劳动最光荣、劳动最崇高、劳动最伟大、劳动最美丽的价值观念，将切实加强学生理想信念教育，使其崇尚劳动价值、追求劳动创造、尊重劳动主体，以辛勤劳动为荣，以好逸恶劳为耻，不断成长为有理想信念、有过硬本领、有责任担当的社会主义建设者和接班人，进一步营造劳动光荣的社会风尚和精益求精的敬业风气。将劳动教育与德智体美并列，作为构建全面教育体系不可或缺的一环，既是对劳动教育本身的有效加强，也是对德智体美教育的有力支撑。劳动教育应该独立成为完善人才培养目标、支持德智体美教育的重要平台。可以说，加强职业院校劳动教育，是中国特色高等教育的显著特点，是扎根中国大地办职业院校的本质要求。

（二）客观需要

劳动教育是劳动和教育的有机结合，一方面发挥了劳动的效用，通过总结和利用实践经验实现了理论和实践相结合、知行合一，人们得以在实践中学习、在学习中实践；另一方面发挥了教育的效用，增进了学生对于劳动生产知识和技术的认识与理解，提高了学生的劳动实践能力以及分析和解决问题的水平。因此，劳动教育与德育、智育、体育、美育密不可分，有助于完善教育工作，培养"德、智、体、美、劳"全面发展的人才。"以劳动托起中国梦"是习近平总书记对于历史和现实的清晰判断，只有加强劳动教育才能培养出一大批勤于劳动和善于劳动的人才，才能符合新时代教育发展的根本要求，因而成为实现个人梦想和国家梦想的重要选择。

但在现实生活中，由于社会物质生活的丰富和传统的家庭教育方法有失偏颇，孩子应该做的事情都由家长包办了，致使一些孩子在家力所能及的事情都不肯去做或没有做过，过着饭来张口、衣来伸手的生活。部分学生连起码的洗衣、扫地、整理物品都不会做。毫无疑问，贯彻落实党的教育方针，把"劳"作为培养目标之一，在职业院校开展多种形式的劳动教育，是当前社会现实的需要，更是年轻一代成为实现中华民族伟大复兴的中国梦的社会主义事业建设者和接班人的需要。

四、新时代关于劳动教育的相关论述：综合协同育人

2013 年，《教育部关于推进中小学教育质量综合评价改革的意见》中指出：全面贯彻培养德智体美全面发展的社会主义建设者和接班人的教育方针，"落实立德树人根本任务，遵循学生身心发展规律和教育教学规律，坚持科学的教育质量观"。在《中小学教育质量综合评价指标框架（试行）》中将实践能力作为衡量学业发展水平的关键指标之一，要求学生关注现实生活、参加社会实践和志愿服务活动，具有解决实际问题的能力，并且进行职业准备等，评价的主要依据是义务教育课程方案和各学科课程标准、普通高中课程方案和各学科课程标准以及其他相关规范性文件等。

2018 年，习近平总书记在全国教育大会上强调"培养德智体美劳全面发展"的社会主义现代化建设时代新人。把"四育"提升至"五育"，凸显了"劳

动教育"的重要价值。在教育教学中,力求实现五育融合发展,要求学生做到"力行,知行合一"。同时,为了加强劳动教育,将研学旅行纳入教育教学之中,以此不断提高学生的综合实践能力。《中国教育现代化 2035》指出,在教育现代化建设进程中,需要大力弘扬劳动精神,提升自我实践能力,实现德智体美劳全面发展;2019 年,《关于全面加强新时代大中小学劳动教育的意见》强调,劳动教育作为中国特色社会主义制度的重要内容,对人的劳动精神风貌、劳动价值取向和劳动技能水平起着直接的决定性作用,劳动教育具有树德、增智、强体、育美的综合育人价值;2020 年,教育部印发的《大中小学劳动教育指导纲要(试行)》中对"劳动教育"的内涵和外延做了界定,劳动教育包括日常生活劳动教育、生产劳动教育和服务性劳动教育,劳动教育通过发挥劳动的育人功能,培养学生的劳动观念,提升学生学习与实践的积极性和创造性。

自 2018 年习近平总书记在全国教育大会上提出"培养德智体美劳全面发展的社会主义建设者和接班人"以来,"劳动教育"被重提,并被置于社会主义现代化发展战略的重要位置。由"德智体美全面发展"上升为"德智体美劳全面发展",可以说是历史性的重要变革,这是"劳动教育"发展史上一次重要的跨越。之所以重提"劳动教育"且特别强调劳动教育在新时代背景下存在的重要价值,原因不外乎先前对劳动教育的忽视以致劳动教育难以满足现阶段的教育教学以及社会和学生本身发展所需也难以得到满足。

在此之前,"劳动教育"并不是不存在的,"劳育"时常以不同的形态出现在大众视野中,但是"劳动教育"该如何存在于现行的教育教学情境中,该如何立足于不同的时代,需要我们结合时代发展所需综合考量。此外,劳动教育对个体及社会发展的价值尚未得到足够的重视。在新时代背景下,应培养德智体美劳全面发展的时代新人,推动五育融合发展,着力于综合协同育人。

思考题

1. 劳动与劳动教育的内涵是什么?
2. 高校开展劳动教育的意义是什么?

实践任务

我的劳动实践清单

将自己在每学期打算重点学习的劳动实践项目填写在下表中。

学期	劳动类型		
	生活劳动	校园劳动	社会劳动
第一学期			
第二学期			
第三学期			
第四学期			
第五学期			
第六学期			

模块二 劳动素养与劳模精神

案例导入

宝剑锋从磨砺出——记"无锡市企业首席技师"王德兵

创新设计涡轮加工工艺、叶轮转子线切割夹具,设计工、量、夹具,设备维护等技术创新创造,在王德兵的职业生涯中这样的例子举不胜举。王德兵用行动诠释了新时代的"工匠精神",为年轻一代技术工人树立了良好榜样。

1991年,王德兵技校毕业进入汽车齿轮厂工作,一年后公司新投产一批汽车,工程技术部来寻企业里能力最强的车工试制,结果却失败而归。厂领导在车间现场召开技术大会,谁都不敢懈怠,技术人员面露难色。王德兵暗下决心,这个果真这么难吗? 自此,王德兵暗下功夫、废寝忘食,同事都下班了,他泡在资料室里独自研究;回到家里,也是一大堆资料,一坐书桌前就掌灯至半夜。他的努力终于有些眉目,但身体却出现问题,在一次挑灯夜战中晕倒在车床前,幸亏被夜间巡查的门卫师傅发现,把他送到医院。他的"秘密"终于被厂里知晓。王德兵一下子成了企业明星,他在 Y3180 滚齿机上加工出台阶齿,为企业节约了十几万设备费用。这次对刀具运动轨迹的精心计算,是王德兵第一次完美的绽放。

2004年,王德兵到堰桥街道的高科技企业无锡神龙精密机械公司,企业以生产航天发动机叶轮、叶片为主,核心零部件尺寸精度要求达到0.005 mm。作为一名车工,王德兵时刻以"大国工匠"为榜样,不断鞭策自己学习新工艺、新方法。一次,公司接了一批纺丝罗拉零件,零件中有一条3.2 mm×15.5 mm 的平面槽,加工难度相当大。用高速钢车道在 CW6163 车床上割槽,刚开始切削顺利,后来排削困难、崩刀,加工第一件用了一整天时间,直接断了6把刀,零件报废。王德兵不服输,他又开始挑灯夜战,通过技术攻关,设计出合适的刀具形状,采用反车法,加工效率显著提高。这种"平面深槽反车法"及功高强度材料用丝锥修磨法,在全国行业内得到了广泛推广。

2010年,王德兵报名参加中央广播电视大学的机电一体化专业学习,取得该专业的大专学历。他熟练掌握车、磨、钻、铣等传统机加工设备的使用方法,还努力学习并掌握数控车床、数控铣床等现代化高科技设备操作技巧,全面掌握2—5轴数控编程技术,多种CAD/CAM、数控仿真应用软件等,是"全能型"复合技能人才。

20多年职业技术生涯中,王德兵先后从事滚齿工、磨工、车工、数控车工、钳工等工种;经历技术工人、工程师、企业管理等岗位,于2006年获惠山区职工职业技能大赛冠军、街道职工职业技能大赛车工组冠军;2010年获堰桥街道"技术能手"称号;2017年获惠山区职工职业技能大赛、街道职工职业技能大赛数控车工三等奖,以及"惠山工匠"称号;2019年获无锡市"技术能手"称号;2020年获"无锡市企业首席技师"等荣誉称号。

(资料来源:中国县域经济报,内容有改动)

案例点评 王德兵身上体现了"工匠精神",本质在于精益求精、严谨、耐心、专注、坚持、专业、敬业。加快制造业转型升级、实现制造大国向制造强国转变,需要培养大批拥有工匠精神的技能人才。人民对工匠精神的敬仰、崇尚已经融入血液中,成为一种民族文化自觉和习惯,一技一品,精益求精,几百年风尚不变,造就了国家的竞争力。要想真正成为世界大国、强国,必须着力培养大国工匠精神,使工匠精神植根于全体国民思想,落实在行动上。

一、劳动素养

(一)劳动素养的含义

劳动素养指一般劳动者在实践生活中通过教育学习和训练,对劳动内涵的理解、对劳动价值取向的认识、对劳动知识和技能的掌握以及与劳动有关的优良品质的集合。

劳动素养具有多方面特征。第一,实践性。劳动素养不是先天具备的,是在后天学习实践中培育的。劳动素养的培育、形成是动态过程，要坚持知行统一。第二，发展性。劳动素养的培育随着时代变迁具有发展性特征，是未来发展所需的关键素养，具有个体发展的连续性。在科技高速发展的新时代，劳动者需要有更高的劳动素养，适应社会的发展需求和满足自身的发展需求。第三，综合性。劳动素养各构成要素之间是相互关联的，只有采取综合的劳动素养培育体系，才能使劳动者的劳动素养得以提升。在培育劳动素养的过程中，也需要进行其他形式的教育。劳动素养并不是简单的生存发展技能，也不指向某一学科知识，而是与其他学科互渗、交叉，对于存在的问题，也需要多方配合、综合解决。

（二）大学生劳动素养

深入学习习近平总书记关于劳动、劳动精神的重要论述，这些重要论述深刻回答了"为什么劳动、需要什么劳动、应该怎样劳动"的问题，为大学生劳动素养的建构提供了思想引领，为高校大学生劳动素养培育提供了实践指南。2020年7月，教育部下发的《大中小学劳动教育指导纲要（试行）》提出了劳动教育的总体目标，针对各学段提出了具体的教学内容和要求，这是界定大学生劳动素养的重要尺度。劳动教育的总体目标是："树立正确的劳动观念，培养积极的劳动精神，具备必备的劳动能力，养成良好的劳动习惯与品质。"

大学生劳动素养的内涵，需要在把握劳动素养内涵的基础上，结合大学生群体的特征来界定。大学生作为新时代的主力军，既要具备一般劳动者所必需的劳动素养，也应具备更高水平的劳动素养。大学生与基础学段的中小学生在知识层次、思维深度、价值追求方面存在差异，针对不同学段的目标任务对劳动素养的培育也有不同的要求，大学生劳动素养是中小学劳动素养的不断深化。大学生劳动素养的内涵被界定为大学生通过教育学习与实践，养成主动的劳动意识，秉持正确的劳动价值观念，具备必要的从事学习生活、创新创造的劳动知识和技能。

大学生劳动素养包括四个要素：劳动意识、劳动价值观、劳动知识和劳动技能。对大学生劳动素养的构成要素进行解构式的分析，我们更能明了一个具有良好劳动素养的大学生所应当具备的素质，这也为高校培育大学生劳动素养提供了目标与方向。

1. 劳动意识

劳动意识,是劳动者在劳动实施过程中自觉性的体现,是对劳动形式的感知与选择,也是对待自己和他人劳动成果态度的综合反映。劳动意识是否主动决定着大学生在劳动过程中是否发挥主观能动性。劳动意识产生于人的头脑之中,有特定的反映对象。劳动意识的价值导向通过劳动动机和劳动态度显现。劳动意识的主动与否直接影响着大学生对劳动价值取向的认识、劳动精神的弘扬、劳动知识和技能的形成与发展。因此,要大力激发大学生内在的主动性和能动性,引导他们勤于学习,鞭策自己,在学习生活中强化自立自强意识,展现当代大学生自力更生的独立精神。增强劳动诚实意识,教导大学生积极参与服务性劳动,积极参加志愿者服务、疫情防控等工作,充分彰显大学生的实干精神,进一步形成参与社会主义建设的自觉意识。

2. 劳动价值观

2018 年 9 月,习近平总书记在全国教育大会上讲到引导学生"崇尚劳动、尊重劳动,懂得劳动最光荣、劳动最崇高、劳动最伟大、劳动最美丽的道理,长大后能够辛勤劳动、诚实劳动、创造性劳动"。

这是对劳动价值观的高度凝练和本质总结。劳动价值观是大学生对劳动、劳动者、劳动过程、劳动关系、劳动价值和劳动目的的总评价和基本看法。劳动价值观是随着社会现代化不断发展的心理现象,通过感知逐步形成的稳定的心理模式。首先,培养大学生深厚的劳动情怀,做到深入、持久地"爱劳动",强化正确的劳动观念和消费观念。其次,大学生要尊重劳动,对逃避劳动、歧视劳动等错误观念予以否定,正确认识到所有的职业都在社会主义发展过程中存在重大价值。崇尚、尊重劳动者,树立劳动者平等、不予区别对待的价值观念。最后,教导大学生在实践活动中,不断超越人与自然、人与人、人与社会之间的重重矛盾,在劳动的过程中创造美好生活、塑造美好品格。

3. 劳动知识和劳动技能

掌握与社会主义建设发展需求和未来人工智能相适应的劳动知识和技能是大学生劳动素养的根本。劳动知识是大学生在教育学习与实践中必须掌握并不断学习的知识,具体包括三个方面:理论性劳动知识;专业性劳动知识;与大学生自身权利义务息息相关的劳动法律知识。劳动知识和技能密不可分,大学生劳动知识丰富,才能在实践中有章可循,劳动知识和技能决定大学生在从事生产劳动、服务性劳动的过程中改造客观物质世界的能力。归根到底还是取决于是否会运用劳动能力解决实际问题。首先,在实践过程中,要不断提升对劳动知识进行综合运用的能力,掌握更全面的劳动知识和技能,做高素质的劳动者。其次,劳动能力的本质在于创造性劳动,不在于简单重复性工作,重复性工作显然不利于大学生劳动技能的增加。大学生要主动适应大数据时代、人工智能时代、新劳动形态的变革;学校和社会要充分运用人工智能的积极因素,合力推动大学生劳动素养培育与大数据信息技术手段的融合,合力推动大学生劳动知识和技能的整体提升。

要正确认识大学生劳动素养各构成要素之间的关系。它们四者之间相互独立又相互联系。劳动意识是大学生劳动素养的认知基础,没有主动自觉的劳动意识,大学生劳动素养培育就无从谈起。劳动价值观是大学生劳动素养的核心所在,劳动价值观作为劳动素养提升的内在驱动力,与大学生意识的参与程度和意愿的强弱有直接关系。劳动价值观的本质在于创造性劳动,劳动创造成果不仅满足个人需求,更要服务他人和社会。劳动知识和劳动技能是大学生劳动素养的根本,是完成劳动任务、解决实际问题的胜任力,是心理与生理综合而成的能力,劳动知识和技能相互支撑并共同发展。大学生劳动素养各构成要素之间相辅相成、相互融合,缺一不可,内在统一于大学生劳动素养培育过程中。劳动精神是劳动者价值追求和精神面貌的集中反映,贯穿于大学生劳动素养培育的整个过程,具有精神引领作用,具有指导导向。同时,劳动精神的弘扬也离不开劳动意识、劳动价值观、劳动知识和劳动技能四大要素合力共推。

二、劳动精神

(一)劳动精神的内涵

"精神"有两个意思,既指"人的意识、思维活动和一般心理状态",又指一个人所表现出来的"活力",形容"活跃、有生气"。劳动精神则是指劳动者所秉持的热爱劳动的态度、崇尚劳动的理念及其展现出的积极的人格气质。"热爱劳动的态度、崇尚劳动的理念"体现为对劳动价值的正确认识、对劳动态度的正向认识、对劳动者和劳动成果的尊重和珍惜等;"积极的人格气质"是"热爱劳动的态度、崇尚劳动的理念"在劳动者身上的个性体现,表现为劳动者身上焕发出来的辛勤劳动、诚实劳动、创造性劳动的活力风貌。劳动精神是关于劳动的思想认知和行为实践的集中体现，其本质上反映的是劳动者的思想情感和人格气质。

2020 年 3 月，中共中央、国务院颁布的《关于全面加强新时代大中小学劳动教育的意见》有针对性地对大学、中学、小学学生的劳动教育提出了内容指引：勤俭、奋斗、创新、奉献，符合国家和社会对于学生的期盼和要求。根据大学生身份、特点、问题实际，应该以培养勤俭、奋斗、创新、奉献的劳动精神为基础，为以后走入社会劳动岗位打下基础。大学生正处于世界观、人生观、价值观形成的关键时期，可塑性很强，在没有真正进入社会劳动岗位时，其实也或多或少接触到兼职、社会实践、志愿服务等形式的劳动过程，容易受到不良社会风气影响，沾染不良习气，所以在高校里必须加强大学生的劳动精神教育。

2020 年 11 月 24 日，习近平总书记在全国劳动模范和先进工作者表彰大会上，将"劳动精神"进一步凝练和升华为 16 个字：崇尚劳动、热爱劳动、辛勤劳动、诚实劳动。这 16 个字的劳动精神内涵是相对于全社会普通劳动者提出的。大学生未参加实际劳动工作，对他们来说，更需要强调勤俭、奋斗、创新、奉献的劳动精神。这 16 个字的内涵是大学生今后追求的目标和努力方向。

要把劳动精神、劳模精神、工匠精神做一定的区分。如果说劳动精神是每一名合格的劳动者基本精神风貌的要求，那么劳模精神便是劳动者中的杰出代表的精神风貌。如果说劳动精神是劳动者的共性，则工匠精神就是精益求精、追求卓越的劳动者的个性。三者的共同点在于，劳动精神、劳模精神、工匠精神都是通过劳动磨砺出来的精神产物，都是广大劳动者的精神财富。基于劳动精神的基础性，在大学生中着重开展劳动精神教育，既符合大学生的身份，又能为将来使劳动精神饱满的优秀大学生成长为行业劳模、大国工匠打下坚实基础。

（二）劳动精神教育的意义

新时代的号角已吹响，当下的中国正处在一个史无前例的靠近世界舞台中央的大时代，这是一个孕育和绽放蓬勃的青春力量的黄金时代。在全新的历史方位下，在大学生群体中进行劳动精神教育有着重要的现实意义和丰富的价值意蕴。

1. 应对国情大考：当前加强大学生思想政治教育的必然要求

不论是"脱贫攻坚"工作，还是"抗击新冠疫情"挑战，无疑都是摆在每个中国人面前的"大考加试题"。在脱贫攻坚工作中，数百万名扶贫干部把最美的青春无私奉献在每一寸贫困的土地上。面对新冠疫情的世纪大考，不论是"不计报酬、不惧生死"的白衣天使、无私忘我的社区工作者，还是勤勤恳恳的快递员，我国各行各业的劳动者都挺身而出，在自己的岗位上为人类做出应有的贡献，他们是劳动者的价值标杆。此时，不再有人会将这些普通又伟大的劳动者机械划分为"劳心者"或"劳力者"，此时，言传和身教有机结合地教育引导大学生"劳动不分贵贱""系好第一粒扣子"，将比往日更能让学生明白"中国梦"与"劳动美"的关系。事实上，越来越多的大学生志愿者也备受感召，正在积极投入脱贫攻坚和抗击疫情的志愿服务之中。他们放弃家里舒适的环境，放下电脑游戏，利用寒暑假返回家乡开展脱贫攻坚社会实践，他们用专业所学帮助滞销果农开辟电商销售渠道，他们站在村里各个道口进行体温测量，他们深入各个社区为居民分发"爱心蔬菜包"……越来越多的大学生正在自觉矫正不劳而获、鄙视劳动的认识偏差，逐渐树立劳动只有分工、不分贵贱的职业价值观，积极参加各类劳动实践。由此可见，大学生的劳动精神是可以通过教育树立起来、教育出来的，加强大学生劳动精神教育有助于改善大学生迷茫懒惰、怕苦怕累的现状。加强大学生劳动精神教育是当下加强大学生思想政治教育的必然要求，是因事而化、因时而进、因事而新，为我们倾举国之力、共克时艰提供思想保障。

2. 响应时代呼唤：培育时代新人的必经之路

习近平总书记曾指出，要把立德树人作为教育的根本任务，要努力构建德智体美劳全面培养的教育体系。习近平总书记将"劳"与"德智体美"相并列，作为全面培养学生的重要内容，凸显了劳动教育的重要地位。劳动是最好的德育，劳动精神教育是立德树人的重要文化载体，人的良好品德的培育需要在劳动过程中完成，在劳动中懂得善于学习、刻苦钻研、脚踏实地，养成崇尚劳动、尊重劳动的优秀品格，在劳动中掌握先进的劳动本领，实现全面发展，体现人生价值。大学生作为社会主义建设者和接班人，劳动精神是其必备的优秀品德。

堪当民族复兴使命的时代新人，也必须是具有过硬的政治觉悟、较高的思想认识、优秀的品德素养、丰富的精神内涵、德智体美劳全面发展的时代新人,这样才能更好地建设社会主义强国。劳动与理想信念、责任担当,是不可分割的。马克思主义认为"劳动创造了人本身",一方面,劳动能够锻炼人的身体机能,强身健体,增强身体免疫力;另一方面,劳动能够增强人的心理素质,磨砺人们克服困难的意志毅力,从而塑造身心健康的人。劳动育智慧,实践得真知,要想完成立德树人根本任务,就必须通过培育大学生的劳动精神,使大学生坚持创造性劳动,在劳动中破解人生发展的难题,在劳动中磨砺自身成长成才,塑造身心康健的大学生。所以,新时代开展大学生劳动精神教育是培养堪当民族复兴大任的时代新人之必然要求。

3. 契合核心价值观要求:培育和践行社会主义核心价值观的应有之义

高校的使命是培养社会主义建设者和接班人,社会主义核心价值观教育回答了"培养什么样的人"和"为谁培养人"的问题。劳动精神教育也蕴含了社会主义核心价值观的思想内涵,劳动精神教育是一个"破"和"立"的过程:"破"是要破除贬低劳动、漠视劳动者的错误封建等级制度观念;"立"是要弘扬劳动精神,让劳心者和劳力者都能平等地感受到劳动幸福,从而最大限度激励不同阶层群众更加自信自觉投入社会主义强国的建设道路中去。

劳动创造物质财富,劳动创造国家的历史、现在和未来。劳动精神教育是实现中国梦的强大助推器,如果没有劳动人民的辛勤奉献,就没有国家富强、民族振兴、人民幸福的盼头;没有劳动人民的诚实劳动,就没有自由、平等、公正、法治的社会和谐之风。"爱国、敬业、诚信、友善"是社会主义核心价值观个体层面的要求,又是劳动精神应该予以弘扬的重要内容,社会主义核心价值观的培育和践行需要在劳动实践中内化实现。爱国是劳动者的政治底色,丰富了劳动的精神内涵;敬业是劳动者的职业精神体现,是对劳动的崇尚与热爱;诚信和友善,体现了劳动者对规章制度的敬畏和对人民群众的负责。由此可见,劳动精神教育在社会主义核心价值观的培育和践行过程中发挥着重要作用。

4. 加快人才强国建设脚步:为党育人、为国育才的迫切需要

千秋基业,人才为本;治国经邦,人才为要。习近平总书记曾指出:要努力构建德智体美劳全面培养的教育体系,形成更高水平的人才培养体系。目前,我国正踏入全面建设社会主义现代化国家新征程,建设社会主义现代化强国,有赖于一支有理想、有本领、有担当的更高水平人才梯队来推动。"人民创造历史,劳动开创未来",大学生无疑是这一更高水平人才梯队的生

力军。劳动精神教育能助推大学生树立正确的劳动观,提升发现美、感悟美、追求美的审美观。劳动精神教育是促进学生实现德智体美劳全面发展的重要举措,引导学生在劳动实践中感知客观世界、完善行为认知,促使学生形成健全的人格和健康的身心,在劳动中养成勤俭节约、自力更生的优良品质。

当下,我国综合国力能否更快更好地提升、国际地位能否上升站稳,更多地取决于劳动者的素质和知识型、技能型、创新型劳动者的整体水平。在"为党育人、为国育才"这一现实客观需要下,我们的劳动精神教育只能越来越加强而不能弱化,突出培育大学生的劳动精神、勤俭精神、奋斗精神、创新精神、奉献精神,让大学生经历辛勤劳动的磨砺、诚实劳动的淬炼、创新性劳动的激励,不断提高大学生的思想道德水平和科学文化素质,弘扬劳动光荣、技能宝贵、创造伟大的新时代风尚,努力形成人人渴望成才、人人皆可成才、人人尽展其才的良好局面。

三、工匠精神

(一)中国传统工匠精神

中国工匠精神历史悠久、渊源颇深,扎根于古代中国人的生活中。东汉许慎《说文解字》云:"工,巧饰也。"唐代后期的敦煌文献《二十五等人图并序》中"工人者……虽无仕人之业,常有济世之能,此工人之妙矣",体现了古代技工的匠心。还有一些流传下来的脍炙人口的诗句颂歌了能工者、善工者的优秀品质,高度认同了工匠的社会地位。世界文化遗产都江堰、享誉世界的万里长城,均是千年前工匠智慧与精神的结晶,成为中国优秀文化的一个重要符号。中国传统社会工匠精神的实质,就是强调一个人要想成就大事,应从德行上和技艺上下功夫,在做好事之前先做好人。

中国古代工匠用尽心思、倾尽全力所创造出的作品满含着对自然的敬畏、对工作的尊重。如战国曾侯乙编钟曾敲响华夏正统之音,成就了音乐传奇;再如北宋徽宗时期烧制的汝瓷至今无人能够复制,足见工艺之精湛。

(二)外国工匠精神

1.日本工匠精神

日本"工匠精神"源于中国,对日本近代及战后经济腾飞有着至关重要的作用。

日本匠人投入全副精神,坚持不懈,尽心竭力,不管是传统工艺制作,还是现代科技制造,其产品制作精良,功夫细腻,巨细靡遗,使日本制造业得以傲视全球,赢得了世界人民的认可。比如,日本海鲜大厨一直秉承着精益求精且极其认真的工作精神,全程花费数小时的时间才能做出一道美食大餐;再如,日本企业家柳井正出版的一本图书,特意将每页留出误差仅1毫米之内的余白供读者边思考边记录。日本工匠精神如此盛行的原因,一是强烈的宗教信仰,二是媒体大力宣传匠人精神,三是严谨的质量管理体系认证制度。另外,在企业里还采用终身雇佣制、企业内工会制度等先进制度,使得每一个普通人都注重细节,这样人人都能自律自励的社会注定是工匠精神风行之地。

2. 德国工匠精神

德国"工匠精神"的核心内涵是精益求精。"德国制造"充分利用现代管理技术,在保证品质优良的前提下,不管是在高端制造领域,还是在传统工艺制造方面,德国制造业均展示出了令人惊叹的全球竞争实力。德国人从小就被灌输做人要敦厚老实、信守诺言、勤俭务实的思想。德国工匠精神不仅推动了德国制造业的持续发展,也是德意志民族精神的重要文化表征。

3. 意大利工匠精神

欧洲文明古国意大利凭借新颖设计和超高工艺的完美融合,使得"意大利制造"蜚声海外,时装、皮革、汽车、家具等在世界范围内广为人知。意大利工匠精神体现在其产品从设计到成品的全过程。劳动者在理解用户需求的基础上进行技术传承与创新,细心选择原材料,保证加工环节的质量,可以说这一切正是意大利工匠精神的精髓所在,完美地展现了意大利工匠的精神风貌。

(三) 新时代工匠精神

学术界依据的学科倾向和角度不同,对工匠精神内涵的表述也有一定的不同。但一般认为,工匠精神包括几个方面:一是严谨细致、专注负责的态度;二是精雕细琢、精益求精的理念;三是拥有高超的技艺与精湛的技能。

1. "专注走心,追求极致"——精益求精的品质

当今社会经济快速发展,与人们追求投入少、见效快相比,真正的工匠需要时时刻刻追求精益求精的品质。他们需要专注于制造某样物品或者精进自身技能,其所研制的产品要想达到高质量标准,就要以杜绝一切疏忽纰

漏、极致追求产品质量为目标。工匠精神内涵中的"精"指的是对一门技术的钻研，钻研，再钻研，如清代建筑世家雷氏家族设计制作的故宫模型，里里外外细节之处均严格按照 1/100 或 1/200 的比例来设计，生动地体现了中国古代匠人"专注走心、追求极致"的品质，也是自古以来工匠精神的核心要义。在新时代高职院校培育工匠精神，就是要让学生一丝不苟地对待自己的工作，做到精于工、匠于心、品于行，才显得更加珍贵与重要。

2. "荣辱不惊，忘名忘利"——默默无闻的品格

自古以来，中国从不缺少"工匠精神"。古代有梓庆削木为镶的故事，他在做镶之前，斋戒到第三天，这期间不再怀有庆功赏爵和食禄之想，斋戒到第五天，不敢再心存荣誉、是非或笨拙的杂念。他的心中没有喧闹，也没有浮躁，达到了荣辱不惊的境界。与当今物欲横流的社会中，很多人没有摆正心态，急功近利，总想着不劳而获的例子相比，梓庆的做法难能可贵。若没有守得了清贫、耐得住寂寞的性子，怎能有不改初心的定力和坚毅的工匠精神？

因此，要提倡高职院校学生扎根岗位、淡泊名利、乐于奉献，以水滴石穿的毅力不断提升个人的技能。只有不以金钱为唯一的工作目标，敢于直面寂寞，才能将平凡的事情做到极致，才能成为国家和民族的栋梁。

3. "锲而不舍，咬定青山"——持之以恒的精神

掌握一门精粹完美的技术是工匠们的毕生追求，倘若没有"锲而不舍，咬定青山"的持之以恒精神，怎么会有废寝忘食、尽心竭力的付出？这就提示我们，成功并不是一蹴而就的，总有一些人能够数十年如一日地去攀登专业技能的顶峰，他们能以持续的学习、超高的专注度、不断的坚守和钻研，将技艺锻造得炉火纯青。高职院校学生要知道成功没有捷径，无论是学习、工作或是对人生的追求，都是一个长期奋斗积累、厚积薄发的过程，充分认识绳索割木木会断、滴水穿石石也穿的意义，只有持之以恒才能成就工匠精神。

4. "尽忠尽职，脚踏实地"——爱岗敬业的道德

工匠精神落实到个人工作层面，即爱岗敬业。爱岗敬业，是当今社会对人才的期许，是社会发展的要求，也是企业对员工个人发展的首要要求。爱岗敬业作为最基本的职业道德要求，是工作能力、职业精神的体现，更是每

位职工必备的基本素质。高职院校学生能否端正态度履职尽责,关系着其走向社会后是否能胜任本职工作。因此,要鼓励高职院校学生一边学习专业知识,一边养成尽忠尽职、脚踏实地的优良品质。只有具备爱岗敬业道德的学生才能尊重自己的工作、热爱自己的工作,各守其道、各司其职,为企业健康发展带来更多的机遇。

5."别具匠心,守正出新"——专注创新的信念

"工匠精神"这四个字对正处在经济转型升级、攻坚克难的关键时期的中国具有重要意义,同时也是建设质量强国和文化强国的需要。所谓"创新",既不是标新立异,也不是因循守旧,而是强调批判继承、吐故纳新,创造出新的东西。那就意味着优秀工匠在很多时候要毫不犹豫地否定自己,大胆突破,在思想、技术和工艺等方面具有与众不同的构思,不满足已取得的成就,实现对产品的精致追求。高职院校在大力弘扬工匠精神的同时,充分培养学生别具匠心、守正出新的专注创新信念,才能提高学生学习的主动性、积极性和创造性,充分发挥学生主体参与能力,为实现个人素质提高打下坚实的基础。

四、劳模精神

(一)劳动模范

劳模是我国劳动模范及先进工作者的简称。劳动模范,从广义上来说,是指广大劳动者的杰出代表和时代楷模,一切为推动人类社会向积极方向发展付出过辛勤劳动的人们,都可以称为劳动模范。而狭义上的劳动模范专指党和国家在各个历史时期选拔出来的为社会主义建设事业做出重大贡献被授予"劳动模范"荣誉称号的劳动者们。劳动模范的诞生是人类长期的生产实践活动的结晶。我国的劳模起源于二十世纪三四十年代,是土地革命时期,毛泽东同志为了团结人民,鼓励群众进行中央苏区经济建设的历史产物,自此劳模一直作为引领和带动人民群众诚实劳动、推动社会主义建设发展的楷模而存在。当今中国进入了新时代,当代劳模不仅是先进生产力的代表,更是思想政治上的模范,他们身上的优良品质彰显出巨大的精神力量和独有的时代价值。

（二）劳模精神

劳模精神是以党和国家选拔出来的劳动模范身上体现的先进思想及优秀品质为主要内容，随着时代变迁不断丰富发展所凝练出的一种精神力量。习近平总书记曾在与劳动模范、知识分子和青年代表座谈会上的讲话中指出："劳动模范是劳动群众的杰出代表，是最美的劳动者。劳动模范身上体现的'爱岗敬业、争创一流，艰苦奋斗、勇于创新，淡泊名利、甘于奉献'的劳模精神，是伟大时代精神的生动体现。"

劳模精神是激励我国一代又一代劳动者坚守信念、踏实肯干、追求梦想、勇攀高峰的精神财富，是对中华优秀传统文化和伟大民族精神的传承和延伸，是我国工人阶级和广大劳动群众高尚品格的体现和彰显，是践行社会主义核心价值观的生动诠释，是我国进入新的历史时期时代精神的重要组成部分。劳模精神孕育于革命战争年代、成长于社会主义建设时期、繁荣于改革开放伟大实践，从 20 世纪 50 年代党和国家首次表彰劳动模范，到如今群星璀璨，70 年来无数劳动者用"爱岗敬业、争创一流，艰苦奋斗、勇于创新，淡泊名利、甘于奉献"的劳模精神为我们树立起一座座丰碑，成为全体劳动者的旗帜与标杆。劳模精神在任何历史时期都具有独特的教育意义，劳模精神的核心内涵也值得我们深入解读。

1. 爱岗敬业、争创一流的责任意识

爱岗敬业体现着劳动者对自身从事工作的热爱和对工作岗位虔诚而执着的理想信念。广大劳动者应把使命扛在肩上、把责任刻在心头，以时不我待、只争朝夕的状态像一颗"螺丝钉"一样紧紧拧在工作岗位上。爱岗敬业是一种良好的职业道德，是每一位劳动者都应该遵循的基本原则，更是每一位劳动者都必须具备的基本品质，因此它是成为劳动模范的先决条件。纵观劳模队伍，我们能看到革命年代的"边区工人一面旗"赵占魁、"兵工事业开拓者"吴运铎，改革开放时期的"铁人"王进喜、"两弹元勋"邓稼先，到战疫时期无数不顾个人安危、坚守防控一线的医务人员，尽管他们从事着不同的职业，但每个人的身上都体现着对工作岗位的执着坚守，他们用个人的光荣事迹生动鲜活地诠释着爱岗敬业精神。

争创一流所表达的内涵不仅仅指干一行、爱一行，还要求专一行、精一

行,力求在平凡的岗位上做出不平凡的业绩。因此,争创一流就是要求劳动者在风险丛生、挑战不断的工作环境中保持乐于学习和提升自己的状态,不断淬炼劳动技能,增强干事创业的本领,提高解决问题的能力,扎实练就应对各种风险和挑战的基本功,力求在自己的岗位上做出成绩,争做创新技能发展生产力的标兵。人是在社会的劳动实践中改造世界和自己的,只有在劳动实践中不断锤炼自己的本领,才能完善自我进而带动身边的其他人。江苏镇江劳模严德珍是搪瓷厂的一名车间主任,她凭借着争创一流、敢为人先的拼劲使她领导的车间效能产值成为全省标杆,这都源于她在工作岗位上数十年如一日带头做表率。她说,只有自己超额完成指标,工人们才更有动力。

2. 艰苦奋斗、勇于创新的拼搏精神

艰苦奋斗既是中华民族延续至今的优秀品质又是我党的优良传统,更是劳动模范所具有的优秀品质的核心。中华民族的奋斗精神一直延续至今,中华民族的发展史就是中华人民的艰苦奋斗史。艰苦奋斗就是指在极端恶劣的环境下也能坚持不懈、攻克艰难,正是这种精神在我国工人阶级身上的传承与发扬才使得国家的发展迎来了曙光。艰苦奋斗的精神与时俱进,推动中国特色社会主义的发展,是中华民族伟大复兴的精神动力。新中国成立之后,我国工业化建设如火如荼,以"铁人"王进喜、人民公仆焦裕禄、干部模范孔繁森等先进人物为代表的中国人民用汗水浇灌着新中国的建设;在改革开放时期,"全国五一劳动奖章"获得者、中国"氢弹"之父于敏、诺贝尔医学奖获得者屠呦呦、"中国式保尔"罗健夫等劳动模范艰苦奋斗,使中国的改革开放事业迈上了新台阶。新时代以来,钟南山、黄文秀、袁隆平等劳动模范,续写着中国人民的艰苦奋斗历史、发扬着艰苦奋斗精神,为新时代新征程添砖加瓦。

勇于创新意味着攻坚克难,更是一种难能可贵的精神。创新就是要打破固有壁垒,敢于突破,面对问题勇于踏出第一步。我国各项事业的发展和科技方面所取得的成就都离不开敢于创新、敢为人先的劳动模范的辛苦付出。1994 年,中国正式接入国际互联网,从受制于人、模仿于人到如今 5G技术的更新、国产基站的开发投入,我国在互联网技术战役中打了一场翻身仗,这离不开广大技术人员的创新创业。粮食问题一直是困扰中国这个人口

大国的问题,从食不果腹到粮食大国,从粮食进口变为出口大户,正是袁隆平等农业科技人员发扬勇于创新的精神培育出超级杂交水稻,解决了老百姓挨饿的问题,创造了中国粮食的奇迹。从三峡工程到港珠澳大桥,从载人航天到如今北斗问天,这些举世瞩目的成就都昭示着我国科技工作者自主创新、攻坚克难的精神。新时代社会经济的高质量发展离不开广大劳动模范的积极贡献,他们是社会主义建设的创新主力和排头兵。

3. 淡泊名利、甘于奉献的崇高品质

淡泊名利就是不为身外物所缠、不为名利所困,耐得住寂寞、守得住初心,是一种崇高的品格。甘于奉献就是要在工作中去除私心,默默付出,以集体利益为先,将个人利益置后。淡泊名利和甘于奉献是劳动模范共同的价值追求,代表了劳模精神最崇高的思想境界。从古至今,世人皆对名利有所向往,然而劳动模范却抛弃了私心杂念,他们既平凡又伟大,因为尽管他们只是千万劳动者中的普通一员,却坚守着不普通的原则。劳动模范在自身的岗位上积极工作获得非凡成就的过程中、从一线工人到行业领头人的角色变换中,始终坚持着无私奉献精神及对党和人民负责的态度,默默坚守岗位,从不因自己的卓越成就而忘记初心,从不为世俗名利而忘记使命。全国劳动模范、共和国勋章获得者申纪兰,一位普通的妇女连任十三届全国人大代表,当年就是她以过人的胆识提出男女"同工同酬"。在她多年不懈的推动下,男女"同工同酬"终于被写入宪法。申纪兰不仅会劳动而且热爱劳动,身材高大的她堵过洪水、背过石头、抢过大锤、点过山炮,带领当地人民脱贫致富。但是她两袖清风、淡泊名利,对物质生活看得很轻,一身蓝色的粗布外衣、一头遮耳短发,坚持不领厅级干部的工资,住着老房,用着旧家电,把奖金全部捐赠给村集体。我国社会主义现代化建设的顺利进行离不开具有高尚品格的劳动模范,他们在默默无闻的奉献中为人民、为党、为国家、为社会主义事业做着自己的贡献。

思考题

1. 劳动素养、劳动意识、劳动价值观的内涵是什么?
2. 劳动精神的内涵、劳动精神教育的意义是什么?

3. 工匠精神的内涵与属性是什么？

4. 劳动模范的内涵是什么？

实践任务

李鑫鑫：维修班长的"特级技师"之路

一、活动目标

引导学生深刻理解劳模精神的学习内容与意义

二、活动时间

建议 20 分钟

三、活动流程

1. 教师阅读材料，请学生回答：扎根无锡新吴区、努力成为劳动模范的成长路径是什么？

"我们设备维修班的小李班长，被评为江苏省首批特级技师了。"近日，无锡透平叶片有限公司传来喜讯，在全省评出的首批 29 位特级技师中，有 3 人来自无锡企业，更有一名是年轻的"85 后"，他就是无锡透平叶片的设备维修班长李鑫鑫。

无锡透平叶片的前身无锡叶片厂，响应退城进园号召，搬迁至惠山经济开发区，企业得到空前发展，成为我国大型汽轮机叶片专业化制造企业、首批江苏省"高新技术企业"。李鑫鑫进入公司后，与企业共同成长、进步成才。

"新员工到公司都要安排老师傅带教，鼓励新老员工'拜师结对'，工作业务技能教学相长。"李鑫鑫说，老师傅言传身教是他快速成长的秘诀。自己所在的设备部有位资深技能高手，他是上海电气的"首席技师"，有以他命名的工匠工作室，通过工匠工作室平台，年轻员工有更多机会与这些"大拿"零距离交流，快速积累经验。

工匠精神就是锲而不舍刻苦钻研。机械行业的加工精度越来越高，他们企业是上海集优机械股份有限公司的全资企业，主要专业化生产各类透平叶片和航空航天盘类、机匣类、钛合金半球体等模锻件，李鑫鑫班组技术含量高，任务特别繁重。

"我们的装备大部分是非标进口设备，最大困难是需要不断找出原设计缺陷,对其进行可靠性改造,没有现成经验可借鉴。"李鑫鑫在装备改造升级过程中,经常会面临新的挑战和困难,但他不是一个人在战斗,背后有强大的部门技术力量和完备的技能体系。

李鑫鑫如饥似渴地学习,汲取透平叶片高新技术养料。他积极参加企业工会"云学院"平台在线培训,针对不同岗位需要,学习必修课和选修课,让班组员工在工作之余针对薄弱环节或自己感兴趣的内容,进行在线系统化学习。

功夫不负有心人,他与同事发表《基于混合模型的燃气轮机负荷与排气温度关系的研究》等重要论文,由燃气轮机主要设备特性分析入手,发掘基于一般规律的燃气轮机负荷对排气温度的影响,这对燃气轮机整体性能、优化电厂生产及"碳中和"具有重大意义。

"原来觉得高级技师已到头了,现在评上特级技师,感觉承担更大责任。"李鑫鑫成长于透平叶片工匠团队"设备维护特种部队",作为新生力量又接过接力棒,他希望能发挥好"特级技师"榜样力量,做好"传帮带"工作,让更多有天赋、有技能的人才走上"特级之路"。

在今年举办的"致敬劳动者! 全省首批特级技师五一寄语"活动中,"85后"特级技师李鑫鑫寄语道:疫情防控还在继续,我和我的工友们正紧盯目标,高标准工作。我坚信,我们每一颗"螺丝钉"都将在劳动中成就精彩,无悔于新时代新征程。

(资料来源:中国县域经济报,内容有改动)

2. 教师将学生分成4—6组,让学生通过小组内部讨论形成小组观点。

3. 教师让每个小组选出1名代表陈述本组观点。

4. 教师进行归纳分析,引导学生深刻认识开展劳动教育的重要性。

模块三　区校一体与劳动课程

案例导入

无锡科技职业学院校长孙兴洋：

深化新吴模式　助推高新区高质量发展

无锡科技职业学院是一所省管、市属、区办的高职院校，位于无锡（国家）高新区。作为省内第一所由国家级高新区创办的高职院校，学校始终践行"聚焦高质量，服务高新区；聚焦高水平，服务学生成长成人"的办学初心与价值追求，培养上手快、用得上、留得下、干得好的永久型人才。

麦可思2015年度质量报告显示，91％的高职院校毕业生为家庭的第一代大学生，52％的毕业生家庭背景为"农民与农民工"。高职学生自我定位为应试教育的"失败者"，家长没有好态度、老师没有好脸色、自己没有好心情，是典型的"三不好"学生。这些学生进入高职后怎么办？首先，要重塑学生自信、矫正学生品格、提高学生认同。在此基础上，通过"厚植文化底蕴、精湛一技之长、锻造工匠精神"，培养"上手快、后劲足""心中有爱、眼中有人、肚中有货、手中有艺"的时代新人。我们的教育，要让学生认识到"我就是我，是那颜色不一样的烟火"。女生是行为清白、内心富足、德行美好的"白富美"；男生是气度崇高、学术富足、有着仁厚之帅的"高富帅"。

据不完全统计，学校周边有3000家企业、1500家外资企业、53家世界500强企业、125家工厂总部。无锡高新区是国内有重要影响的日资高地、韩资板块和欧美组团，拥有物联网、空港物流、集成电路等多个千亿级产业集群。正如省委书记娄勤俭同志所说，世界物联网看中国，中国物联网看江苏，江苏物联网看无锡，而无锡物联网产业产值的3/4来自高新区。作为无锡高新区的"独生子女"，学校一直在思考，如何通过跨界、走实，拓展产教融合的广度、推进校企合作的深度、夯实互动发展的力度，实现从学校的个人独唱到校企的二重唱再到政行企校大合唱的华丽转身,同频同调、同向同行,进一步契合高新区的产业转型升级与高质量发展。

学校成立服务新区办公室、高新区高职教育研究院,形成"理实一体"的工作机制;编制了"服务高新区三年行动计划",明确了为高新区提供"一供给三服务",即人力资源供给,科技服务、社区服务、文化服务的目标、任务与举措。此举得到时任高新区管委会主任封晓春同志的充分肯定与高度认同,批示转发全区,并要求全区各部门认真阅读与对接,通过政校合作,推动全区经济社会各项事业的高质量发展。

学校从创新体制机制入手,成立学校理事会,由高新区主要领导担任理事长,学校主要领导担任副理事长。每年分1—2次向理事会汇报学校工作,寻求支持,将学校的发展列入高新区高质量发展计划中。在理事会的领导下,依托学校,成立发展咨询委员会、校地委员会、校区(园区)委员会、校企委员会,围绕产业链,打造专业群;聚焦人才链,疏通融合路,形成了"一横一纵""多边互动""区校一体"的"区块链"。"一横"就是横贯园区街道,形成服务发展网络。学校与高新区共建社区学院、数字文化产业学院、志愿者学院、新吴区党员学习体验中心、退役军人培训学院、大学生创业园,形成覆盖区域内6个街道、72个社区的教育服务网络体系;"一纵"就是纵通本科中职,形成人才供给梯度。与高新区共建紧缺人才实训学院,连接区域外的教育链,突破学校人才规模供给的自我局限性。

(资料来源:中国江苏网,内容有改动)

案例点评　在全面建设社会主义现代化国家的新发展阶段、在中国制造走向中国创造的新征程中,地处"一带一路"和长江经济带交汇点的无锡高新区,对标国际最高标准、最好水平的产业园区,聚焦发展一批具有可持续增长动力的产业集群,正在打造面向未来的"6＋2＋X"现代产业高地。"6＋2＋X"中的"6"是指发力打造6大地标性先进产业,包括物联网及数字产业、集成电路、生物医药、智能装备、汽车零部件、新能源六大先进制造业集群;"2"是指加速发展两大现代服务业,包括高端软件及数字创意、高端商贸及临空服务;"X"是指前瞻布局若干个未来产业,包括人工智能产业、氢燃料电池产业、第三代半导体产业等。

无锡高新区产业的转型升级对技术技能人才的规格提出了更高要求,

对人才的有效供给需求也更加迫切。作为办在高新区的无锡科技职业学院，亟须建设高水平高职学校，促进人才链与创新链、产业链深度融合和优化升级，为接受职业教育的学生创造更多的成长成才机会，为无锡高新区着力建设创新驱动示范区和高质量发展先行区提供技术技能人才支撑，为推动长三角区域更高质量一体化发展做出贡献。

一、区校一体

无锡国家高新技术产业开发区（以下简称"高新区"）认真贯彻落实习近平总书记考察江苏时的重要指示精神，深入落实《国家职业教育改革实施方案》，加快教育部、江苏省共建的苏锡常都市圈职业教育高地发展进程，积极探索产教融合、协同发展新模式，推动职业教育高质量发展。

无锡科技职业学院是江苏省首家由国家级高新技术开发区创办的公办高职院校、江苏省示范性高职院校。学校位于中国最具经济活力的长三角几何中心、吴文化发源地、素有"太湖明珠"之称的历史文化名城——江苏省无锡市，坐落于拥有 3000 多家高新技术企业、53 家世界 500 强企业的国家级开发区——无锡高新技术开发区的核心地带，毗邻景色优美怡人的新洲生态园，周边机场、高铁、地铁等交通基础设施完备，环境优雅、交通便利。

（一）校因区建，以科技创新驱动职业教育改革发展

在高新区政策、资金等支持下，依托高新区创办无锡科技职业学院，培养园区企业急需的高素质技术技能人才，努力使之发展成为高新区的紧缺人才"蓄水池"、人才成长"加速器"、人才交流"中转站"。无锡科技职业学院构建服务地方经济发展的专业体系，牵头行业头部企业，共建微电子技术、物联网应用技术、大数据技术等与产业高度匹配的专业，为高新区产业发展提供有效支撑；二级学院与高新区每个产业园对接，创新"一园一院"模式，形成与产业"同频共振"的专业群建设机制；建设物联网技术学院，已向社会输送了物联网产业相关专业毕业生 5000 余名、培训物联网产业人才 8000 余名，为高新区物联网产业发展做出了巨大贡献。

（二）区因校盛，以职业教育助推区域经济转型升级

高新区出台专项政策、安排专项资金，促成有关企业与无锡科技职业学院共建紧缺人才实训学院，参照"卓越工程师教育培养计划"，培养上手快、

后劲足的专业人才；支持校企共建集成电路产业学院、智能制造产业学院、数字文化产业学院，建设面向行业的产学研深度合作平台，支持集成电路、高端装备制造等支柱产业发展，如智能制造产业学院以机电一体化专业群为支撑，组建科研助理团队，为企业优化工艺、解决技术难题，并根据岗位需求，开展"本土双元"人才定制培养；建设社区学院，构建面向 6 个街道、72 个社区，跨界别、跨组织、开放式、多元化的居民终身教育服务体系，实打实增强居民的获得感和幸福感。近三年，社区学院开发特色微课 36 门、编写乡土特色社区教育读本 15 部，组织开展各类社区教育活动，参与人数超过 3 万人次。

（三）区校一体，以产教融合推动经济教育协调发展。

市政府出台相关政策，支持高新区与无锡科技职业学院区校一体化发展，打造产教深度融合先导区和长三角开发区职业教育高质量发展样板。把区校一体化融合发展的开发区职业教育改革发展方案纳入高新区"十四五"规划纲要，明确提出推进职业教育与产业需求深度融合、教育规划与产业规划全面对接、专业设置与产业结构全面贯通、学校发展与企业成长全面融通、人才培育与区域发展全面连通。区校紧扣"一体化"和"高质量"，围绕"教育与培训""教育与产业"双循环，从创新体制机制入手，成立学校理事会，高新区党政主要领导任理事长，学校党委书记、校长任副理事长。区人力资源社会保障局牵头建立"企业人才需求库"，区教育局牵头建立"学校人才培养资源库"，区发展改革委牵头定期发布《职业院校专业结构与产业结构吻合度报告》《行业人才引进动态》《重点产业目录》，为高新区职业教育改革与发展提供有力支持。区校合力推动政行企校互动，促进政策链、专业链、技术链精准衔接。学校围绕产业链打造专业群，建立产教对话机制；纵通专业硕士、高职本专科、中职教育和中小学职业体验，形成职业教育服务供给梯度；横贯园区街道，推进专业群与园区"同频"、专业与产业"联姻"、教师与企业"结亲"、学生与岗位"配对"；牵头成立长三角开发区职业教育发展联盟，实现跨界融合、跨域合作，努力通过做强开发区职业教育，助推长三角开发区高质量发展。

二、劳动课程

宋代朱熹在《朱子全书·论学》中多次提及课程一词，例如"宽着期限，紧着课程""小立课程，大作功夫"。课程本义指功课及其进程。在西方，课程的英文为"curriculum"，最早见于斯宾塞《什么知识最有价值》一文，其中将课程定义为"教育内容的系统组织"。"curriculum"的词根有名词和动词之分，名词形式意为"跑道"，指为不同类型的学生设计不同的轨道，即学习的进程；动词形式意为"奔跑"，重点体现个体对自己经验的认识。课程的定义多种多样，其中几种典型的观点有：第一，课程是教学科目。《中国大百科全书·教育》《辞海》认为，课程即学科，既可以指某一门学科，又可以指学生学习的全部学科。李秉德在《教学论》中也认为，课程是有计划的系统的教学内容，是一系列教学科目的集合。这种定义关注教学科目，强调知识传授，却忽略了学生的情感陶冶、个性发展、实践能力等非理性教育。第二，课程是教学活动。有学者认为，课程是指一定学科有目的的、有计划的教学进程。该定义侧重教学活动，并非关注学生个体体验以及教学活动对学生发展的影响。第三，课程是实现教育目标的载体。如顾明远主张，课程是为了实现学校教育目标而选择的教育内容。第四，课程是活动。关注课程与社会生活的联系，强调学生在学习中的主动性。

劳动教育按照场所划分，有学校教育、家庭教育和社会教育。学校是进行劳动教育的主要地点之一，为了实现既定教育目的和目标、提高教育质量，学校开设各类课程。我国劳动教育课程历史悠久，有着丰富的劳动教育经验，先后实施了生产劳动教育、劳动技术教育课程、综合实践活动课程。新时代开展劳动教育要充分反映时代特征，与社会政治制度和经济发展水平相适应。劳动教育课程指为提升学生的专业技术和职业技能水平，拓展课程实施空间，促进课堂与课外相结合的多维课程模式，充分体现实践性、教育性目的，培养具有工匠精神和劳动品德，德技并修的高素质劳动者的劳动教育课程。所以，劳动教育课程，既有文化课的育人价值，又有活动课的实践意义，是一门跨学科、多元化的综合课程。通过劳动教育课程，学生可获得专业知识和技能训练，丰富知识体系，并且在亲自参与劳动的同时训练动手操作能力和培育劳动精神，达到文化育人的目的。

劳动教育课程教学要依托专业来开展，将劳动教育课程化，使之能够更好地融入现有的课程教学当中。对于高职院校而言，可以结合创新创业、实习实训、专业服务、社会实践、勤工助学等多种途径。所以，课程内容的设置要与专业相结合、与时代相统一。

（一）课程内容与专业相结合

高职教育强调专业化、精细化，劳动教育必须要与其专业培养方向相一致。随着社会分工的进一步细化，专业与专业之间的划分也更加明显。"隔行如隔山"，参与工作需要具备较强的专业实际操作能力，这决定了高校劳动教育课程内容的设置要体现专业特色，做到"学有所用、用有所得"。劳动教育主要依托课程，除了劳动必修课以外，其他课程要结合学科和专业特点。劳动教育既是一种通识教育，重在提高学生的劳动素养，也是一种专业教育，重在提高学生的社会适应能力，这是由劳动教育所具有的切合社会需求、培养职业能力和谋生技能的特点所决定的。课程内容的专业倾向性可以帮助学生发挥专业的优势、提高专业实践能力，同时有效提高时间的利用率。为此，学校可以通过设置一般性的劳动教育活动，如社会实践、实习和公益活动，提高学生的劳动能力；开设专业顶岗实习、创新创业、科教融合等项目，增强专业与职业的匹配度。

（二）课程内容与时代相统一

劳动是"上手"的教育，其发展不仅要依靠工具，还要利用与更新工具。在劳动发展过程中，人类的工具已经由简单的锄头、镰刀等日常生活工具，到机床、无线电等工业生产工具，再到智能化的现代工具。劳动教育的发展与工具的更新保持着密切的联系，可以说是劳动塑造了工具，而工具改变了劳动。因此，劳动教育的内容要与时代保持一致，就要因时因地改变劳动教育所使用的工具。劳动教育要体现时代特征，要紧随时代发展的步伐，从"新"出发，高职院校要注重创新创业，要密切关注科技的发展和产业的变革，要关注劳动新样态，注重新技术、新知识、新工艺、新方法。如人工智能时代技术的革新推动教育领域的革新，我国掀起了"人工智能＋教育"的变革，从小学到大学开设人工智能相关的专业训练，实现人工智能与教育的双向赋能。教育的初衷不仅仅是使人适应当下社会的发展，而且还希望能够推动社会的发展。因此，让学生掌握先进的生产工具是劳动教育题中应有之义。

（三）课程内容与实际相匹配

劳动教育是扎根教育，是为学生打基础的教育。所以，劳动教育课程内容的设计必须符合实际。首先，劳动教育要符合生活实际，让学生能够养成良好的劳动习惯，拥有自立自理的能力，如洗衣、做饭、整理房间等。在学校里,就体现在寝室卫生环境的维护和保持上。其次,劳动教育要符合学校实际,学校劳动教育的开展所选择的劳动课程内容要基于学校的条件和特色,不可盲目跟风。高职院校要重视服务性劳动,比如让学生参与教室、食堂、校园场所的卫生保洁、绿化美化和管理服务等。这些都是校园内部的劳动服务活动。最后,劳动教育要符合社会实际。这体现了劳动教育的思想政治功能,社会需要会劳动、懂奉献、具有强烈爱国精神的接班人。

无锡科技职业学院地处国家高新开发区,依托"区校一体"体制机制优势,围绕"家—校—社—企—园""全景化"的育人维度,重点研究在现有校企合作的基础上,劳动教育与家庭教育、学校教育、生产劳动、社会实践相结合,构建"全景化""五位一体"的劳动教育课程体系。具体包括以下五个方面。

第一,设立劳动教育通识课程。结合学科专业特色,把劳动概论、劳动科学、劳动关系、劳动经济、劳动法律、劳动伦理等课程纳入通识课范畴,按要求设置课时、配备师资、开发教材、明确目标、规定要求等,从家庭到学校、从孤立到系统、从方式到内容、从教学到考核,全方位提高劳动教育课程教学质量。

第二,对接思想政治教育课程。把劳动教育融入思想政治教育课程中,结合思想政治教育课程的教学内容引导学生树立正确的劳动价值观,崇尚劳动、尊重劳动。例如,在"毛泽东思想和中国特色社会主义理论体系概论"课程中融入习近平总书记对劳动及劳动教育的重要论述,使学生能够切身感受到劳动是创造美好人生的重要路径,只有付出劳动才能实现理想。

第三,融入专业理论教育课程。完善各门课程的课程标准,梳理其与劳动教育内在联系的关键点和侧重点。在具体教学中,教师要在专业课程中强化本专业劳动伦理和劳动发展趋势教育,构建具有本专业特色的劳育价值体系,使学生形成积极的劳动情感。

第四,融合课外活动及文化校园、创新创业教育建设。把劳动教育融入第二课堂活动,通过公益劳动、社会实践和志愿者活动,组织学生实实在在地劳动。同时,通过军训教育、新生入学教育、大国工匠报告会和创新创业、人文讲座等载体,使学生在良好的校园文化氛围中接受劳动教育熏陶。

第五,衔接校企合作实习实训。以学生专业实习、顶岗实习等为主要载体,通过实习实训、毕业设计等教学环节,在专业教学过程中潜移默化地培育学生的劳动观念、劳动情感和劳动精神。

思考题

1. 无锡科技职业学院"区校一体"的内涵是什么？
2. 如何理解"五位一体"劳动教育课程的内涵？

实践任务

传承工匠精神

一、活动目标

引导学生服务无锡高新区的信心与志向

二、活动时间

建议 10 分钟

三、活动流程

1. 教师引导学生阅读以下材料，提出 5 个问题。

陈亮：在 300 米"长路"上坚守 18 年的"一微米大师"

无锡这座被誉为"太湖明珠"的地级市，是我国民营企业孕育和发展的摇篮之一。在太湖之滨，一个个工厂拔地而起，书写着中国精密工业制造的故事。在这里，有这样一位 80 后工匠，他个子不高、长相普通，却拥有一双神奇的手。经他手研发出的工业模具，精度可以控制在 1 微米之间，相等于一根头发丝粗细的 1/60。他就是陈亮，无锡微研股份有限公司加工中心班组副班长。

从业 18 年来，陈亮不断淬炼技艺，从学徒工一路成长为技能大师、国家级工匠，参与国家 863 重点项目，攻克了一系列的技术难题。陈亮带队研发的新生产技艺甚至填补国内空白，获得国家发明专利和实用新型专利 28 项，荣获省部级科技奖项 5 项。2019 年，陈亮获全国五一劳动奖章，并当选全国"最美职工"。2020 年，陈亮成为全国劳动模范。

1984 年，陈亮出生于江苏宿迁一个普通的农民家庭。1998 年，陈亮来到无锡，就读于江苏信息职业技术学院，四年后毕业进入无锡微研股份有限公司（下文简称"微研"）成为一名学徒工。工业模具的加工是非常精细的工作，分毫之差决定着产品的品质，甚至是产品的成败。一款模具的打造需要经历多道工序，从粗加工到细加工，工序逐一精细，对师傅们技艺的要求越高。想要成长为技艺大师并不容易。每一个新员工都要从学徒做起,做到对生产流水线整个过程了然于胸。大部分人需要3年时间才能完成,而陈亮只用了一年半的时间。走得比别人快,意味着在相同的时间里要付出更多甚至成倍的努力。陈亮从铣工做起,这也是粗加工的第一步,是最脏最累的活:四下飞溅的铁屑、沉重的材料……

每天下班后陈亮会主动留下来多干一些活。晚上回到出租屋,陈亮也没有闲下来,他拿起桌上省吃俭用买来的数控机床专业的书籍,继续学习。就这样,陈亮在微研一干就是18年。在陈亮干粗加工的第五年,微研接到了电视机定位销订单,要求精度控制在2微米。当时,国内企业多使用传统刀具加工,精度一般只能达到4微米,无法符合产品要求。燃眉之际,公司高层突然想起陈亮,觉得他平时就爱钻研,点子多,决定让他试一试。刻苦钻研了不到一个星期,陈亮就找到了解决的办法。打破常规思维,才能寻找到出路。"铣"和"磨"本是模具制造中的两道工序,陈亮不拘泥于固有思维限制,创新大胆地通过"移植工序",在刀具上加入精密砂轮,将二者组合使用,实现了铣和磨的双重功能。功夫不负有心人,在不断尝试中,陈亮和团队终于成功了!从此,他被同事和客户们称为"一微米大师"。

技术报国并不只属于科学家。2014年,清华大学慕名到微研开展校企合作,共同承接国家863重点课题。这个课题是高端柴油机高精密微喷孔加工装备项目,在实验室研发成功并申报专利后,却由于产品性能不稳定而迟迟无法产业化生产。已经成功挑战"一微米"精度的陈亮再次挺身而出,带队攻关。在研发成功后,清华大学一位老教授紧紧握着陈亮的手说:"陈大师,这些年来国家对产业工人越来越重视,我体会更深了。没有你们,许多理想和设计只能停留在纸面上、实验室里,而难以转化为产品造福国家和百姓。"

新冠病毒引发的肺炎疫情冲击着全世界。熔喷布生产设备的口径密度是口罩能否合格的关键指标。想要生产合格的熔喷布,首先要搞定熔喷布模具。微研接到指令时,正值2020年2月,疫情形势极为严峻。攻关时间仅有48小时,陈亮临危受命,带着一队研发人员昼夜兼程,累了就在机器旁打的地铺上轮流休息1—2个小时。功夫不负有心人,陈亮和团队在48小时内成功研发出高精度的熔喷布模具,给口罩的生产和疫情防护抢下更多的时间。

从 2005 年开始,这位年轻的"老师傅"已经培养了 30 多名优秀技能拔尖人才和青年后备人才。现在,陈亮把大部分心思和精力花在"传帮带"上,不断把工匠精神传承下去。从学徒工成长为省级技能大师,再到全国最美职工、全国"五一劳动奖章"获得者,陈亮坦言,是"时代造英雄",技术工人的时代来了。

(资料来源:国际在线网,内容有改动)

2. 将学生分成若干小组,每组 6—7 人,通过小组讨论得出每个问题的答案。

3. 每个小组选出一名代表上台陈述本组观点。

4. 教师引导不同小组的学生相互点评,最后归纳总结。

项目二　劳动教育与居家生活

学习目标

1. 了解居家生活在劳动教育中的意义。
2. 熟练掌握衣物整理、食品烹饪、生活起居、家政的各项劳动技能。
3. 提升居家劳动实践中的创新精神和实践能力。

模块一 衣物整理与劳动教育

案例导入

一屋不扫，何以扫天下？

东汉时期，有一少年名为陈蕃，此人自命不凡，一心只想干大事业。一天，陈蕃父亲的好友薛勤来访，见陈蕃独居的院内脏乱不堪，便问他："孺子何不洒扫以待宾客？"他答道："大丈夫处世，当扫除天下，安事一室乎？"薛勤当即反问道："一屋不扫，何以扫天下？"陈蕃无言以对。

情景分析

情景一：寒假期间，大一新生小张回到家中后，将自己的羽绒服直接扔到洗衣机里，忽然听到砰的一声，自己的羽绒服被洗坏了。小张纳闷：难道不能用洗衣机洗涤羽绒服？

情景二：暑假期间，小李回到家中，没有了课业的负担，整天独自一人在房间内打游戏打到深夜，整个房间内，衣服到处乱扔，人也是蓬头垢面，多少天都不出门，对于家里的事情不闻不问。

案例点评 羽绒服外层一般都有防水涂层，透气性差，洗涤时容易漂浮在水面上。完全浸水后，羽绒服内产生大面积空隙。洗衣机内空间有限，高速甩干时，吸饱了水的羽绒不断膨胀，羽绒服内产生空气，而防水涂层又不利于气体排出，不断地将羽绒服撑大、将洗衣机内撑满，引起"爆炸"。情景一中的小张就是因为没有掌握居家生活中的一些衣服洗涤整理的知识，将羽绒服洗坏。

每位大学生都是家庭中的一员，在居家生活中都应该参与家务劳动，如整理自己的房间和学习用品、打扫卫生、洗涤衣物、采购物品、参与帮厨等。通过家务劳动，体会家长的辛苦，激发关爱家人、体谅父母的情感。

一、衣服整理

（1）内衣的收纳：内衣、领带、腰带、袜子都分类放在整理盒里。

（2）近期常穿的衣服挂起来方便找，换季的衣服叠好放在衣柜的高处。

（3）裤子分类整理，牛仔裤放在一起，西裤放在一起。

（4）家里每位成员的衣服不要混放，最好各放各的房间。

（5）真丝、棉质的衣物和西装、套装一类的衣物最好挂起来，普通衣柜内都有横杆。羊毛或者毛料的衣服最好叠起来放，挂久了容易变形；其他面料的衣服不用太过在意，只要叠放整齐就可以了。

（6）买那种可以挂起来的衣物收纳盒子比较方便，拿衣服的时候也不用上下来回地翻。

（7）舍弃不穿或破损的衣物以免徒占空间。以下这些方法能帮你衡量哪些衣物应该丢掉或送人。

① 两年以上不曾再穿戴的衣服、皮带、鞋子、帽子、围巾等。

② 尺寸不合适或与目前年龄、造型不搭配的衣服。

③ 有污点而洗不干净、发霉及被虫蛀咬的衣服和寝具。

④ 穿了不舒服、伤脚的鞋子及磨损的袜子。

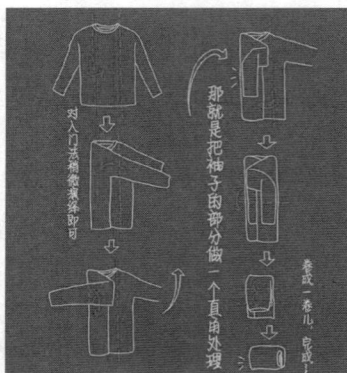

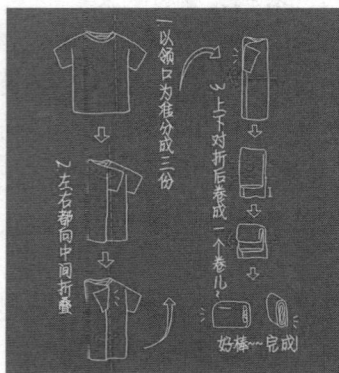

T恤的整理方法　　　　　　短袖衣服的整理方法

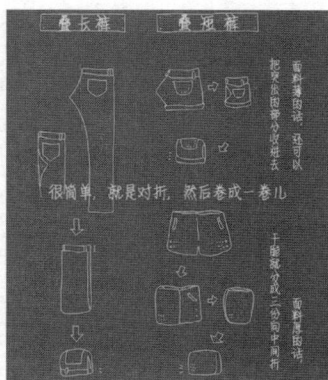

长、短裤的整理方法

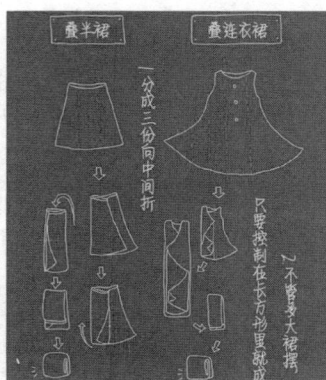

裙子的整理方法

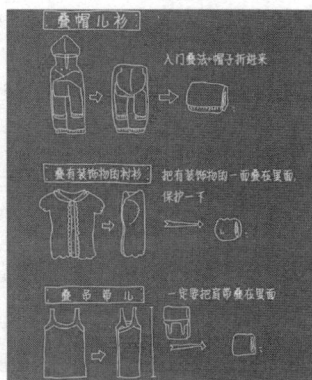

帽衫的整理方法

厚毛衣的整理方法

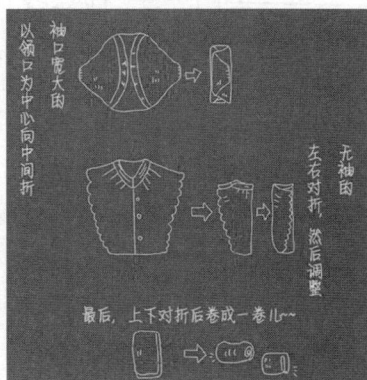

不规则形状衣物的整理方法

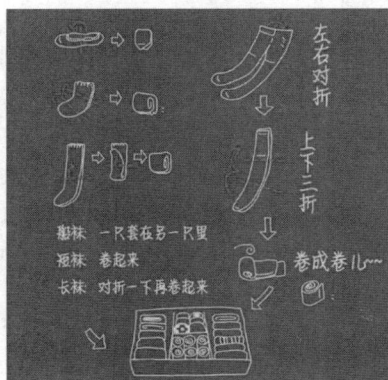

袜子的整理方法

图 2-1 衣物的整理方法

二、衣服收纳

衣柜按照上中下三个区,分为柜子、悬挂区、抽屉三个类型。

最上面放百纳箱,一般放过季衣服或者被子;中间悬挂区悬挂衣服;最下面的抽屉,可以放秋衣裤、内衣裤、袜子等。

衣服叠成四方形,叠到能够站起来,直立收纳。叠起来的衣服,需要将它们竖立排列,放入抽屉,方便查看并拿取。同样颜色的衣服放在一起,深色衣服放在里面,浅色衣服靠外面,同时注意九成收纳,即一个抽屉九成满。不要太少,衣服会倒,也不要挤得东西拿不出来,小衣服可以卷起来以腾出尽可能多的空间。

不常穿的衣服,可以折叠整齐,然后收入半透明的储物盒内。

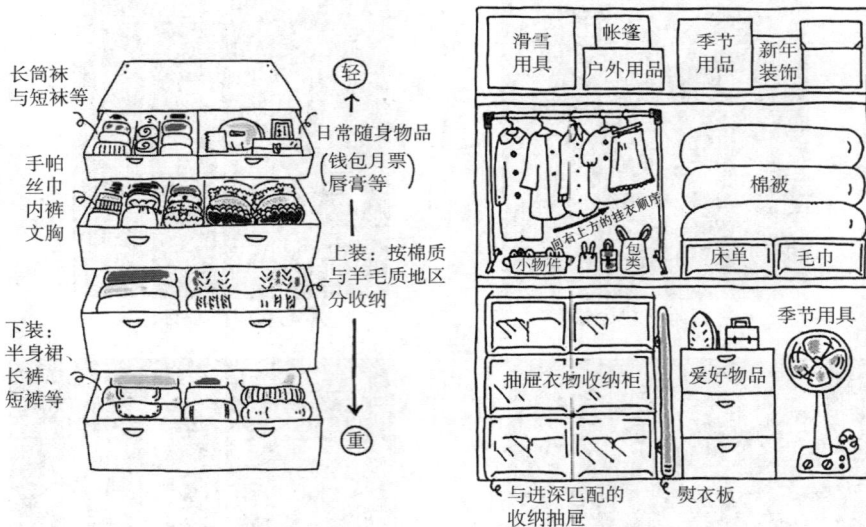

图 2-2　衣物的收纳方法

三、物品整理

家庭物品整理原则如下。

（1）精简再精简是第一步。

（2）无论谁的物品,都应该有放的地方。

（3）要足够方便，如采用分格抽屉。充分利用袋子、盒子、格子、隔板、挂钩等。

（4）考虑每个家庭成员的习惯，展示性和隐藏式结合。

（5）常用的物品应该有固定的归置空间，并共同遵守，有标签有原则。

（6）同时用的物品放同一个地方。按使用场景分区，使用地与收纳地越近越容易执行，也越方便。

（7）装物品的容器大小、颜色、材质、用法尽量统一，才能有美感。

（8）重低轻高，立体分层，取用可视，磁吸金属，袋装碎物，孔入挂钩，多用配件。

四、洗衣要分类

洗衣服时，不仅要按颜色分类，还要看衣服的材质、种类。衣物按颜色可分为纯白色、浅色（包括带白色条纹的衣物）、深色（黑、蓝、褐等）、艳色（红、黄、橙等）四类进行清洗；材质方面，一定要将毛绒多的衣物（毛巾、毛衣、灯芯绒衣物等）和容易起球的衣服分开洗，避免把衣服洗坏；贴身衣物，如内裤、秋衣裤等，要单独洗涤。

（一）**手洗更健康**

首先，洗衣机的内壁和滚筒里藏有许多污垢和细菌，内衣在机洗过程中容易受到污染。其次，内衣一般相对较小，手洗会洗得更加干净、彻底.

（二）**水温应合适**

通常来说，水的温度越高，去污效果越好。但要注意，并不是所有衣服都适合用热水洗，我们洗衣服之前要先看下衣服上面的标签。一般情况下，内衣、床单等要用 60℃ 以上的热水洗，丝质、羊毛织物等物品应用冷水洗。

（三）**先放洗衣液，后放衣物**

洗衣服时，应先放水和洗衣液，并进行搅动，待洗衣液充分溶解后再放入衣物。这样不仅能让洗衣液更好地发挥作用，还能避免衣物上留下洗衣液的印记。

（四）**洗衣液的用量应适度**

在使用洗衣液前，应先阅读洗衣液的使用说明，明确洗衣液与水的比例。洗衣液的用量过少，无法达到去污效果；洗衣液的用量过多，不但会浪费资源，还会产生残留。一般来说，洗衣液的用量稍低于说明书的推荐值即可。

（五）洗衣机不能塞太满

有人喜欢凑一堆脏衣服，把洗衣机填满再洗，以为可以省水省电，殊不知，这样不但容易洗不干净，还会缩短洗衣机的使用寿命。衣物体积最多只占洗衣机滚筒体积的 2/3。

五、熨烫实用技巧

（一）熨烫步骤

（1）熨烫机内注水。注水时应往熨烫机内灌注冷开水，以减少水垢的产生，避免喷气孔堵塞。

（2）选择温度。熨烫机上一般会有调节温度的旋钮，使用时可根据衣物的材质选用不同的温度，也可根据衣物上的熨烫标识选用合适的温度。

（3）熨烫。熨烫过程中应保持衣物平整，以免熨烫过后衣物再次留下褶皱。同时，应在水温达到所调温度后再开始熨烫，因为在温度不够时，无法形成水蒸气。

（4）熨烫完的衣服不要马上挂入衣柜，而应先挂在通风处，待衣服完全干透之后再挂进衣柜，以免衣物发霉。

（二）不同布料衣物的熨烫方法

1. 棉麻衣物的熨烫方法

熨烫温度：160℃—200℃。

熨烫手法：①动作敏捷，但不能过快；②往返不宜过多；③用力不宜过猛；④熨烫淡色棉麻织品时应保持匀速，以免衣料发黄。

2. 丝质衣物的熨烫方法

熨烫温度：110℃—120℃。

丝质衣物须低温熨烫，过高的温度容易导致衣物褪色、收缩、软化、变形，严重时还会损坏衣物。

熨烫手法：①垫布熨烫，或熨烫衣物反面；②熨烫时熨烫机要不断移动位置，不能在一个地方停留时间过久，以免产生烙印水渍，影响衣物的美观。

3. 皮衣的熨烫方法

熨烫温度：80℃以下。

熨烫手法：①垫干燥的薄棉布进行熨烫；②熨烫时用力要轻。

4. 毛织衣物的熨烫方法

熨烫温度：薄款 150℃以下，厚款 200℃以下。

熨烫手法：①先将湿布盖在布料上再熨烫；②熨烫时，熨烫机应平稳地在衣服上移动，不宜移动过快。

5. 合成纤维衣物的熨烫方法

合成纤维种类繁多，不同的合成纤维衣物的耐热程度各不相同。初次熨烫前可先找衣物里面不明显的部位试熨，在掌握了合适的熨烫温度后再进行大面积熨烫。

思 考 题

1. 你的夏季衣物和冬季衣物是如何整理的？

2. 请画出你衣柜的布局，并讨论如何放置物品才能充分利用衣柜的储物空间。

实践任务

针线活大挑战

一、常用针法简介

缝制衣物常用的针法有平针法、锁边缝、藏针法、包边缝、扣眼缝、缩缝法等。

（1）平针法是最基础的针法，也是最常用的针法。这种针法主要用于拼接布料和缝制布料的轮廓。缝制时要注意针脚间隔均匀，间隔一般为 3mm 左右，也可根据实际情况调整。

（2）锁边缝一般用于缝制织物的毛边，以防织物的毛边散开。

（3）藏针法一般用于两块布料的缝合。这是一种很实用的针法，能够有效隐匿线迹，常用于衣服上不易在反面缝合的区域。

（4）包边缝、扣眼缝与锁边缝的用途相同，但前两者的装饰性和实用性更强。

（5）缩缝法可以在缝制过程中拉出松紧度，一般用于缝制缩口。

平针法　　　　　　　　　　　　　锁边缝

藏针法

包边缝　　　　　　　　扣眼缝　　　　　　　　缩缝法

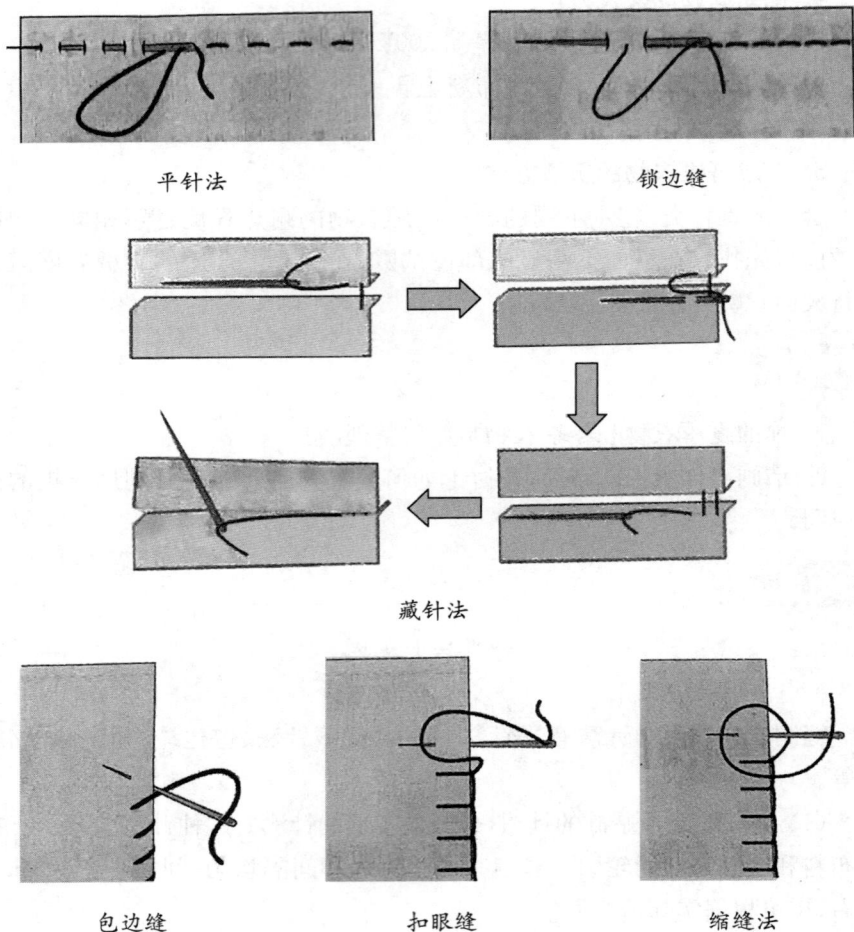

图 2-3　常见针法

二、情景演练

（1）小明在体育课上跑步时不小心摔倒了，磨破了裤子。请问，他应该采用哪种针法缝补？

（2）小菲想亲手制作一个荷包送给妈妈。她应该采用哪种针法？

模块二　食品烹饪与劳动教育

案例导入

案例1：某大学的一场辩论会上，正方和反方针锋相对。正方认为，做饭这样的"小事"，对于即将迈入社会的我们，常常也是考验独立生活能力的"大事"。从"家常菜"到"营养均衡、色味俱佳的佳肴"，做饭不仅是一项生活技能，更能让我们享受烹饪的乐趣，进行食品烹饪的劳动教育非常必要。反方认为，当代大学生生活节奏快，美团和饿了么等外卖平台已经给我们的生活提供了巨大的便利，所以没有必要进行食品烹饪方面的劳动教育。

案例2：陈梦晓（化名）刚到韩国留学一年，她说："我以前从不记账，来到韩国之后，发现餐厅的价格格外高，街边普通小店里一份水煮肉片的价格都能高出国内餐厅两倍。来韩国前，我不会做饭，即使父母催促我学习，我也会找借口推脱掉。"陈梦晓回忆道："以前我从来不进厨房，在家连天然气灶都不敢开。但是来到韩国之后，我发现必须要学做饭，因为它的确是生活的必备技能。"

"当然，我得到了朋友的帮助。在和朋友们一起做出一顿饭的过程中，我发现做饭原来是一件很快乐的事情。"陈梦晓说。

从"十指不沾阳春水"到"越来越喜欢探索做饭的技巧"，陈梦晓有许多难忘的经历："刚开始学做饭的时候，鸡蛋被炒成黑色。但我想，如果学会几道拿手菜，就可以请认识的韩国朋友和同学到家里来聚餐，于是就有动力坚持下来了。"回想起刚学做饭时的场景，陈梦晓笑道："我特别害怕菜在锅里'噼噼啪啪'地油汁四溅，所以每次把菜倒进锅后都赶紧跑出厨房，等锅'冷静下来'再赶紧跑回去。"

陈梦晓分享道："我喜欢召集很多小伙伴一起做饭。因为韩国物价较高，多一些人可以多一些选择，而且花费平摊下来也更划算。有时候通过这种方式还能认识新朋友。来聚餐时，很多同学都会叫上自己的朋友一起来，在一起做饭、一起打扫的过程中相互熟悉，从而扩大交际圈。"

一、中国饮食文化

学做饭，首先要了解我国源远流长的饮食文化。我国地大物博，在饮食上总体呈现出风味多样、讲究美感、食医结合等特点。

（一）风味多样

我国幅员辽阔、物产丰富，各地区由于气候、物产、习俗、生活环境等的不同，发展出了各式各样、具有地方风味和特色的菜系，其中最著名的有川菜、鲁菜、粤菜、闽菜、苏菜、浙菜、湘菜和徽菜八大菜系。各个菜系在原料选用、烹调技艺、口味等方面都有所不同。

（二）讲究美感

我国菜系众多、菜品多样，但无论哪种菜系，都追求色、香、味俱全。"色"即菜的色彩、卖相。在食物不再仅仅是饱腹之物时，运用各种食材、配料和烹调方法，调配好一道菜肴的色彩，是一种让食物赏心悦目的艺术。

（三）食医结合

我国烹饪讲究食医结合，认为食物与医疗保健有着密切的联系，在几千年前就有"医食同源""药膳同功"的说法。许多食物原料都具有药用价值，利用这些原料做成的佳肴，不仅美味，还能达到防治疾病的目的。例如，绿豆具有清热解暑、止渴利尿的功效，苦瓜具有清热解暑、明目解毒的功效，胡萝卜具有补肝明目、清热解毒的功效，梨具有清热镇静、化痰止咳的功效，等等。

二、饮食营养与健康

烹饪不仅应关注美味，更应该做到营养均衡。均衡的膳食、合理的营养搭配不仅可以保证人体正常生理功能的需要，还可以提高机体的抵抗力和免疫力，有利于预防和控制某些疾病的发生与发展。根据中国营养学会编制的《中国居民膳食指南（2016）》，一般人群的膳食可遵循以下六个原则：①食物多样，谷类为主；②吃动平衡，健康体重；③多吃蔬果、奶类、大豆；④适量吃鱼、禽、蛋、瘦肉；⑤少盐少油，控糖限酒；⑥杜绝浪费，兴新食尚。

科学合理的饮食应包括以下几点。

（1）分餐制：减少细菌、病毒的传播机会，有利于健康。

（2）食物应多样化，荤素搭配、粗细搭配，保证碳水化合物、蛋白质、脂肪、维生素和水的摄入。少吃大鱼大肉，多吃应季的蔬菜水果，如胡萝卜，有预防花粉过敏、补肝明目的作用。

（3）不食野生动物，不食过期食品；食品生熟要分开；冰箱要清洁；碗筷要消毒。

（4）春夏养阳，秋冬养阴。春季养生养肝为先，养血健脾胃，饮食以平补为原则，应多食用养肝护肝养血健脾胃的食物。如荞麦、薏苡仁、荠菜、菠菜、蕹菜、芹菜、菊花苗、莴笋、茄子、荸荠、黄瓜、蘑菇，这类食物均性凉味甘、润肝明目。春季不宜多吃"湿邪之物"。

三、烹饪基础

（一）原料篇

1. 原材料的种类

烹饪的原材料可分为蔬菜、水产品、畜禽、粮食作物和果品五类。

（1）蔬菜是人体维生素、矿物质和膳食纤维的主要来源。

（2）水产品富含蛋白质、脂肪、矿物质和维生素。

（3）畜禽是人体优质蛋白、脂类、脂溶性维生素和 B 族维生素的主要来源。

（4）粮食作物是对谷类作物、薯类作物和豆类作物的总称。谷类作物主要为人体提供淀粉、植物蛋白、维生素等；薯类作物主要为人体提供淀粉、维生素等；豆类作物主要为人体提供蛋白质、脂肪等。

（5）果品主要为人体提供维生素、矿物质和人体所需的微量元素。

2. 各种营养物质的作用

维生素：维生素具有调节代谢的作用。在维生素充足的情况下，人体的代谢会更加完全。例如，维生素 D 能够促进钙质吸收，维生素 C 能够促进铁质吸收，等等。

蛋白质：蛋白质可以为人体提供能量和热量，不但有利于骨骼健康、预防骨质疏松，还可以提高肌肉质量和力量，这也是健身房教练将它视为"增肌神器"的主要原因。

脂肪：脂肪具有储存和供给能量的作用，还有保持人体体温、固定内脏的作用。

矿物质：矿物质包含铁、钙、镁、锌等，是构成人体骨骼、牙齿等部位的重要元素。需要注意的是，矿物质只能从膳食中获取，不能由身体自行合成。

淀粉：淀粉在人体内会被分解成葡萄糖，葡萄糖可以为人体肌肉运动和其他器官的活动提供能量。

膳食纤维：膳食纤维能够促进肠道蠕动，具有预防超重和肥胖的作用。

（二）调料篇

烹饪常用的调料有油、盐、酱油、醋、料酒等。

（1）油具有导热、增加菜肴色泽的作用，常见的有花生油、菜籽油、大豆油等。

（2）盐可调节菜肴的咸淡，不宜多吃。

（3）酱油分为生抽和老抽两种，生抽一般用来调味，味道鲜、咸；老抽一般用来上色，颜色重、味道咸。

（4）醋较酸，可使菜的味道变得丰富，吃起来更加爽口。

（5）料酒能够去除菜的膻味和腥味，还具有解油腻的作用。

（三）火候篇

烹饪时的火候一般根据两种方式确定。

（1）根据原料的质地确定。原料质地较软、嫩、脆的，多用旺火速成；原料质地较硬、老、韧的，多用小火长时间烹调。

（2）根据烹调的技法确定。炒、爆、烹、炸等技法多用旺火速成；烧、炖、煮、焖等技法多用小火长时间烹调。

四、烹饪安全

（一）用火安全

（1）烹饪过程中不要远离厨房，以防汤水溢出浇灭燃气灶火苗造成燃气泄漏事故。

（2）厨房内禁止存放酒精、汽油等易燃危险物品，以免引起意外失火。

（3）保持燃气灶周围空气流通。

（4）若闻到煤气味，怀疑燃气泄漏，应立即关闭燃气阀门和附近的火源，同时打开门窗进行通风。注意不要开关任何电器，包括手机。若煤气味强烈，则应立即外出打电话报警，并通知邻居疏散。

（二）用电安全

（1）湿手不得接触电器及电器装置，以防触电。

（2）电器用完后应关掉开关并拔下插头，防止电器因长时间通电而损坏。

（三）烹饪工具使用安全

（1）玻璃器皿、瓷器不能摆放在台面边缘，以免摔破伤人。

（2）在使用刀具前，应检查其是否存在裂纹、松柄、锈蚀等现象，避免在使用过程中发生意外。

（3）刀具在使用完后应插入刀套或刀架内，不得放在操作台边缘及过高处，以免坠落伤人。

（四）其他注意事项

（1）烧制饭菜时，锅内的液体不宜过多，以免溢出引发意外。

（2）在拿刚蒸好或烤好的食物时，应戴隔热手套。没有隔热手套的，可用干毛巾代替。

（3）为减少烹饪过程中高温油飞溅，应提前滤干食材的水分。

拓展阅读

中国八大菜系

菜系是在选料、切配、烹饪等技艺方面，经长期演变而自成体系，具有鲜明的地方风味特色，并为社会所公认的中国饮食的菜肴流派。

中国饮食文化的菜系，是指在一定区域内，由于气候、地形、历史、物产及饮食风俗的不同，经过漫长历史演变而形成的一整套自成体系的烹饪技艺和风味，并被全国各地所承认的地方菜肴，通常八大菜系是指：鲁菜、川菜、粤菜、江苏菜、闽菜、浙江菜、湘菜、徽菜。

菜系	口味
鲁菜	口味咸鲜为主。讲究原料质地优良，以盐提鲜，以汤壮鲜，调味讲求咸鲜纯正，突出本味。咸鲜为主火候精湛，精于制汤，善烹海味
川菜	口味麻辣为主，菜式多样，口味清鲜醇浓并重，以善用麻辣调味（鱼香、麻辣、辣子、陈皮、椒麻、怪味、酸辣诸味）

（续表）

菜系	口味
粤菜	口味鲜香为主。选料精细,清而不淡,鲜而不俗,嫩而不生,油而不腻。擅长小炒,要求掌握火候和油温恰到好处。还兼容许多西菜做法,讲究菜的气势、档次
江苏菜	口味清淡为主。用料严谨,注重配色,讲究造型,四季有别。烹调技艺以炖、焖、煨著称;重视调汤,保持原汁,口味平和。善用蔬菜。其中淮扬菜,讲究选料和刀工,擅长制汤;苏南菜口味偏甜,注重制酱油,善用香糟、黄酒调味
闽菜	口味鲜香为主。尤以"香"、"味"见长,其清鲜、和醇、荤香、不腻的风格。三大特色,一长于红糟调味,二长于制汤,三长于使用糖醋
浙江菜	口味清淡为主。菜式小巧玲珑,清俊逸秀,菜品鲜美滑嫩,脆软清爽。运用香糟、黄酒调味。烹调技法丰富,尤为在烹制海鲜河鲜有其独到之处。口味注重清鲜脆嫩,保持原料的本色和真味。菜品形态讲究,精巧细腻,清秀雅丽。其中北部口味偏甜,西部口味偏辣,东南部口味偏咸
湘菜	口味香辣为主,品种繁多。色泽上油重色浓,讲求实惠;香辣、香鲜、软嫩。重视原料互相搭配,滋味互相渗透。湘菜调味尤重香辣。相对而言,湘菜的煨功夫更胜一筹,几乎达到炉火纯青的地步。煨,在色泽变化上可分为红煨、白煨,在调味方面有清汤煨、浓汤煨和奶汤煨。小火慢炖,原汁原味
徽菜	口味鲜辣为主。擅长烧、炖、蒸,而爆、炒菜少,重油、重色,重火功。重火工是历来的,其独到之处集中体现于擅长烧、炖、熏、蒸类的功夫菜上,不同菜肴使用不同的控火技术,形成酥、嫩、香、鲜独特风味,其中最能体现徽式特色的是滑烧、清炖和生熏法

思 考 题

你会做哪道菜? 与同学们一起分享。

实践任务

假期为××做一顿美味营养餐

中国饮食文化博大精深、源远流长。做饭既是一种基本生活需求,又是一门学问、一种艺术。一道色香味俱佳的菜肴,不仅令人赏心悦目,还能让人胃口大增,提升生活的幸福感。

请以"为××做一顿美味营养餐"为主题开展一次实践活动。学生可以根据某一家人或朋友的喜好,为他/她准备一顿美味营养餐。要求用PPT或短视频的形式记录过程。

一、过程记录

拟制菜单:

获取菜谱:

实施难点及解决方案:

心得体会:

二、结果评价

教师可参考下表对学生制作的美味营养餐进行评价。

"为××做一顿美味营养餐"活动评价表

评价标准	分值	分数小计	教师评价
菜肴营养、健康	20		
搭配均衡	20		
菜式好看、色泽明亮	20		
味道较好	20		
PPT制作精美/视频剪辑精美	20		

模块三　生活起居与劳动教育

案例导入

　　某大学的学生会做了一次大学生生活起居问卷调查,作为大学生的你也一起参与进来吧,检视一下自己的生活起居是否符合健康标准!

　　1. 你的性别(　　　)

　　A. 男生　　　　　　　　B. 女生

　　2. 晚上都几点睡(　　　)

　　A. 22:00 之前　　　　　　　　　　　　B. 22:00—23:00

　　C. 23:00—24:00　　　　　　　　　　　D. 24:00 之后

　　3. 你的睡眠质量怎么样(　　　)

　　A. 大于 8 小时　　　B. 6 小时至 8 小时

　　C. 小于 6 小时

　　4. 你周末和闲暇时间喜欢干什么(　　　)

　　A. 躺在床上看书　　　B. 自主学习　　　C. 运动

　　D. 追剧　　　　　　　E. 听歌　　　　　F. 画画、写作

　　G. 打游戏

　　5. 三餐是否规律(　　　)

　　A. 很规律,按时吃　　　　　　B. 太忙了,没有规律

　　6. 你喜欢什么口味的饭菜(　　　)

　　A. 偏清淡,我养生　　　　　　B. 偏咸、酸、辣、油炸等重口味的

　　7. 是否按时吃早饭(　　　)

　　A. 习惯不吃　　　　　　　　　B. 起晚了没时间吃

　　C. 没有想吃的　　　　　　　　D. 每天都吃

　　8. 每天喝水量怎么样(　　　)

A. 小于 500ml

B. 1000ml—2000ml

C. 大于 2500ml

9. 喝含糖或碳酸饮料的频率（　　）

A. 每周 5—7 次　　　　B. 每周 1—3 次　　　　C. 几乎不喝

10. 穿着方面的喜好（　　）

A. 认为好看比舒服保暖更重要

B. 认为穿得暖、穿得舒服就行

C. 认为保暖实用和好看要兼顾，注重搭配

11. 是否认为目前身上的压力（包括但不限于升学、考试、感情、家庭方面）过重（　　）

A. 是　　　　　　　　B. 否

12. 每天电子产品（手机、电脑等）的使用时长（　　）

A. 1—3 小时　　　　　B. 3—5 小时

C. 5—8 小时　　　　　D. 大于 8 小时

13. 运动锻炼的频率（　　）

A. 每周 3—5 次　　　　B. 每月 3—5 次　　　　C. 几乎不运动

14. 寝室多久做一次卫生清理（　　）

A. 每周 1—3 次　　　　B. 每月 1—3 次　　　　C. 脏了再扫，很少清理

15. 你认为目前自己的身体状况怎么样（　　）

A. 健康　　　　　　　　B. 亚健康　　　　　　　C. 不健康

一、起居安排

（一）坚持早起，神清气爽

睡懒觉使大脑皮层抑制时间过长，天长日久会引起一定程度人为的大脑功能障碍，导致理解力和记忆力减退，还会使免疫功能下降，扰乱肌体的生物节律，使人懒散，产生惰性，同时对肌肉、关节和泌尿系统也不利。另外，由于夜间关闭门窗睡觉，早晨室内空气混浊，恋床很容易造成感冒、咳嗽等疾病的发生。因此，坚持早起，到室外呼吸新鲜的空气，对身体益处多多。

（二）安排午间休息，精力充沛

适当午睡对于减轻身心疲惫，提高学习、工作的效率非常有益。午睡不在于时间长短，关键在于质量。建议平躺在床上，四肢伸展，使得血液循环至脑部以缓解因大脑供血不足而产生的疲惫感。不宜趴在桌上，这种姿势不仅使呼吸受限，同时也使颈部和腰部的肌肉紧张，易患慢性颈肩病。有研究表明，午睡半小时胜过晚间睡眠 2 小时给身体带来的轻松感。

（三）不熬夜，正常就寝

研究表明，如果长期熬夜，会慢慢地出现失眠、健忘、易怒、焦虑不安等神经、精神症状。过度劳累使身体的神经系统功能紊乱，引起体内主要的器官和系统失衡，比如发生心律不齐、内分泌失调等，严重的会导致全身的应激状态，感染疾病的概率相应提高。

美国的免疫学家在对睡眠和人体免疫系统做了一系列研究后认为，睡眠除了可以消除疲劳，还与提高免疫力、抵抗疾病的能力有着密切关系。有充足睡眠的人血液中的 T 淋巴细胞和 B 淋巴细胞均有明显上升，而这两种细胞正是人体内免疫力的主力军。所以，即使在相对紧张的工作中，也要保持充足的睡眠。研究表明，大学生的睡眠时间一般每天不得少于 7 个小时。

拓展阅读

可参考的作息时间表

时间段	作息安排
6:30—7:30	起床伸展腰肢，呼吸新鲜空气，喝杯温水，为一天的工作做好准备
7:30—9:00	吃早餐。时间再紧也要吃早餐，因为它可以帮助我们维持血糖水平的稳定，为上午的工作补充能量
9:00—11:00	这个时间段是工作和学习的第一个黄金时期。大部分人在这两个小时内头脑最清醒、思路最清晰，因此可以开展工作和学习中较困难的部分
11:00—12:00	吃点水果。在经过一上午的工作和学习后，我们的血糖会有一些下降，可能导致无法专心工作。此时可以吃点水果，及时补充血糖
12:00—13:00	吃午餐。丰富的午餐能为身体增添能量，以保证身体的能量所需

（续表）

时间段	作息安排
13:00—14:00	午休。每天保证 30 分钟的午休会使人精力充沛,还能起到保护心脏的作用
15:00—17:00	这个时间段是工作和学习的第二个黄金时期。此时身体和大脑都处于一天的巅峰状态,应该做细致而密集的工作

二、饮食安排

一日三餐是人在漫长的岁月中形成的适应人体肠胃环境及生理功能的生理节律。定时进餐可以维持血液中营养物质的稳定,保证人体的正常活动。一般来讲,每餐之间间隔 4—5 小时是根据食物在人体胃中停留的时间决定的。

（一）早餐

7:30 左右,即在起床后 20—30 分钟吃早餐最合适。因为,这时人的食欲最旺盛。而且早餐与中餐以间隔 4—5 小时为好,也就是说,如果早餐过早,那么数量应该相应增加或者将午餐相应提前。

（二）中餐

12:00—12:30 为宜。午餐时间是最好的休息时间,应该让自己在一个轻松的环境下吃午饭。这样不仅有益于精神的放松,还有助于消化,对身体大有好处。

（三）晚餐

晚 18 点以后、19 点以前为宜。这样,在 4 小时以后,即到晚 21 点以后或 22 点左右睡觉,较为适宜。

（四）夜宵

不提倡吃夜宵。因为临睡前进食,不仅会增加肠胃负担影响睡眠,还会影响第二天早餐的食欲。同时应当强调的是,三餐时间要固定,形成有规律的生物钟。

三、设施整洁

（一）扫地、拖地

1. 扫地小技巧

清扫室内地面宜用按扫的方式,即扫地时扫帚尽量不离地面;挥动扫把时,可稍用力向下压,这样既能把灰尘、垃圾扫净,又能防止灰尘扬起;清扫时一般采用从狭窄处向宽广处、从边角处向中央处、从屋里向门口的清扫顺序。

地上头发多时,可将废弃的旧丝袜套在扫把上扫地。由于丝袜会和地面产生静电效应,很容易就能吸附起地上的毛发和灰尘。如果没有丝袜,塑料袋也可以起到同样的效果。

清扫楼梯时,可以站在下一阶,将垃圾从左右两端扫至中央再往下扫。这样能有效防止垃圾、灰尘从楼梯旁掉下去。

清扫室外区域时,应顺着风向扫,以免扫好的区域被再次刮脏。

2. 拖地小技巧

(1)巧用食盐。用温水加上食盐拖地,不仅能加快地上水分的蒸发速度,还不留水渍。另外,用盐水拖地还能杀菌、抑菌。

(2)巧用洗洁精、醋和小苏打。在擦洗地板的水中加入少量洗洁精、醋或小苏打,擦洗地板时不仅能轻松除尘,还能有效去油污。

(3)巧用柠檬汁。柠檬汁中的烟酸和有机酸具有杀菌作用。拖地的时候,在水里加少量柠檬汁或柠檬精油,既能有效杀菌,还能保持空气清新。

(二)门窗除垢

首先清洁门窗边框。清洁时,应先用废旧牙刷或专用的小刷子清理缝隙里的污渍,再整体擦拭门窗边框。

然后清洁玻璃。清洁玻璃时,第一遍用湿布擦拭,第二遍用干报纸擦拭。用干报纸擦拭不仅可以擦干玻璃上的水分,还能避免在玻璃上留下痕迹,让玻璃更加干净明亮。

对于有纱窗的窗户,可不定时用湿布擦拭纱窗,避免纱窗上堆积灰尘。

除了学习基础的家务劳动,我们还应该适当掌握一些家庭保健相关知识和家居日常维修技能,以备不时之需。

(三)玻璃清洁技巧

有些玻璃用久了会有发黑的现象,对于这种玻璃,可用细布蘸取适量的牙膏擦拭。沾染了油漆的玻璃可用绒布蘸取适量食醋擦拭。玻璃上的陈迹可用湿布蘸取适量白酒擦去。鲜蛋壳用水洗刷后得到的蛋白与水的混合溶液,可有效增加玻璃的光泽。沾染了石灰水的玻璃,可用湿布蘸取适量细沙擦拭。

（四）冰箱清洁

在使用冰箱的过程中，应定期对冰箱进行清洁（每年至少两次）。清洁冰箱时要先切断电源，然后再用软布蘸上清水或洗洁精沿着冰箱内壁轻轻擦拭。为防止损坏冰箱涂层和塑料零件，请勿使用洗衣粉、去污粉、开水、刷子等清洗冰箱。

对于冰箱内可拆卸的部件，应拆下后用清水或洗洁精清洗。

清洗完冰箱主体和各种部件后，不要着急关闭冰箱门，应待冰箱内彻底干燥后，再关闭冰箱门，并插上电源。

（五）床上用品清洁

床上用品会与皮肤直接接触，平时要注意床上用品的清洁。一般来说，床上用品的清洗间隔应根据季节来判断。夏季建议一周清洗一次，冬季建议两周清洗一次。清洗时，最好挑一个晴朗的天气，以便清洗完的床上用品能够接受紫外线的照射，从而有效清除细菌和螨虫。

思考题

你还知道哪些起居常识？跟同学们分享一下。

实践任务

好习惯养成记

俗话说："播种一种行为，收获一种习惯；播种一种习惯，收获一种性格；播种一种性格，收获一种命运。"习惯会对人产生很大的影响，一个人要想成功，就要先养成好的习惯。有了好的习惯，才能以更好的精力和状态去面对人生的挑战。

请列举你认为值得养成的好习惯和对应的习惯养成计划，并按计划坚持21天。以PPT或短视频的形式记录自己养成习惯的过程，总结因为坚持这些习惯所发生的变化。

一、过程记录

好习惯列举：

习惯养成计划：

总结发生的变化：

二、结果评价

教师可参考下表对学生的"好习惯养成记"活动进行评价。

"好习惯养成记"活动评价表

评价标准	分值	分数小计	教师评价
计划合理	10		
每天坚持"打卡"	30		
自身精神状态变化显著	30		
总结"走心"	15		
PPT 制作精美/视频剪辑精美	15		

模块四　家庭保健、维修技能

在××大学××班关于疫情防控的主题班会上，各位同学在课堂上进行思考和讨论。

（1）疫情当下，危机当头。作为当代大学生怎样为防控疫情做贡献？何为责任？何为担当？

（2）讨论科学防疫是对抗击疫情的贡献。请同学们分享假期疫情防控期间自己和家人做了什么，是怎样配合疫情防控的。

（3）新型冠状病毒是什么？

（4）如何防范新型冠状病毒？

（5）疫情当下，作为当代大学生是否应该掌握更多的家庭保健知识，以保证我们自己身体健康？

（6）疫情当下，很多上门维修无法进行，大学生是否应该自学家具家电维修知识，提高家具家电维修技能，做父母的家居生活好帮手？

一、家庭保健

（一）家庭常用消毒方法

在家庭生活中，我们可利用以下三种方法消毒杀菌，减少疾病的发生。

（1）天然消毒法。阳光中的紫外线和红外线具有一定的杀菌作用，把书籍、床垫、被褥、衣物等放在阳光下曝晒4—6小时即可起到很好的杀菌效果。

（2）物理消毒法。开水可以有效杀死细菌，可不定时地用开水烫一下杯子、碗筷等进行消毒杀菌。

（3）化学消毒法。利用消毒液、消毒剂等可杀灭大多数的细菌和病毒，但这种消毒方法不宜用于食物、碗筷等物品的消毒。

（二）家庭常备药品

根据家庭成员的构成，家庭药箱应主要覆盖内服药、外用药、特殊人群用药和辅助用品四大类别。

（1）内服药常见的有感冒药、解热镇痛药、止咳化痰药、止泻药、通便药、抗过敏药、助消化药七大类，一般不推荐储备抗菌类药物。

感冒药：可备酚麻美敏片、维C银翘片。感冒是自限性疾病，一般不用药物治疗，但服药可缓解症状。需要留意的是，很多感冒药都含有相同成分，为避免重复用药，应严格按推荐的剂量和用法服用。

解热镇痛药：常见的有布洛芬混悬液、对乙酰氨基芬片。该类药物主要用于缓解感冒后的发热、头痛、关节痛等症状。

止咳化痰药：止咳可备氢溴酸右美沙芬片、蛇胆川贝枇杷膏；化痰药物可以选择盐酸氨溴索片、乙酰半胱氨酸颗粒等。

止泻药：可备口服补液盐散、蒙脱石散。前者能预防和纠正腹泻导致的脱水；后者是高效消化道黏膜保护剂，具有改善肠道吸收和分泌的功能。

通便药：可选乳果糖。它不被人体吸收，通过刺激结肠蠕动，缓解便秘，尤其适用于老年人、孕产妇、儿童及术后便秘者。

抗过敏药：如氯雷他定，属于抗组胺类抗过敏药，适用于皮肤过敏、食物及药物过敏等。氯雷他定除了有片剂外，还有儿童使用的糖浆剂和滴剂。

助消化药：如多酶片、健胃消食片等。

（2）外用药主要有外用消毒药，如75％乙醇（酒精）、碘伏等；其他外用药，如云南白药、风油精等。另外，创可贴、灭菌医用棉签、纱布、绷带等卫生材料也要备齐。

（3）特殊人群用药根据家庭成员实际需求准备。

（4）辅助用品主要包括小药箱、方便小药盒、定时药盒、切药器、研磨器等。

（三）用药须知

1. 家庭备药四大原则

（1）根据家庭人员的组成和健康状况备药，注意老人、小孩与孕妇的用药；严禁混入家庭成员过敏的药物。

（2）选择不良反应较少的非处方药（OTC 药）。

（3）选择疗效稳定、用法简单的药物，如口服药、外用药等。

（4）选择常见病、多发病用药。家庭备药一般只是为应急或方便，无须面面俱到。

2. 家庭备药如何贮存

家庭备药要保留药品包装，注意有效期、储藏条件，分门别类存放药品。在春季潮湿的环境下，药品常常会受潮变质，定期检查药箱很有必要。

如家有儿童，最好使用带锁小药箱，固定放置在小孩不能触及的地方；经常教育孩子不得自行使用药物；不可随意在孩子面前服药，避免孩子效仿。

3. 药品小常识

（1）非处方药标记的红底白字和绿底白字有什么区别？

非处方药标记红底白字的是甲类，绿底白字的是乙类。乙类非处方药安全性更高。

（2）怎么辨别药品的真假？

药品批准文号是药品生产企业依法生产药品的合法标志，千万不要购买和使用无批准文号标注的"药品"。

（3）药品和保健品如何区分？

区分药品与保健品，可关注它们的批准文号。药品批准文号为"国药准字"；保健品批准文号为"国食健字"。

（4）有效期和生产日期是一回事吗？

药品包装上标注的生产日期指的是药品的出厂日期；有效期则是药品在规定的储藏条件下质量能够符合规定要求的期限，一般是指药品未开封时的使用期限。需要注意的是，一旦打开外包装，药品的使用期限会明显缩短，特别是瓶装药、袋装药、液体制剂。

拓展阅读

新冠肺炎疫情期间的自我保健

新型冠状病毒肺炎（Corona Virus Disease 2019，COVID－19），简称"新冠肺炎"，世界卫生组织命名为"2019 冠状病毒病"，是指 2019 新型冠状病毒感染导致的肺炎。2019 年 12 月以来，湖北省武汉市部分医院陆续发现了多例有华南海鲜市场暴露史的不明原因肺炎病例，证实为 2019 新型冠状病毒感染引起的急性呼吸道传染病。新冠肺炎疫情期间的自我保健对于每一位大学生都非常重要。

新冠肺炎疫情期间的防护策略如下。

（1）戴口罩：有效起到防护作用，健康自己，保护他人。

（2）少聚集：减少传播与感染的机会。

（3）勤洗手：用肥皂、洗手液洗手，有效防止"病从口入"。

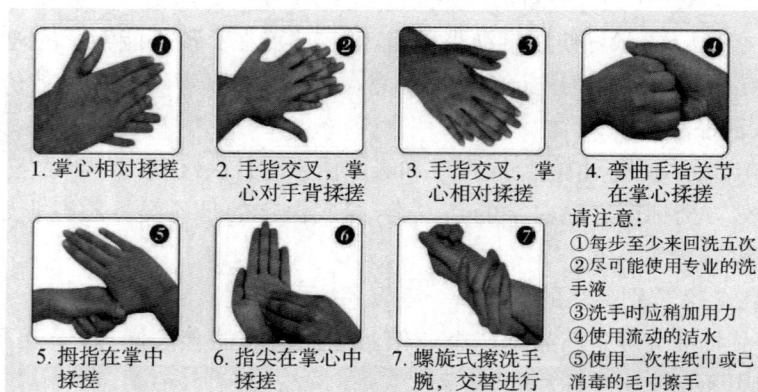

1. 掌心相对揉搓　2. 手指交叉，掌心对手背揉搓　3. 手指交叉，掌心相对揉搓　4. 弯曲手指关节在掌心揉搓

请注意：
①每步至少来回洗五次
②尽可能使用专业的洗手液
③洗手时应稍加用力
④使用流动的洁水
⑤使用一次性纸巾或已消毒的毛巾擦手

5. 拇指在掌中揉搓　6. 指尖在掌心中揉搓　7. 螺旋式擦洗手腕，交替进行

图 2-4　七步洗手法

（4）要保暖："春捂秋冻"，春捂养阳气。捂的程度是不能多汗，出汗多，阳气随发汗而过量排出体外，不利于健康。春季不宜过早穿单鞋，要预防感冒。

（四）相关疾病知识

（1）出现乏力、发热、咳嗽、咳痰等症状，需要到医院发热门诊就诊。

（2）学习健康科普常识，改变生活方式，促进健康。

（3）疾病预防。春天的气候变化反复无常，乍阴乍晴，阴雨连绵，温度低、日照少、湿度大，对人体健康有其不利的一面。气候转暖，湿热毒邪开始活动，许多致病因子也随之猖獗，所以春天要特别重视疾病预防。防感冒，防红眼病，防花粉过敏症。

（4）防旧病复发。治疗慢性病的药物一定要坚持服用，血压、血糖的自我监控要做好。心血管病加重的表现有：①胸痛、胸闷发作较前频繁；②胸痛、胸闷持续超过30分钟不缓解；③与活动有关的左上肢内侧、左肩、后背、胸口正中、颈部、左侧胸部、左侧肋部、左下颌疼痛或者不适，持续几分钟，停止活动后缓解；④心跳突然变得不规律或者有间歇；⑤心跳突然加速伴有心悸出汗头晕；⑥出现头晕黑蒙晕厥或者突发剧烈头痛。如果出现以上六种情况之一的，建议患者尽快到医院就诊。

（五）适当健身运动

（1）运动时间：不宜在饭后立即运动，每天坚持 30—60 分钟；每周 3—5 天。

（2）运动强度：根据个人年龄、体质和状态调整强度。

（3）运动方式：通过有氧运动、无氧运动、柔韧性运动，达到健身的目的。如走步、跳舞、瑜伽、八段锦等。春季多梳头，经常按摩太阳穴防春困，常按揉足三里穴，可提高人体免疫力起到防病的作用。

（六）保持心态平和

（1）要有信心，通过各级防治和自我健康管理，相信疾病可防、可控、可治。

（2）通过听音乐、与朋友聊天、运动等方法，转移注意力，缓解应急下的焦虑心情；如果出现极度恐慌、抑郁，可以寻求心理援助。

（3）健康长寿与开朗的性格是密切相关的，中医认为"怒则伤肝""肝脾郁怒，气血亏损"。不要狂喜、盛怒、骤惊、大恐、深思、过悲、忧郁，这样都会致病，如精神疾病、消化系统疾病、心血管疾病、肿瘤等，都与人的情志密切相关。

（七）科学规律睡眠

（1）起居养生：早睡早起，以适应自然界的生发之气。起床后宜舒展形体，在庭院中信步漫行，这样易使思维迅速活跃起来。老年人晚间睡眠质量不高，宜安排午睡。

（2）睡前不宜饮咖啡、浓茶；不宜做剧烈运动；不宜看恐怖片；洗温水澡、听轻音乐，有利于睡眠。

二、家居日常维修技能

家用电器、家具等常常会随着使用频率、使用时间的增加而出现这样那样的问题，对于其中的一些小问题，我们完全可以自行修理解决，不必找专门的维修工人上门维修。

（一）冰箱不制冷

冰箱出现不制冷的情况时，应首先检查冰箱的电源插头是否牢固，若电源插头没问题，则可能是冰箱的内出水口堵塞或冰冻造成了冰箱不制冷。此时，我们可以使用一根有一定硬度的细棍疏通冷藏室的后壁出水口。

（二）实木家具出现裂缝

实木家具如因热胀冷缩出现裂缝，可采用以下补救措施：①将旧棉布或破麻袋烧成灰，然后与生桐油搅拌成糊状，嵌补到木器的裂缝中，阴干后即可补平裂缝；②将撕碎的报纸加些明矾和清水煮成稠糊状，冷却后涂于木器的裂缝中即可将其补平。

（三）家用燃气灶打不着火

家用燃气灶打不着火很可能是火盖、火孔被堵塞或燃气灶电池没电造成的。遇到燃气灶打不着火的情况时，可以先用牙签、抹布等清理火盖和火孔；清理完仍打不着火的情况下，可尝试更换燃气灶的电池。

（四）修补漆面和起鼓

装饰贴面产生鼓泡后，可先用锋利刀片在泡的中部顺木纹方向割一刀，然后用注射器将胶水注入缝中，用手指轻轻地压在泡的上部将溢出的胶水用湿布揩净，再用一个底面平滑并大于鼓泡面积的重物压在上面。为防止加压后有少量胶水溢出粘坏鼓泡周边表面，可在泡上覆盖塑料薄膜隔开，这样装饰贴面就平整了。

如果家具漆面被烧灼受损，可在牙签上包一层细纹硬布轻轻擦抹痕迹，然后涂上一层薄蜡焦痕即可除去。如果家具漆面擦伤可用和家具颜色一致的蜡笔或颜料在家具的创面涂抹覆盖外露的底色，然后用透明的指甲油薄薄地涂上一层即可。如果蜡油滴在家具漆面上千万不要用利刃或指甲刮剔，应等到白天光线良好时用塑料薄片，双手紧握向前倾斜将蜡油从身体前方向后慢慢刮除，然后用细布擦净。

（五）修补凹痕、消除水痕

有些家具因木质较软碰撞后会留下凹痕。这时可先用湿毛巾放在凹陷部，再用熨斗加热熨压即可恢复原状。如果凹痕较深则要加入充填物。

水滴在家具上若不立即擦干会留下水渍痕迹。对此可用湿布盖在痕迹上，然后用电熨斗小心地按压湿布数次，痕迹的水分会遇热蒸发，水痕便可消除。

（六）剔除旧漆、家具除锈

如果要将家具的漆除掉，把失效的显影液涂在家具的漆面上，即可除去旧漆。

镀铬家具生锈千万不要用砂纸打磨。小镀件放入盛有机油的盆里浸泡8—10小时后用布揩擦即可。而大镀件家具生锈，可先用刷子或棉纱蘸机油涂于锈处，稍候片刻，用布擦即可去除锈迹。

（七）换水龙头

家里的水龙头有两种，一种是厨房、卫生间水盆上的冷热水龙头，一种是向洗衣机注水或冲洗抹布的龙头。两种龙头的更换方法和难易程度有所区别。不过，要做的第一步都是先将水闸关闭，并打开龙头确定没有水流出后才能操作。

先说第一种，厨房、卫生间水盆上的龙头是嵌在水盆上的，下部的水管隐藏在橱柜、浴室柜内部。关闭水闸后，要先拆卸下冷热水管，如果在柜体下部能够看到龙头的接头，就可方便地拧下更换。若不能，则要把水盆抬起翻转过来，这样才能看到龙头下部的接头。这是比较难办的部分，厨房台盆周围打有密封胶，还涉及剔除胶体和后期补胶的问题。这一步完成后，直接拧下旧龙头换上新龙头，再放下台盆，接上冷热水管即可。由于这种情况比较复杂，且需要相应的工具，如果动手能力差的话，还是请专业人员来维修。

第二种连接洗衣机的龙头就比较好解决了，因为主体都是裸露在外部的。首先，拿两把扳手，一把扳住水管接口部分，另一把扳住龙头的丝扣，两把扳手向相反方向用力，拧下龙头。之所以要用扳手固定住水管，就是怕直接拧龙头，若受力不均匀会破坏水管。之后，将新龙头丝扣部分按拧入的方向缠上防水胶带（出售水龙头处便可买到），还是两把扳手配合，拧进去即可。

（八）调铰链

衣柜用的时间长了，出现柜门不平、下沉等现象非常正常，一把螺丝刀就能处理，无须花钱请人上门。

柜门的铰链上有两个螺丝，靠外的螺丝可以将柜门向左右方向调节，螺丝越紧，两扇门距离越远，反之则靠近；靠内的螺丝，则可将柜门向前后调节，螺丝越紧，门越向内缩。出现柜门不平整的状况时，只要根据具体情况，用螺丝刀慢慢调节这两个螺丝的松紧就能解决问题。

（九）局部贴壁纸

在大型建材超市的壁纸区内，一般出售全套的铺贴工具，可一次性买齐，并向销售人员咨询铺贴的技巧。操作时，先按说明将淀粉胶发泡备用，再按测量好的墙壁面积开始裁纸。剪裁时涉及对花问题，两张相邻的壁纸上下、左右花色都要对得上，这需要仔细计算。所以建议大家，自己铺贴最好购买花色简单的壁纸，对花容易，损耗也小。另外，壁纸前后两端可多留出几厘米，因为踢脚线处和顶棚边缘处不一定百分之百平整，壁纸上墙后，多余的部分用壁纸刀直接按墙线裁掉，看起来更美观。接着用滚刷在墙面及壁纸背面刷上胶，静置一会儿（具体时间按淀粉胶使用说明）。再就是上墙了，一边贴壁纸一边用刮板向下刮，赶走空气。若有气泡，用针扎破刮平即可。最后将多余边角用壁纸刀切齐。关闭门窗 12 小时左右，壁纸就牢固地上墙了。

需要注意的是，铺贴壁纸前要首先确定墙面情况是否适合施工。可将湿毛巾捂在墙面上十几分钟，再轻轻用手蹭一下墙面，如果涂料没有往下掉，就可以直接粘贴壁纸；反之，则说明墙面已经开始粉化了，需要找专业队伍对墙面基底全面施工后才能贴壁纸。

拓展阅读

家居维修必备工具

◎测电笔

主要测试电路的带电情况。比如插座突然没电了，就可以用它测试一下，是插座问题，还是电路问题。灯的亮度不足，排除灯泡老化的问题，可以测试一下是不是有连电的情况。测电笔有两种，一种是传统的，有电则亮，另一种是可显示电压的，两种都很实用。

◎钳子

主要用来钳断铁丝、电线等。

◎螺丝刀

分一字形和梅花形两种，家里有这两种就可以。平时紧家具铰链上的螺丝，就要靠它们。

◎活扳手

准备一到两个小型号的就够用了。修自行车、电动车、水管修理都需要它。

◎手电钻

可以在木材、塑料、铝合金等材质上打孔（墙面除外）。能正转翻转，可以调整速度，配上专用端头便可轻松装卸家具上的螺丝。有了它，自己组装家具就不再是难题了。

思 考 题

你还会哪些居家日常维修技能？跟同学们分享一下吧。

实践任务

请根据自己家庭的具体情况制订家务劳动计划，并严格执行计划。要求用PPT或短视频的形式记录劳动过程，并在班级内展示、比拼。

一、过程记录

具体计划：

计划实施情况：

计划实施难点及解决方案：

家长点评：

二、结果评价

教师可参考下表对学生制订的家务劳动计划及实施情况进行评价。

"争做家务小能手"家务劳动计划及实施情况评价表

评价标准	分值	分数小计	教师评价
计划切实可行	10		
计划有层次,目标有阶梯	10		
积极主动,能够按计划做家务劳动	25		
做家务时认真细致	25		
家务完成出色	30		

项目三 劳动教育与绿色校园

学习目标

1. 掌握垃圾分类的标准,能对不同类型垃圾进行分类。
2. 了解美丽寝室的表现,能营造良好的寝室文化,创设整洁、安全、文明、有创意的寝室环境。
3. 了解校园劳动的方式,能积极参与校园劳动,维护校园安全。
4. 了解高碳生活的危害,能在校园中积极践行低碳生活。

模块一　垃 圾 分 类

案例导入

这些大学生把垃圾分类当作最好的暑期实践

"阿姨,塑料瓶是可回收垃圾,应该扔到蓝色可回收桶里。"在石景山八角街道八角中里社区,经常能看到一群年轻大学生志愿者的身影,他们热情又专业,指导居民正确分类、合理投放生活垃圾。截至目前,共有 20 余名大学生参与到垃圾分类志愿服务当中。

7 月下旬,八角中里社区在"志愿北京"平台发布了"垃圾分类桶前值守"志愿服务项目,得到了不少团员青年的积极响应。家住八角中里的王子宜就是其中之一,他就读于哈尔滨医科大学,把志愿服务作为学校暑期社会实践认真完成。刚一上岗,王子宜就为自己安排了每天 4 小时的排班,成为所有志愿者中服务时间最长的学生。"既然报名了,我就会坚持做下去。"王子宜坚定地说。

和他相似,首都经贸大学的王美萱和宋子贺也是根据学校暑期社会实践安排,报名成为大学生志愿者的。"桶前值守的出发点很好,我们在桶前引导居民投放,帮助大家养成分类习惯,对自己而言也是难得的体验。"正在准备考研的王美萱说:"闲暇的时候过来值守,既是一种放松,也是一份锻炼。"

除了直接报名,还有 14 名大学生志愿者是从防疫志愿者"转岗"而来的,黄景怡就是其中一员。疫情初期,她看到社工每天要忙着测温、登记、检查出入证十分辛苦,就想着为社区贡献一份力量,如今她又转战桶边,继续为社区服务。"我能做的不多,就是帮助大家分类。如果我们的努力能帮助社工分担一些工作,那一切都是值得的。"黄景怡说。

八角中里社区逄雪介绍:"平时在小区巡视时,经常看到他们的身影。

现在正值酷暑,有些学生值守的地方还没有阴凉,让我们感到很心疼。疫情防控以来,这些大学生一直尽心尽责服务社区,我们打心里感谢他们的支持与付出。"

(资料来源:北京石景山发布,内容有改动)

一、垃圾分类的实行

据统计,全国城市生活垃圾的年产生量达 1.5 亿吨,且每年以 8%—10%的速度增长。全国城市生活垃圾累积堆存量已达 70 亿吨,占地 80 多万亩,现在中国 668 个城市有 2/3 的城市处于垃圾的"包围之中",1/4 的城市已经无地可填。高速发展中的中国城市,正在遭遇"垃圾围城"之痛。

相较于卫生填埋、堆肥、焚烧的垃圾处理方式,回收再利用无疑是垃圾处理的最佳理想模式,最大限度实现垃圾回收再利用的第一步就是分类。从垃圾的源头进行减量和分类利用,始终是学界公认的垃圾问题真正出路。在垃圾管理体系中,垃圾焚烧处在金字塔的最底层——与垃圾填埋并处于末端处置,塔尖是著名的垃圾处理 3R 原则——减量使用(Reduce)、重复使用(Reuse)、循环使用(Recycle)。归根结底,垃圾分类是破解"垃圾围城"困境的最佳途径。

垃圾分类(garbage classification),一般指按一定规定或标准将垃圾分类储存、分类投放和分类搬运,从而转变成公共资源的一系列活动的总称。分类的目的是提高垃圾的资源价值和经济价值,力争物尽其用。欧美发达国家与国内城市的垃圾分类经验告诉我们:垃圾分类是垃圾进行科学处理的前提,为垃圾的减量化、资源化、无害化处理奠定基础。

垃圾分类是对垃圾收集处置传统方式的改革,是对垃圾进行有效处置的一种科学管理方法。人们面对日益增长的垃圾产量和环境状况恶化的局面,如何通过垃圾分类管理,最大限度地实现垃圾资源利用,减少垃圾处置的数量,改善生存环境状况,是当前世界各国共同关注的迫切问题。

二、垃圾分类的意义

垃圾增多的原因是随着生活水平的提高,人们的各项消费增加了。据统计,1996 年城市垃圾的清运费是 1.16 元/吨,是 1979 年的 4 倍。2000 年以后,我国生活垃圾增长速度就更快了。我国生活垃圾无害化处理的方式主要有 3 种：卫生填埋、焚烧和其他，目前仍以卫生填埋为主。据住房和城乡建设部发布的《2018 中国城市建设统计年鉴》，2018 年生活垃圾卫生填埋 663 万吨，占据了我国生活垃圾处理的 60.8%；其次是生活垃圾焚烧处理 331 万吨，占 30.3%。经过高温焚化后的垃圾虽然不会占用大量的土地，但处理方式投资惊人。垃圾分类可以在源头上将垃圾分类投放，并通过分类清运和回收使之重新变成资源。垃圾分类具有以下意义。

（一）节省土地资源

根据中国环境网的报道，据实测，塑料垃圾的松散堆积质量：体积为 1 吨：（15—20）立方米，也就是说如果中国的塑料垃圾年生产量为 700 万吨，则需要约 100 亿立方米的堆放体积，然而这仅仅是塑料垃圾的计算公式。如果再加上不做垃圾分类而形成的纸张、金属、橡胶等种类的垃圾，中国每年需要腾出更大的空间来容纳这些根本不是垃圾的垃圾。从眼前而言，这种行为是对国家土地的不合理占用；从长远来说，这些垃圾对国家经济的发展会造成不可忽视的负面影响。

填埋和堆放等垃圾处理方式占用土地资源，且垃圾填埋场属于不可复场所，即填埋场不能够重新作为生活小区使用。此外，生活垃圾中有些物质不易降解，填埋后将使土地受到严重侵蚀。据统计，垃圾分类可以使人均生活垃圾产生量减少三分之二，从而节省大量土地资源。

（二）减少环境污染

在中国，处理不完的垃圾通常都被露天堆放，然而露天堆放的垃圾会释放大量的氨、硫化物等有害气体，严重污染了大气和城市的生活环境。一些垃圾中不但含有病原微生物，在堆放腐败过程中还会产生大量的酸性和碱性有机污染物，并会将垃圾中的重金属溶解出来，形成有机物质，雨水淋入产生的渗滤液必然会造成地表水和地下水的严重污染。

现有的垃圾处理方式主要是填埋和焚烧。对垃圾进行填埋处理，即使是在远离生活的场所并采用相应的隔离技术，也难以杜绝有害物质渗透。有害物质会随着地球的循环而进入整个生态圈，污染水源和土地，通过植物或动物，最终影响人类的身体健康。另外，垃圾焚烧也会产生大量危害人体健康的有毒气体和灰尘。

将有害垃圾分类出来，可以减少垃圾中重金属、有机污染物、致病菌的含量，有利于垃圾的无害化处理，也可以减少垃圾处理的水、土壤、大气污染风险。提高了废品回收利用的比例,原材料的需求减少了,二氧化碳的排放也减少了。

(三) 促进资源的循环利用

垃圾的产生源于人们没有利用好资源,人们将自己不用的资源当成垃圾抛弃,这种废弃资源的行为对整个生态系统造成的损失是不可估量的。通过垃圾分类,回收可利用的垃圾,就可以将垃圾变废为宝,促进资源的循环利用,从而保护我们的生态系统。

此外,垃圾分类有利于改善垃圾品质,使焚烧(或填埋)得以更好地无害化处理。例如,分类焚烧可起到减量(减少垃圾处理量)、减排(减少污染排放量)、提质(改善燃缸状况)、提效(提高发电效率)等作用。将易腐有机成分为主的厨房垃圾单独分类,为垃圾堆肥提供优质原料,生产出优质有机肥,有利于改善土壤肥力,减少化肥施用量。

(四) 提高民众的健康环保意识

根据相关科学报道,中国由慢性疾病引起死亡的人数占总死亡人数的87%,其中因慢性呼吸道疾病死亡的人数占总死亡人数的11%,位于致死原因的第三位。大量中国居民患上呼吸道疾病的原因可能有很多种,但其中垃圾所释放出的有毒气体应该是其中重要的一种。

垃圾分类是处理垃圾公害的最佳方法和最佳出路。垃圾分类能够让民众建立健康的生活方式,学会节约资源、利用资源,养成良好的生活习惯,提高个人的素质素养。一个人如果能够养成良好的垃圾分类习惯,那么他就会关注环境保护问题,在生活中注意资源的珍贵性,养成节约资源的习惯。普及环保与垃圾的知识,丰富全社会对环卫行业的认知,降低环卫工人的工作难度,形成尊重、关心环卫工人的氛围。

拓展阅读

大学生眼中的垃圾分类

网上曾流传着一个说法:奶茶如果喝不完,液体要倒入下水道,珍珠要扔到湿垃圾桶,奶茶杯则要扔到干垃圾桶。这样的情况颜悦晨还真遇到过。因为路边的垃圾桶大都只收干垃圾和可回收垃圾,她一路上拿着一杯没有喝完的奶茶,辗转坐公交、地铁、走路,回宿舍才扔掉。

在没有放置湿垃圾回收桶的区域,有吃不完的馒头该如何处理?何品晶给出的答案是:"吃下去!"听到这个答案,同学们都笑了。

在何品晶看来,"垃圾分类不应该仅仅从投弃环节做起,还应从消费环节,甚至生产环节做起"。点的饭菜都吃完,杯中的奶茶、饮料都喝光,从消费源头开始减少垃圾的产生,尤其是湿垃圾的产生。他也曾向学校有关部门提出建议,可否专门为一些女生供应小分量的食物。在垃圾分类背景下应更加注重"不产生不该产生的垃圾"。

垃圾分类是日常工作,而不是应急工作,需要重视其可持续性。何品晶认为,面对垃圾分类,大学生不仅要以实际行动加入其中,还应该对垃圾分类有更为科学的理解和认识,才能让垃圾分类行稳致远。

(资料来源:光明网,内容有改动)

三、垃圾分类遵循的原则

(一)分而用之,物尽其用

分类就是为了将废弃物分流处理,利用现有生产制造能力,回收利用回收品,包括物质利用和能量利用,填埋处置暂时无法利用的无用垃圾。

(二)因地制宜,广泛参与

各地区地理位置、经济发展水平及企业回收利用废弃物的能力、居民来源、生活习惯、承担能力等各不相同。不同地区、行业应因地制宜,广泛参与,积极践行垃圾分类。

(三)自觉自治,大力宣传

对社区和居民,包括企事业单位,应加大宣传力度,使其逐步养成"减量、循环、自觉、自治"的行为规范,创新垃圾分类处理模式。让社区居民、企事业单位职工、在校学生等成为垃圾减量、分类、回收和利用的主力军。

(四)减排补贴,超排惩罚

制定单位和居民垃圾排放量标准,低于这一排放量标准的给予补贴;超过这一排放量标准的则予以惩罚。以此提高单位和居民实行源头减量和排放控制的积极性。

(五)捆绑服务,注重绩效

在居民还没有自愿和自觉行动而村(居)委和政府的资源又不足时,推动分类排放需要物业管理公司和其他企业介入。将推动分类排放服务与垃圾收运、干湿垃圾处理业务捆绑,可促进垃圾分类资本化,保障企业合理盈利。

按国家要求,到 2030 年全面实行生活垃圾分类收集、处置目标。到 2020 年年底,具备条件的直辖市、计划单列市和省会城市(建成区)要实现原生垃圾"零填埋",全国城镇新增生活垃圾无害化处理能力达到 34 万吨/日。30％的城镇餐厨垃圾分类收运后实现无害化处理和资源化利用,城市生活垃圾回收利用率达到 35％以上。垃圾分类工作现已取得一定成效,但还任重道远。

四、垃圾分类标准

2019 年 11 月 15 日,新版《生活垃圾分类标志》标准发布,同年 12 月 1 日起正式实施。与 2008 版标准相比,新标准将生活垃圾类别调整为可回收物、厨余垃圾、其他垃圾、有害垃圾四大类。

(一) 可回收物

可回收物主要包括废纸、塑料、玻璃、金属和布料五大类。

(1) 废纸:主要包括报纸、期刊、图书、各种包装纸等。纸巾和厕所用纸由于水溶性太强不可回收。

(2) 塑料:主要包括塑料制桶、塑料制盆、塑料衣架、塑料袋、塑料泡沫、塑料包装、一次性塑料餐盒餐具、硬塑料等。

(3) 玻璃:主要包括各种玻璃瓶、碎玻璃片、镜子、灯泡、暖瓶等。

(4) 金属:主要包括易拉罐、罐头盒等。

(5) 布料:主要包括废弃衣服、桌布、洗脸巾、书包、鞋等。

这些垃圾通过综合处理回收利用,可以减少污染,节省资源。如每回收 1 吨废纸可造好纸 850 公斤、节省木材 300 公斤,比等量生产减少污染 74％;每回收 1 吨塑料饮料瓶可获得 0.7 吨二级原料;每回收 1 吨废钢铁可炼好钢 0.9 吨,比用矿石冶炼节约成本 47％,减少 75％的空气污染,减少 97％的水污染和固体废物。

(二) 厨余垃圾

厨余垃圾包括剩菜剩饭、骨头、菜根菜叶、果皮等食品类废物,经生物技术就地处理堆肥,每吨可生产 0.6—0.7 吨有机肥料。

(1) 果壳瓜皮:在垃圾分类中,"果壳瓜皮"的标识就是花生壳。玉米核、坚果壳、果核、鸡骨等也是厨余垃圾。

(2) 残枝落叶:包括家里开败的鲜花等。

(3) 家里用剩的废弃食用油。

（三）其他垃圾

其他垃圾包括除上述几类垃圾之外的砖瓦陶瓷、渣土、卫生间废纸、纸巾等难以回收的废弃物及尘土、食品袋（盒）。采取卫生填埋可有效减少其对地下水、地表水、土壤及空气的污染。

（1）大棒骨：因为"难腐蚀"被列入"其他垃圾"。

（2）卫生纸：厕纸、卫生纸遇水即溶，不算可回收的"纸张"，类似的还有烟盒等。

（3）餐厨垃圾装袋：常用的塑料袋，即使是可以降解的也远比厨余垃圾更难腐蚀。此外，塑料袋本身是可回收垃圾。正确做法应该是将餐厨垃圾倒入垃圾桶，塑料袋另扔进"可回收垃圾"桶。

（4）尘土：在垃圾分类中，尘土属于"其他垃圾"。

（四）有害垃圾

有害垃圾含有对人体健康有害的重金属、有毒的物质或者对环境造成现实危害或者潜在危害的废弃物。包括电池、荧光灯管、灯泡、水银温度计、油漆桶、部分家电、过期药品及其容器、过期化妆品等。这些垃圾一般单独回收或填埋处理。

五、垃圾分类的有益做法

（一）我国各地区的做法

1. 上海

一是推行"绿色账户"。以专项回收活动及绿色积分累积为主要形式，市民只要每天将垃圾正确分类，就可以获得绿色账户积分，积分可在相关平台兑换优惠资源。目前，"绿色账户"覆盖超过200万户居民，累计消纳4.8亿分，奖品总价值约5000万元。

二是全面推进单位强制分类覆盖。公共机构及企事业单位逐步实现不分类不收运，生活垃圾分类的企业可减免部分垃圾处理费，对拒不执行单位垃圾分类容器设置、垃圾分类源头投放管理的，给予行政处罚。

三是深化市民参与机制。对垃圾分类的示范、达标小区和强制分类单位进行公示，重点是绿色账户机制覆盖的小区和创建达标、示范的垃圾分类住宅小区的社区执行标准、第三方服务内容，邀请市民共同监督。深化住宅小区综合治理工作，将垃圾分类纳入村民、居民公约。

2. 南京

推行"尧化模式"。栖霞区尧化街道通过政府采购服务的形式,与南京志达环保科技有限公司合作,由企业用互联网垃圾分类系统,自行招募居民会员。主要做法:

一是通过"垃圾换物",引导居民正确分类,将可回收物交投,获得积分兑换生活用品、手机话费、电影票等。

二是建立垃圾分类回收"惠系统",对居民小区的垃圾分类进行大数据分析,分门别类上传每日垃圾回收量,数据与南京市城管局共享,形成分类收集、集中清运、精细回收、再生利用的良性循环系统,年节约政府资金 4500 万元左右。

3. 合肥

在蜀山区梅园公寓试点使用智慧垃圾分类系统。智慧垃圾分类设备系统包括智能垃圾分类箱、智能垃圾分类可回收箱和垃圾袋自动领取机 3 组机器。系统为小区每户居民配备卡片,可刷卡开启垃圾箱、免费领取垃圾袋。对于可回收的垃圾,如玻璃、废纸、金属等,将其放入可回收箱,可回收箱有四个箱体,居民根据垃圾类型,刷卡并选按钮打开不同的箱盖。每户每月可免费领取黄、绿两卷共 60 个垃圾袋,绿色的装厨余垃圾,黄色的装其他垃圾,用后投入同色垃圾箱即可。回收垃圾箱设计了称重系统,自动称重投入垃圾,并按市场价给出相应积分,积分可购买系统积分商城上的物品,或参与线下物品兑换。

4. 桂林

一是推行"源头分类,源头把关;定时定点,分类收运;终端验收,去除杂质;高温好氧,生物处置"的桂林模式。

二是充分利用微信公众号、App、网站等平台。建立桂林垃圾分类微信公众号,实行垃圾分类、分类积分、积分兑换的激励机制。设立"一户·一桶·一卡"账户,搭建"三位一体"新媒体推广平台,通过微信公众号、垃圾分类官网,宣传垃圾分类。

三是运用"云端大数据"。通过资源整合,建立桂林垃圾分类云平台智能指挥中心,让垃圾分类实现全程信息化管理。前端垃圾分类收集、中间垃圾分类运输、后端垃圾分类处理,都能通过影像、图片、声音、文字展示。

（二）大学生的有益做法

（1）在家中或学校等地产生垃圾时，应按本地区的要求做好分类贮存或投放，注意做到以下几点：第一，投放前纸类应尽量叠放整齐，避免揉团；瓶罐类物品应尽可能将容器内产品用尽，清理干净后投放；厨余垃圾应做到袋装、密闭投放；塑料制品的瓶子捏扁放入垃圾箱。第二，投放时应按垃圾分类标志的提示，分别投放到指定的地点和容器中。玻璃类物品应小心轻放，以免破损。第三，投放后应注意盖好垃圾桶上盖，以免垃圾污染周围环境，滋生蚊蝇。

（2）大学生也要积极行动起来，宣传垃圾分类的相关知识，呼吁更多人重视垃圾分类，带动周边的人落实垃圾分类，节约资源，变废为宝，共同爱护我们的自然环境。

拓展阅读

无锡实行"互联网＋垃圾分类"

无锡市城乡生活垃圾分类工作进入了新的实施阶段，"蜻蜓分类"平台根据市政府指导上线"互联网＋分类新时尚"模式。

"蜻蜓分类"致力于为广大市民用户提供便捷、智慧的垃圾分类服务，其"垃圾分类"服务已上线"灵锡"App平台，为家庭、商户、企事业单位提供专业化的垃圾分类及回收上门指导，助力打造无锡十分钟内零垃圾生态圈，争创碳中和碳达峰垃圾分类样板城市。

用户只需要打开"灵锡"App，点击"垃圾分类"，即可跳转至预约服务页面。首先选择居民分类、企业分类、事业分类或商业分类。然后填写上门地址、预约类型、预约时间即可轻松预约。预约成功后，指挥中心将在5秒内，根据物品不同属性，分配不同车辆到达用户指定地点，提高居民垃圾分类和清运的便捷性，同时加强引导居民环保意识，将垃圾分类变为日常习惯。

在蜻蜓骑士上门分类回收成功后，用户可以收获与物品分类价格相应的环保豆和碳积分。碳积分可在"灵锡"碳积分板块兑换优惠券及各项权益。

思考题

1. 你认为垃圾分类最重要的是什么？

2. 玻璃酸奶瓶、化妆品、牙膏、用过的抽纸分别属于什么垃圾？应该如何投放？

实践任务

垃圾分类我来做

一、活动目标

深入贯彻习近平总书记系列重要讲话精神和治国理政新理念、新思想、新战略，牢固树立和贯彻落实创新、协调、绿色、开放、共享的发展理念，以垃圾减量化、资源化、无害化处理，建立分类投放、分类收集、分类运输、分类处理为目标，努力做到垃圾应分尽分、应收尽收，发动全校师生共同参与垃圾分类，扎实推进生活垃圾分类工作。

二、活动方式

学生以班级为单位分为三组，活动中了解校内垃圾分类情况，参与垃圾分类过程，对可回收垃圾进行回收，增强个人环保意识。

三、活动要求

1. 调查组

（1）编制问卷，调查校内学生、老师对于垃圾分类的了解程度，对于垃圾分类的态度看法、大家的参与情况，并对目前校内垃圾投放中存在的问题进行收集和寻求解决方案。

（2）形成校内垃圾分类调研报告。

2. 宣传组

（1）编制垃圾分类的相关读本、新媒体信息，向全校学生讲解分类垃圾桶的投放，宣传垃圾分类知识。

（2）绘制垃圾分类海报，在校内发布。

3. 行动组

（1）分类收集要求

以自己班级所在宿舍楼的垃圾投放区域为责任区，按照四类垃圾分开投放的要求，放置不同的收集容器，并设置醒目标志。组织楼内同学分类投放。

（2）分类处理要求

对可回收垃圾通过"蜻蜓分类"等在线平台进行预约回收，对厨余垃圾、其他垃圾、有害垃圾等按种类分别打包，做好投放登记，投放在学校设置的统一的收集容器内。

四、活动组织架构

1. 工作小组

在全班同学中选拔出一位总负责人和三个小组负责人。全班同学根据兴趣参与各组，保持各组人数的均衡。

2. 分工责任

总负责人负责整个活动的统筹协调，召集各组商讨活动方案。各小组组长负责各块工作的规划设计、指导实施、监督检查。

五、考核评价

邀请所在学院辅导员、班主任对活动效果和各位同学的表现进行评定。评定成绩作为素养考评的重要指标。

活动反馈：

1. 垃圾分类中最大的阻碍是什么？

2. 你觉得可以怎样解决？

3. 填写有害垃圾、可回收垃圾投放情况统计表。

有害垃圾、可回收垃圾投放情况统计表

学院：　　　　　　　　　班级：

序　号	收集负责人	收集类型	收集数	回报数	备　注

模块二　寝室美化

小电器惹的祸

"着火了,快起床下楼!"一天早晨,北京交通大学研究生院 18 号公寓楼里一阵慌乱,近千名研究生被紧急的砸门声惊醒,迅速跑下楼去,很多人穿戴不整。此时,起火的 6 层 626 寝室里的浓烟和火苗蹿上阳台,窗口冒出的浓烟,千米之外清晰可见。十分钟内,接报赶来的 4 辆消防车齐聚在 18 号楼下,20 分钟内火险消除,没有人员受伤。火灾是学生使用"热得快",造成了电路故障而引起的。

案例点评:使用电炉子烧水、热饭;使用"热得快"烧水;私接乱拉电源线;小电器猛增;在宿舍吸烟是学生宿舍五大"导火索"。每个同学都要自觉遵守用电用火安全,在学生宿舍坚决杜绝违章用火、用电等事件,安全防范,人人有责。

一、寝室与大学生

大学是我们在生活上真正独立的开始,是养成生活习惯的重要阶段。寝室是大学生活的第一场所、学习的第二课堂,寝室文明直接体现学生的精神面貌和个人素质,关系到学生的身心健康。优秀的寝室文化对大学生具有满足自尊、调节情绪、增进身心健康的作用。如果一个寝室的氛围比较和睦、优雅、积极向上,对生活在其中的同学,无疑有着积极的促进作用。学生应将维护整洁文明寝室环境内化为自觉追求,外化为自觉行动。

寝室文化是存在于寝室之中的共同观念系统,是以学生为主体、以寝室为主要活动空间、以课余活动为主要内容、以校园精神为主要特征的一种群体文化。它包括：以室内设施、整体布局、卫生状况、规章制度为主的表层文化；以学生活动为主的中层文化；以学生的政治信仰、思想意识、价值观念、精神面貌、心理素质、审美情趣等为主的深层次文化。三个层次的文化相互影响、互相转换，从而成为一个特殊而相当稳定的文化体系。我们要积极营造美丽和谐的寝室文化。

二、寝室美在"整洁"

寝室的干净整洁是每个成员的期望，有助于我们的身体健康，有助于我们保持积极向上的心态，有助于我们以最佳的精神状态投入学习中。心理学研究表明，良好的环境会令人心情愉悦。寝室的卫生也能反映出一个人对自身的要求。

美丽的寝室要做到"六净六无六整齐"。"六净"即地面干净、墙面干净、门窗干净、玻璃干净、桌椅柜干净、其他物品整洁干净。"六无"即无杂物、无烟蒂、无乱挂、无蛛网、无酒瓶、无异味。"六整齐"即桌椅摆放整齐、被褥折叠整齐、毛巾挂放整齐、书籍叠放整齐、鞋子摆放整齐、用具放置整齐。

（一）卫生打扫小妙招

1. 定期打扫宿舍

定期打扫宿舍，清理不需要的物品和杂物，防止宿舍中不需要的物品或食物残渣发霉，引来老鼠、蟑螂、跳蚤等带有传染性疾病的害虫。扫地时往一个方向扫，而不是东扫一块、西扫一块。床底、桌底都要扫到，有物品的地方稍微移动一下，这些是卫生死角。垃圾先倒到垃圾袋里，别急着扔垃圾袋，等全部清洁完毕再处理。拖地时要用力一些，把水分弄干一些，床底、桌底都要拖。如果宿舍浴室和厕所上头有透气的窗户，比较高，把抹布放在撑衣杆上头，就可以进行擦洗了。浴室会有头发，要及时扫掉。浴室和厕所地面可以倒些洗衣粉，会清理得比较干净，用洁厕灵和厕刷清洗蹲便器。

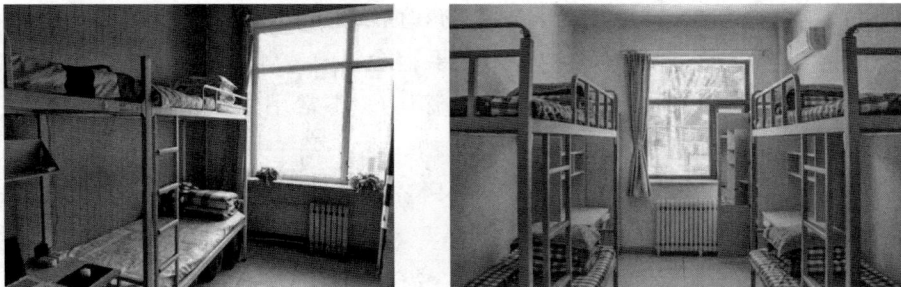

图 3-1　干净整洁的寝室

2. 定期清洗床上用品

定时清洗被罩、床单和衣物，以防螨虫的滋生。被子在天气好时，可拿到阳台和宿舍楼下晒晒。被罩、床单、厚重的衣物可以送到学校的洗衣房清洗，送的时候要标好姓名和宿舍号，贴身衣物要自己清洗。

3. 保持通风干燥

保持室内空气流通，防止异味产生，定时开窗通风，定时进行室内空气消毒，避免滋生蚊虫，注意个人卫生。浴室台盆区物品摆放有序，经常用抹布擦拭，保持干燥状态。镜子经常检查一下，如有水渍灰尘，及时清理。

4. 准备一个垃圾桶

准备一个垃圾桶，随时把不需要的物品、废弃的杂物放进去，这样可以减少打扫时的工作量，也可以使宿舍保持清洁。垃圾桶中的杂物，在去食堂或上课的时候，带到外边丢到专门的垃圾站中。簸箕、拖把、抹布等卫生用具，不要用完随意放在一旁，可有序摆放，置于固定区域。

（二）收纳小妙招

1. 及时收归衣被

早上起床后，要把被子叠好、床铺整理好，这样宿舍看起来才整洁，让人有种舒服的感觉。整理床铺，发现床上散落的一些小物品，如笔、剪刀、硬币、随身小物件，要及时清理，预防晚上睡觉时被小物品硌得不舒服或被划伤。

晾晒干的衣服要及时折叠收归，自己的衣物和书要整理好放入柜子，便于用的时候能很快找到，避免和其他人的物品混淆，也避免自己的贴身衣物弄脏。衣柜中可用魔力片和分隔抽屉进行分类收归，也可根据衣服大小来选择收纳盒。T恤、衬衫等夏天的衣物和内衣适合浅色收纳盒，牛仔裤、毛衣等秋冬的衣物适合深色收纳盒。如果宿舍没有衣柜，可以集体合伙买个布衣柜，或把不用的衣物叠好放进行李箱中。不常用的纸箱或鞋盒可以在外面贴上标签，避免寻找时翻得乱七八糟。也可买一些收纳箱，尤其是塑料收纳箱，放置零碎物品和衣物，既美观又整洁。

2. 个人物品放置

宿舍中的热水瓶，应该放到人不容易碰到的地方，如窗台底下，靠墙的位置，不能放在桌子上或过道中间，避免不小心碰翻造成烫伤。洗漱物品摆放整齐，最好在自己的洗漱物品上贴上标签，以免混用造成疾病传播。重视书桌收纳，东西不随手就放，分门别类摆放。女孩可以备有化妆品收纳盒。男孩书桌上的泡面盒、矿泉水瓶记得及时扔掉。文具建议大家用笔筒整理，竖直摆放更节省空间。书籍倾斜在书架上会让书籍变形，所以，书立是必不可少的工具。书籍按照种类进行分区，杂志、小说、教材……根据使用频率分别放在近处与远处即可。

图 3-2　物品收纳整齐

3. 减少不需要的东西

宿舍里有很多东西是不需要的，比如过时的衣物鞋子，用过的废纸、广告单页以及别针、橡皮筋，还有各种过期的化妆品。用不到的东西要有断舍离的决心，勇敢地扔掉，旧的不去新的不来。实在舍不得可以送至物品回收站或捐给爱心组织，既不浪费，也有意义。

逛淘宝、外出逛街时看到新奇有趣的小玩意就想买，增加生活情趣是好的，但这些鸡肋的小玩意只会让你的空间拥挤不堪。买之前再三思量一下，你是不是真的需要这些东西,不要冲动消费。

三、寝室美在"文明"

寝室是大学校园文化的窗口,是在校大学生交流最频繁的场所之一,寝室的文明程度直接反映在校大学生的成长情况。文明寝室宣扬的是一种文化,是一种相互影响、彼此照应、和谐共进的良好氛围,对学生综合素质的提高有着很大的促进作用。

(一)寝室文明理念

1. 寝室理念设计

各寝室可以根据本寝室特点取一个寝室名。寝室名可以设计为"听雨轩""雪雅居"等言简意赅之名,或"击楫阁"等引自诗词蕴涵哲理之名,或"知行屋""修身堂"等用以自勉、催人奋进之名。学生宿舍管理中,可开展宿舍设计、装饰、美化大赛,引导构建健康向上的宿舍文化氛围。

2. 寝室管理规范

推动制度上墙、宿舍成员信息上墙、宿舍荣誉上墙,开展党员、学生干部亮身份活动,营造榜样引领和群众监督氛围。在公寓楼上,充分利用楼道墙面、电子屏等资源,布置党团建设、价值引领、专业知识、校史校训等内容的文化宣传品,营造主流价值氛围。

以宿舍为单位开展行为养成打卡活动,在早起、背单词、运动等方面形成带动效应,培养良好的行为习惯。发挥宿舍时间、空间的优势,开展学业一对一帮扶活动,鼓励宿舍间的学业联动,营造共同学习、相互帮助、携手进步的学风环境。

(二)寝室文明守则

每个寝室要建立自己的文明公约,做到"六个不""六个要"。"六个不"即不养宠物,不在宿舍楼内抽烟,不在门口丢放垃圾,不到异性宿舍去,外人来访不留宿,杜绝各种不文明行为;"六个要"即要保持环境整洁卫生,要按时休息,要保持安静,宿舍成员要团结互助,要和睦相处,要亲如一家。

1. 文雅有爱

寝室是大学生活的重要场所。同学们要注意文明礼貌,谈吐文雅,注重品德修养,树立高尚理想和情操,不追求低级趣味,不传阅、传播不健康书籍及信息。尊重楼管工作人员,寝室成员团结友善,与其他同学之间和睦友好相处。尊重他人的民族习惯,不干涉、不歧视。寝室全体成员之间关系融洽,互相尊重。

2. 有序安全

注意遵守学校作息制度,不深夜外出、外宿。不随意乱窜其他年级的寝室,不在寝室留宿他人。自觉维持就寝秩序,不发出影响他人就寝的干扰噪声。爱护宿舍楼公物,不损毁和私自拆装宿舍设备。寝室内严禁使用明火、违规电器、各种灶具以及其他违规物品,不准乱接电线,不在室内燃烧废纸,不存放易爆、易燃物品。不赌博、不酗酒,不传看黄色书刊,不在宿舍内打球玩闹。宿舍没人时应关闭所有电源,杜绝火灾隐患。不在宿舍养宠物,不在宿舍打麻将、赌博、酗酒。

3. 健康节俭

自觉遵守宿舍集体确定的各项规则,勤俭节约,不浪费水、电、粮食,不攀比追求奢靡之风。不在墙壁、门窗、床及其他设施上乱刻乱画乱张贴。合理使用电脑,提倡使用电脑进行学习,反对沉迷于电脑网络、游戏、聊天等一切影响学习的行为,宿舍成员要互相监督。使用电脑不得影响其他同学的正常生活,音量不宜过高。按时就寝,就寝时间保持寝室内安静,不高声喧哗影响他人休息。关闭电脑、收音机、音响或者插上耳机,手机关机或调至无声、震动状态。

4. 互帮互促

寝室成员轮流值日,值日生负责扫地、倒垃圾、清洁洗漱间和卫生间。发挥宿舍时间、空间的优势,开展学业一对一帮扶活动,鼓励宿舍间的学业联动,营造共同学习、相互帮助、携手进步的学风环境。

拓展阅读

寝室文化标语

1. 对未来的畅想,对幸福的追求,浓缩在我们小小家庭里。

2. 让寝室光彩,让生活精彩,我的地盘我主宰。

3. 寝室不在新,温馨则行;距离不在远,有谊则灵。

4. 一室不净,何以净一生;一语不雅,何以雅一世。

5. 年轻是我们的资本,自信是我们的天性,创新是我们的理念,拼搏是我们的宣言。

6. 把劳累留给自己,把干净献给别人。

7. 多一点节约,多一点爱护,多一点关心,多一点温暖。

8. 你慢一点儿,我慢一点儿,文明的步伐快一点儿;你让一点儿,我让一点儿,舒心的笑容多一点儿。

9. 以微笑示人,以诚信待人。

10. 一房温馨,一室友情,室内存知己,情系你我他

11. 温馨——家的色调;和睦——家的旋律;爱——家的主题。

12. 化寒为暖,温馨小园,关爱常在。

13. 光有你,不行;光有我,不行;我们一起,才行。

14. 给你们一片天地,让我们展翅飞翔,梦的天空,有你,有我,有308。

15. 语言以文明为美,以风趣为妙,以乏味为差,以粗俗为糟。

16. 关爱室友每一任,享受快乐每一分。

17. 心情不好时,在你怀里释放;感到快乐时,在你耳畔大笑——我们的寝室就是好。

18. 不嫉妒,不吵架,友爱永不缺乏;常忍耐,多付出,共筑我们的家。

(三)寝室共同管理

1. 舍友都是管理者

文明宿舍创建工作必须依靠全体同学。不仅要让所有宿舍同学参与本宿舍规范的制定,也要增强所有人参与宿舍管理的力度。现在的大学生都是00后,他们注重自我表现,重视社会交往,有极高的参与热情和自我实现的需要,渴望在实践中表现自己的能力并证明自己。应该吸收一些优秀的学生来参与宿舍具体事务的管理,加大学生宿管人员培养和管理的力度,使他们既是制度的决策者,又是执行者,既能参与决策,又直接执行决策并及时反馈情况,积极培养他们的主人翁精神,放大学生群体在宿舍管理过程中的主导作用。这样,既能最大限度地调动学生的积极性,让学生在参与中接受教育和锻炼,又能让他们自我管理、自我服务。

2. 学生自己来监督

可由学生会、团委、舍长以及优秀学生代表,组成文明宿舍检查评比委员会,在坚持日常检查制度、学生互查制度不放松的同时,创新男女生宿舍互查模式,扩大学生参与度。同时,重视从大一新生抓起,吸引他们积极参与文明宿舍建设活动。学校要重视宿舍长的教育培养管理,将宿舍长纳入学生干部序列,促进宿舍长在日常具体事务管理中发挥作用。为了加强文明宿舍

建设,还可引入激励机制、竞争机制。把文明宿舍的建设情况和学生在宿舍的表现,纳入班级和学生个人的综合考核,做到严格检查、公正评比。对于评选出的文明示范宿舍,应积极树立典型,授予"星级寝室"称号。学校可通过办板报宣传、校园广播等形式扩大影响,适当给予物质奖励,激发学生比、学、赶、超的激情,在培养学生养成良好的个人生活习惯的同时,也有助于培养集体荣誉感。同时,通过开展宿舍微型话剧、宿舍漫画比赛等活动,提升文明宿舍建设在学生中的关注度,保持文明宿舍活动持久的热度和活力。

四、寝室美在"慧心"

大学期间,每天除了上课,其余很多时间都在寝室度过,寝室是学生的第二个家。通常情况下,大学寝室都比较简单,几张床铺,再加上普通的衣柜,基本都是千篇一律,没有任何特色。我们可以在生活中增加美感,提高生活质量,将宿舍进行一番装饰,让它看起来更有生活气息。

(一)寝室风格设计

各寝室须确定自己寝室的风格,如运动健身、时尚简约、文雅大气、温馨浪漫、活泼可爱等。形象设计可通过装饰地面、墙壁、天花板来凸显寝室风格,或悬挂健康向上的书画作品,或摆放富有特色的饰物,或利用照片、彩带等装饰。寝室成员可以根据自己的兴趣设计手工制品,如寝室小相册、十字绣小挂画、DIY 小物品等。

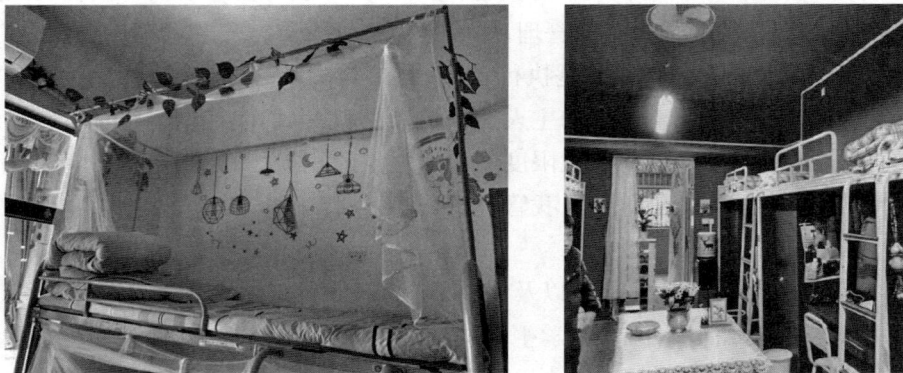

图 3-3　寝室装饰

（二）寝室美化设计与创意

1. 美化原则

（1）简单大方。寝室面积不大，没有必要摆放过多装饰物品，否则会显得太杂乱。

（2）温馨舒适。寝室是放松休憩的地方，在美化时要考虑烘托出一种温馨、舒适的氛围，让室内充满家的温暖气息。

（3）突出文化气息。寝室除了是放松休憩的地方，常常还会充当学习的场所，在美化时，要从色彩、风格上考虑这个因素，营造一个安静、适宜的学习空间。

2. 创意要点

（1）彰显寝室文化。每个寝室都有不同的文化，在美化时要充分考虑自己的寝室文化，做出别出心裁的美化设计。

（2）彰显低碳节约。低碳、绿色不仅是当下流行的概念，更应是我们践行的生活方式。在美化寝室时充分利用牛奶盒、饮料瓶、废纸箱等被忽略的生活垃圾和旧物，做成各种实用的日用品，这样不仅创意十足、变废为宝，更传递了一种绿色的生活态度。

（3）彰显个性。寝室是每一个住在这里的人的"家"，由多个小空间构成。在美化时，每个人在兼顾大风格统一的基础上，也要考虑自己的审美偏好和兴趣爱好，打造属于自己的"私密空间"，彰显自己的个性。

3. 寝室绿化

绿植有很好的观赏作用，能使人身心愉悦，更能净化空气。在寝室放入绿植，可以增强寝室整体的活力和清新感，也能够让人为之活跃。对于经常使用电脑的大学生，也可以减少辐射、保护视力。

图 3-4　各种绿植

（1）植物的功能性。

仙人球生命力极强，不用悉心照料也能茁壮生长，懒人必备。一盆精致的吊兰，总是能给人带来好心情。种一盆芦荟，熬夜时折下一叶，排毒养颜。

（2）植物的摆放。

寝室是读书、睡觉的地方。寝室绿化装饰宜明净、清新、雅致，从而创造一个静穆、安宁、优雅的环境，使人入室后就感到宁静、安谧，从而专心致志。寝室的植物布置不宜过于醒目，而要选择色彩不耀眼、体态较一般的植物，体现含而不露的风格。可在书桌上摆设一盆轻盈秀雅的文竹或网纹草、合果芋等绿色植物，以调节视力、缓解疲劳；可选择株形纷披下垂的悬垂植物，如黄金葛、心叶喜林芋、常春藤、吊竹梅等，挂于墙角，或自书柜顶端飘然而下，给人以积极向上、振作奋斗之激情。

（3）植物养护的方法。

① 转动花盆。

植物有喜光的，也有耐阴的，即便是养护耐阴的植物也要给予其光照，不可长时间养护在阴暗环境下，否则会严重阻碍其生长。喜光的植物可接受直射光，光照足长势才会更加旺盛。耐阴的植物只晒晒散光照就行。此外，每隔 10 天还要转动花盆。

② 定期换盆。

每年的春季是植物的生长旺季，这时根系萌发迅速，所以要在春季的时候换盆，才可让植物旺盛生长。换盆前先不要浇水，这样方便脱盆。脱盆后还要修根处理，将老根、烂根、瘦弱根修剪掉，然后再上盆，浇透水，养护在温暖的地方。

③ 水质选择。

养护植物的时候要给予充足的水分，浇灌的水最好是雨水或者干净的河水，其水质更利于植物的生长。若是长期用自来水，一定要提前接好水，并晾晒两三天再用，否则里面的氯气太重，会阻碍植物的生长。

④ 薄肥勤施。

植物在生长旺季消耗的养分是比较多的，满足其对养分的需求才会旺盛生长。因此要勤追肥才行。施肥要用薄肥勤施法进行，可结合浇水同时进行，也可先将肥料用清水稀释，然后浇灌肥液，这样能促使它更快吸收养分，植株的长势也会更加旺盛，还可避免肥害情况。

思 考 题

1. 寝室几天值日一次比较合适？
2. 你会将寝室设计成什么样的风格？

实践任务

我的寝室文化标语

寝室是我们共同的家，创设良好的寝室氛围是我们共同的愿望。标语是用简短的文字写出有宣传鼓励作用的话语，寝室文化标语体现着寝室小伙伴共同的建设理念，展现了富有特色的寝室文化。让我们来为自己的小家规划一个文化标语吧！

要求：内容健康、文字简明，体现特色，具有感染力。

模块三　校园环境

上海大学生"劳动"守护校园

　　2022年春天,上海高校学生以各种各样的形式"干起来",为抗击疫情凝聚力量。

　　上海第二工业大学积极筹划,将劳动育人"大思政课"讲在战"疫"第一线。学校准封闭管理期间,因疫情防控要求,部分后勤人员无法进校。各学部(院)迅速组织学生形成多支劳动先锋队,协助后勤人员清扫校园。他们认真清扫每条道路上的落叶,保持每一处公共场所空间的整洁干净,科学分类存放好每一处垃圾。

　　"老师,我们种的菜还吃得到吗?"上海建桥学院准封闭式管理期间,一群年轻人的出现大大缓解了师生们的"绿叶菜焦虑"!杨琴等6名同学经培训后成为"一线工人",首要任务就是完成菠菜的采收、包装和派送。基地的菠菜经由他们的"流水线",不仅将送往食堂加工,还供应给在校教职工家庭。递过菜时收到的那句"感谢",也让同学们欣喜不已。上海建桥学院劳动教育基地自今年春节以来,已经收获了青菜3500斤、莴笋800斤、菠菜1500斤,这些大学生们亲手种下的蔬菜大都来到了餐桌上。

　　"保安叔叔!这朵花送给您!24小时守护我们的安全!你们辛苦了!"2022年3月19日,同济大学校园里,如往常一样坚守在工作岗位上的保安大叔、环卫阿姨、食堂师傅、护士小姐姐们,收到了同学们递上的一枝鲜花。这些郁金香,来自同济大学师生共同打造的"梦想花园"。2021年11月,同济大学在校内运筹楼建设屋顶"梦想花园"劳动实践基地,60多名同学在建筑与城市规划学院陈静教授和辅导员方勤的指导下一起看护,花园由70多种、1057盆植物构成,6块田圃被赋予了不同的花园主题,有悠然花园、蜜源花园、香草花园、野趣花园、药草花园及流浪花园。基地研发"一亩菜园"特色项目，开设不同的劳动实践课程。其中，方勤老师授课的"幸运花种植课"，由学生亲手培育农作物和不同的植物花卉，如今已成为同济的"景点"。

（资料来源：新民晚报，内容有改动）

一、校园环境

校园由物质环境和精神环境构成，不仅为我们提供了舒适的学习环境，还是校园文化的重要表现形式，需要我们合力维护。

（一）物质环境

校园物质环境主要是指经过人们组织、改造而形成的校容校貌和校园学习环境，具体包括校容、校貌、自然物、建筑物及各种设施等。保持校园物质环境的干净、整洁，不仅能为全校师生营造舒适的学习环境，还有利于学生形成良好的卫生习惯。

（二）精神环境

校园精神环境是校园的灵魂，是学校师生认同的价值观和个性的反映，具体体现在师生的精神面貌、校风、学风、校园精神、学校形象等方面。积极参与校园精神环境建设，有助于改善校园学习风气，形成一种积极向上的精神文化，影响身处其中的每个人。

二、校园劳动的特性

校园环境是劳动的成果。校园劳动有以下四方面的特性。

（一）校园劳动是一笔不可多得的精神财富

校园劳动是一所学校在实施劳动教育过程中所形成的劳动精神和劳动文化的凝结。校园劳动传统一旦形成，学校就会产生与之相适应的劳动课程、劳动模式、劳动程序和劳动规则等，并衍生出学校的劳动故事、劳动成果、劳动情感、劳动精神和劳动文化，这就会让劳动同学生的美好情感、审美人格、自我价值和归属感等紧密地联系在一起，成为学生的宝贵精神财富和自觉意志。

（二）校园劳动具有强大的感染力

苏霍姆林斯基说："在集体中的劳动，不只是一个人对自然界、对周围世界的影响,而且也是心灵、感情、思想、感受、兴趣、爱好之间的相互影响。"校园劳动的形成是学校实施劳动教育的结果。在开展集体劳动时,学生更容易被教师、同学和热火朝天的场景所感染和鼓舞,从而产生对劳动的认同感,逐步形成正确的劳动认识、劳动态度和劳动价值观。

(三) 校园劳动具有仪式效应

仪式感是一种庄严的美感,会使学生产生敬畏和崇尚之情。在校园劳动传统的传承过程中,具有仪式性质的劳动活动会让学生感受到学校、教师对劳动的重视,从而自觉参与其中,进而产生对劳动的认同以及参与劳动的自豪感,明白劳动的崇高道德意义和价值,逐步养成自觉参与劳动的良好习惯。

(四) 校园劳动具有榜样教育作用

在劳动中,尤其是劳动精神的传承中,高年级学生会把自己的劳动经验、技巧等教给低年级学生。这样,一方面,高年级学生会在其中感受到自我劳动、自我创造的力量与价值,升华劳动品质和情感;另一方面,低年级学生则会感受到榜样的示范与激励力量,产生投身于劳动的热情,有利于学生知行合一的达成。

三、校园劳动的形式

(一) 遵守校园文明规范

维护良好的校园秩序,营造文明、整洁、健康、高雅的校园环境是每一位大学生的责任。根据《高等学校校园秩序管理若干规定》(国家教育委员会令第13号),致力于建设平安校园、和谐校园,我们应遵循以下校园文明行为规范:

(1) 着装整洁得体,仪容端庄。

(2) 行为举止高雅,谈吐文明。

(3) 爱护学校花草树木,节约用水。

(4) 乘坐电梯遵守秩序,先下后上,相互礼让。

(5) 遵守学校环境卫生的有关规定,保持学校环境卫生,不随地吐痰、不乱扔杂物。

(6) 文明如厕,保持卫生间清洁,爱护其设施。

(7) 上课时遵守课堂纪律,候课时不在楼道内大声喧哗。

（8）爱护教室设施，合理使用教学设备，保持干净整洁的教学环境。汽车、电动车、自行车停车入位，摆放有序。

（9）不在教学楼内的教室、办公室、楼道楼梯、卫生间及公共场所吸烟。

（10）观看教学展演展示、听公共课讲座、参加会议等活动时，主动服从现场管理，遵守秩序，爱护礼堂、会议室等设施。

（11）进行教学和汇报演出活动时，合理使用场地及设施设备，降低环境噪声分贝，防止影响学校周围单位和居民正常工作和生活。

（12）自觉遵守学校的各项规章制度，尊师爱友、团结和睦，共同营造绿色健康的学习氛围和积极向上的工作环境。

（13）参加学校在本市组织的和赴外省、市的教学汇报演出、比赛或游学活动时，保障安全、遵守纪律；尊重当地风俗习惯、文化传统；爱护文物古迹、风景名胜、旅游设施。

（14）如遇突发事件，服从学校统一指挥，配合应急处置。

（15）遵守网络信息管理的法律法规和有关规定，维护微信群安全和秩序，自觉抵制不良信息，不传播网络谣言。

（二）教室劳动

教室是大学最主要的活动空间，教室的整洁需要同学们共同创造，可以从以下方面打扫教室：

（1）地面：地面干净整洁，无纸屑、粉笔、口香糖、污迹、墨水迹等，无垃圾死角。

（2）桌椅整齐度：教室桌椅摆放整齐，桌子前后排成一条线，左右也要排成一条线

（3）黑板及板槽：黑板擦干净，无粉笔的痕迹，板槽内无粉笔灰末，保持干净。

（4）讲桌及讲台：讲桌摆放整齐并保持干净，除班级纪律表、座位表、黑板擦及粉笔外，一律不得放置其他物品；经常清洗黑板擦，保持黑板擦干净。

（5）课桌：保持桌面干净，不在课桌上乱涂乱画。

（6）门窗：门要擦干净，没有灰尘及水痕，窗台无灰尘，窗台不得摆放杯子、矿泉水瓶等物品；窗玻璃干净。

（7）垃圾桶：垃圾桶内的垃圾要及时清理，以免污染教室环境。

（8）打扫工具的摆放：打扫工具如拖把、扫帚等摆放整齐，不得东倒

西歪。

(9) 教室四周墙面:定期进行擦拭,保持清洁。

(三) 实验实训室劳动

每位同学在实验过程中,要注意保持室内卫生及良好的实验习惯。实验结束后,必须及时做好清洁整理工作,实验人员必须将工作台、仪器设备、器皿等清理干净,并将仪器设备和器皿按规定归类放好,不能随意放置。所有实验所产生的废物应及时放入废物箱内,并及时处理,清理好现场。

安排专人对实验室进行清扫。实验室内各种设备、物品摆放要合理、整齐,与实验无关的物品禁止带入、存放在实验室。实验室为保持室内地面、实验台、设备和工作环境的干净整洁,必须坚持每天一小扫、每周一大扫的卫生制度,每年彻底清扫1—2次。实验室内的仪器设备、各人实验台架、凳子和各种设施摆放整齐,并经常擦拭,保持无污渍、无灰尘。卫生值日人员应对实验室桌面、地面及时打扫。注意保持室内仪器设备的整洁卫生。实验室内杂物要清理干净,有机溶剂、腐蚀性液体的废液必须盛于废液桶内,贴上标签,统一回收处理。保持室内地面无灰尘、无积水、无纸屑等垃圾。每天做好清洁卫生,关好门窗、水龙头,断开电源,清理场地。

(四) 生活区域劳动

组织学生走进食堂,参与打饭盛汤、维持秩序、餐具清洗、拖扫地面等工作。进入食堂劳动前,明确每位同学的分工和职责,强调参与食堂劳动的意义,形成尊重劳动、热爱劳动、崇尚劳动的风尚。通过自己动手实践,掌握一定的生存基本技能,磨炼意志,体验成就感。

拓展阅读

我的校园劳动心得

每个学校都有属于自己的特色,我们学校的"劳动周"活动就是一大特色。每一周都由不同的班级打扫教学楼,作为参与劳动的一分子,我有了一些感悟。

劳动过程中,我打扫三楼走廊,先是扫地,然后拖地,起初觉得很累,很不喜欢劳动。但是,两天下来我竟喜欢上了打扫,特别是拖地,当看着一尘不染的地面时,还有种"瓜田丰收"的喜悦。当别人破坏了我的劳动成果时,我的心里总是感到很委屈,所以通过这个活动我明白了很多。

所有的成果都来之不易,每个人都在努力劳动,要换位思考,站在对方的角度想问题,保洁员阿姨每天打扫我们制造的那么多垃圾,又是怎样的心情?所以在今后的学习生活中,我们要珍惜别人的劳动成果,这既是对别人的一种尊重,也会得到别人的尊重与肯定。每当我们想要随手扔垃圾的时候,想想自己劳动的心情,就会"手下留情"了。

作为一名大学生,素养比知识更重要,要用自己的闪光点,做最平凡却最不平庸的那颗星!

(五)绿植打理

可成立校园绿植养护小组,学生在教师指导下实行日常自主管理,从校园内树木及花草的浇水、施肥、剪枝,到秋季清理干枯枝叶。他们自主参与劳动,在亲自劳动的过程中了解树木及花草的生长特性、原理及种植、维护的相关知识,将形成良好的劳动意识、劳动习惯和劳动技能。同时,学生在参与劳动教育的过程中,能认识到自己在校园环境维护方面负有的职责,强化责任意识与管理能力。也可利用植树节开展"护绿"行动,同学们为校园里的树木浇水,栽种新的树木,在劳动中体验快乐。

(六)节日劳动

利用学校的重大活动日,培养学生的劳动态度和行为。在新生报到日,每一位在校生都行动起来,为学弟学妹搬运行李、引路答疑;在校友日,与学长学姐亲切交流,了解劳动的不易。每一个传统节日,除了人文价值,更有实践价值。以劳动为切入口,坚持"让每一个节日都富有教育意义"。比如中秋节,教会学生做月饼。一团团面坯和枣泥、豆沙馅料,通过学生的手揉搓、倒模形成可口的月饼。比如冬至,做出一个个饺子皮、一盆盆饺子馅,学会擀皮,包出各种形状的"饺子"。比如三八国际妇女节,倡导班级同学一起为女同学或女教师做一道爱心水果拼盘,送给她们一份惊喜。

(七)学生自主管理

大学生具有很强的探究意识,充分调动学生的积极性,拓展多项劳动教育活动。以班级为单位,组织全校卫生环境维护活动,建立卫生维护、检查、监督小组。小组成员全部由学生组成。在教师的指导下,学生自主制定了校园卫生维护制度、校园卫生清洁标准及奖罚规定,推进小组有效行使管理监督职责。全校划分为不同的卫生片区,各班负责维护所属片区的卫生。在教师指导下,小组牵头,每周举行一次全校卫生片区大检查,由学生检查、记录检查结果,并形成文字公布,以维持校园卫生。通过劳动教育活动强化学生维护校园卫生的意识,提高学生的劳动及管理能力。

四、校园安全防范

(一)共防火灾隐患

1. 校园火灾类型

(1)生活火灾。

生活用火一般是指人们的炊事用火、取暖用火、照明用火、点蚊香、吸烟、燃放烟花爆竹等,由生活用火造成的火灾称为生活火灾。随着社会的全面发展进步,炊事、取暖用火的能源选择日益广泛。学生生活用火造成火灾的现象屡见不鲜,原因也多种多样,主要有:在宿舍内违章乱设电器火源;火源位置接近可燃物;乱拉电源线路,电线穿梭于可燃物中间;使用大功率照明设备等。

(2)电器火灾。

目前,学生拥有大量的电器设备,大到电视机、电脑、录音机,小到台灯、充电器、电吹风,还有违规购置的电热毯、热得快等电热器具。学生宿舍由于所设电源插座较少,学生违章乱拉电源线路现象普遍,不合安全规范的安装操作致使电源短路、断路、接点接触电阻过大、负荷增大等引起电气火灾的隐患增多。电器设备如果是不合格产品,也可能导致火灾。尤其是电热器的大量不规范使用,极易引发火灾。

(3)自然现象火灾。

自然现象火灾不常见,这类火灾基本有两种:一种是雷电火灾,一种是物质的自燃。雷电是常见的自然现象,它是大气层运动产生高压静电再行放电,放电电压有时达到几万伏,释放能量巨大。当作用于地球表面时,具有相当大的破坏性。它产生的电弧可成为引起火灾的直接火源,摧毁建筑物或窜入其他设备可引起多种形式的火灾。预防雷电火灾就必须合理安装避雷设施。自燃是物质自行燃烧的现象。如黄磷、锌粉、铝粉等燃点低的物质在自然环境下就可燃烧;钾、钠等碱金属遇水即剧烈燃烧;不干的柴草、煤泥、沾油的化纤、棉纱等大量堆积,经生物作用或氧化作用积聚大量热量,使物质达到燃点而自行燃烧发生火灾。对自燃物品一定要以科学的态度和手段加强日常管理。

2. 校园防火要点

（1）学生宿舍防火。

在宿舍，同学们应自觉遵守规定，做到不私拉、乱拉、乱接电线；不使用大功率电器；室内无人时，应关掉电器的电源开关并且拔下插头；不要躺在床上吸烟或乱扔烟头；不在宿舍内存放易燃易爆物品，不使用明火和焚烧物品。

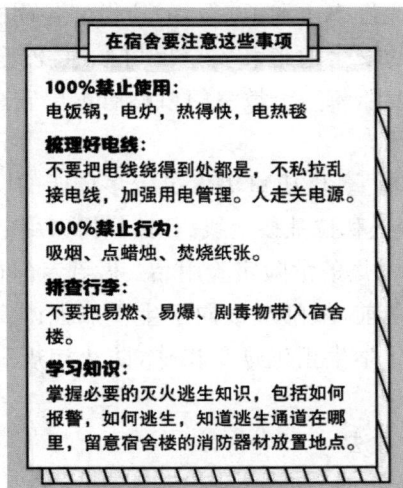

图 3-5 宿舍用电安全

（2）教室、实验室、教研室、办公室的防火。

在实验室，要严格遵守各项安全管理规定、安全操作规程和有关制度。使用仪器设备时，应认真检查电源、管线、火源、辅助仪器等的情况，注意检查电源、火源、气源、水源等，还应清除杂物和垃圾。长时间或不确定时间离开工作区域，应关闭用电设备，并完全切断电源。

（3）食堂等人员密集场所的防火。

要遵守消防安全制度，不携带易燃易爆品，如汽油、酒精等；禁烟区不准吸烟，不随地丢弃烟头、火种，应保持安全通道的畅通。

（4）室外的防火。

现在校园植被较为丰富，秋、冬季绿化地带会有不少树林落叶、枯枝和枯草，不要在室外烧纸、点火或乱扔烟头，以免引起火灾。

3. 防火意识和能力培养

（1）加强全校师生的防火安全教育，提倡注意消防安全、保护消防设施、预防火灾的义务，让全校师生知晓火灾报警电话——"119"，熟知消防自防自救的常识。

（2）不带火柴、打火机等火种进入校园，也不带汽油、爆竹等易燃易爆物品进入校园。

（3）确保校园内的各种消防灭火设施良好，安排专门的负责人做到定期检查、维护，保证设施完好率达到100％，并应做好各项检查记录。

（4）保持教学楼的安全通道和安全出口畅通，安全疏散指示标志应明显，应急照明可正常使用，每一个教室门口贴有本层安全逃生指示图。离校前要检查电灯是否关闭。

（5）在图书馆、实验室、微机室等人员较多场所的明显处张贴严禁吸烟的指示牌，并在学校禁止私拉乱接电线、私接任何家用电器。

（6）学校内易燃、易爆的危险实验用品要做到专门存放并配备标准的全套灭火器。在做实验之前，教师应该向学生重点强调实验过程中的注意事项，做好教学示范，指导学生正确规范操作，防止违规和不慎操作酿成火灾的悲剧。

4. 火灾逃生自救方法

（1）当发现楼内失火时，切忌慌张、乱跑，要冷静地探索着火方位，确定风向，并在火势蔓延前，朝逆风方向快速离开火灾区域。

（2）起火时，如果楼道被烟火封死，应该立即关闭房门和室内通风孔，防止进烟。随后用湿毛巾堵住口鼻，防止吸入热烟和有毒气体，并将身上的衣服浇湿，以免引火烧身。

（3）处于高层时，不要跳楼，应退守安全区域，紧闭火灾方向的门窗，火势逼迫时可用水冷却门窗，以呼喊、掷物、打灯光等方式向营救人员示警求救。有条件的可用绳子、床单等连接成长条固定在门窗上顺着下滑，但必须保证有足够的长度和安全系数。

（4）身上着火，千万不能奔跑，可就地打滚，将火压灭；也可用湿物覆盖着火部位，或用水浇灭。附近有水池、河流时，可直接跳入灭火，但不会游泳、不懂水性的人千万不要这样做。特别注意，不要用灭火器向人体直接喷射灭火。

（二）共建无烟校园

1. 吸烟的危害

（1）香烟含有尼古丁、焦油等有害成分。其中，尼古丁是使人上瘾的主要成分，会作用于大脑的胆碱受体，使大脑神经系统发生改变，而焦油不仅有致癌性，还会引起很多疾病。

（2）吸烟会对呼吸系统造成损伤，使肌体更难抵御呼吸道的感染，并会增强呼吸道疾病的严重程度。

（3）吸烟还会导致气管炎症和哮喘，增加呼吸道感染的风险，是慢性阻塞性肺疾病的主要诱因，增加冠心病、高血压、脑血管病和周围血管病变的风险。此外，吸烟还与众多肿瘤、骨质疏松、糖尿病、老年痴呆、皮肤老化等健康问题有关。

（4）吸烟还极易引发火灾，据央视新闻报道，近五年来，全国因吸烟引发的火灾超过 10 万起。校园火灾中，吸烟更是成了主要诱因。

2. 控烟理念

（1）从自身做起，自觉拒绝烟草，树立吸烟危害自己及他人健康的理念。远离烟草毒害，养成良好的健康卫生习惯和文明生活方式。

（2）从校园做起，积极帮助身边吸烟的同事、同学戒烟，推行无烟办公室、无烟教室、无烟宿舍等，共同携手创建无烟校园，营造健康、和谐的校园环境。

（3）从家庭做起，主动向亲友宣传吸烟的危害，劝说吸烟的人群少吸烟或不吸烟。

3. 控烟妙招

（1）当烟瘾强烈时，可以喝水、吃点零食，找一些有意思的事情来做，分散对烟瘾的注意力。

（2）延迟吸烟，想抽烟时告诉自己等 10 分钟，想点烟时，告诉自己再等等，使烟瘾变得没有那么强烈。

（3）重复地深呼吸，缓解压力，减少咖啡因和酒精的摄入，经常刷牙保持口腔清新。

（4）培养新的生活方式和习惯，以及感兴趣的爱好等，对纠正吸烟习惯效果都非常好。

（三）寝室防盗

1. 寝室盗窃的类型

（1）顺手牵羊。

作案分子趁主人不备将放在桌上、床上、走廊、阳台等处的钱物占为己有。

（2）乘虚而入。

作案分子趁主人不在、房门未锁之机入室行窃。

（3）窗外钓鱼。

作案分子用竹竿等工具在窗外将室内他人的衣服物品钩走。

（4）翻窗入室。

作案分子翻越没有牢固防范设施的窗户、气窗等入室行窃。

（5）撬门扭锁。

作案分子使用各种工具撬开门锁而入室行窃。

（6）预谋行窃。

作案分子以找人或卖东西等名义进入学生宿舍,趁大学生不注意时行窃。

2. 寝室防盗的方法

（1）对形迹可疑的陌生人要提高警惕,留心观察。

如发现可疑人员在宿舍四处走动、窥探张望,可以加以询问,这些人往往会露出狐狸尾巴,必要时拨打报警电话。

（2）要养成随手关窗、锁门的习惯。

据调查,有不少学生在暂时离开宿舍或睡觉时往往是不关门、锁门的,大演"空城计",而盗贼就可能在此时乘虚而入。

（3）注意保管好自己的物品。

尽量做到"物品入柜",不随意将贵重物品置于桌上等显眼处,放假离校、实习期间应将贵重物品带走或交同学保管。现金应存在银行,尤其是数额较大时要及时存入,切不可贪图方便而将现金放在宿舍里。

（4）不要留宿外来人员。

学生应该文明礼貌、热情好客,但绝不能只讲义气,不讲原则、纪律。若违反学校学生宿舍管理规定,随便留宿不知底细的人,就等于引狼入室而后悔莫及。

（5）保管好宿舍的钥匙。

宿舍钥匙关系到整个宿舍的安全，切不可随意将宿舍钥匙交给他人或将钥匙放在门口、窗台上。若钥匙丢失，应及时通知其他同学，必要时换锁。

拓展案例

无烟校园倡议书

敬爱的老师们，亲爱的同学们：

大家好！

小小一支烟，危害万万千。大家知道吗？吸烟已经被列为世界迄今所面临的最大公共卫生威胁之一。那些看似惬意放松的"吞云吐雾"，其实正悄悄地吞噬着抽烟者和身边人的身体健康。

吸烟给人体造成的危害尤为严重。将"世界无烟日"定在每年国际儿童节的前一天，就是为了提醒人们加倍关注烟草对少年儿童的危害。

同学们，对于身边那些吸烟者以及各种吸烟现象，我们应该如何对待呢？不妨帮助他们制定一个健身计划，和他们一起参加各种体育运动，强身健体，陶冶情操；帮助他们制定一份绿色食谱，培养健康的饮食习惯，让健康食品代替尼古丁；帮助他们制定一个行动公约，及时而礼貌地制止各种吸烟行为，共同营造文明的绿色生活环境。同学们，让我们从现在开始，学习更多的健康常识，向更多的人普及吸烟的危害性，争取更大的力量，为生活营造一片绿色、健康的"无烟区"。

思考题

寝室防火最重要的是什么？

实践任务

同学们，请参加一次校园劳动，谈谈你从中感受到了什么。

模块四   低 碳 文 化

案例导入

"地球一小时"大学生用行动创未来

"行动！共创未来"是 2022 年"地球一小时"活动的主题。3 月 26 日,华北电力大学开展"地球一小时"主题系列活动,旨在引导广大师生用实际行动为环保事业贡献力量。本次系列活动由八个活动组成,由校学生会、校研究生会、青年志愿者协会、学服中心四个社团分别承办,共吸引了全校千余名师生参与。

做一次垃圾分类。下午 14:30,在各宿舍楼下,垃圾分类宣讲活动中,志愿者们向同学们介绍垃圾分类知识,宣传低碳环保理念,倡导绿色生活。

来一场低碳骑行。下午 15:00,在该校文化广场,百余名青年志愿者开展"校园低碳行"自行车骑行活动,通过这一行动倡导节能环保、低碳出行的理念。活动结束后,大家纷纷表示要将低碳生活方式贯彻到生活中的方方面面。

看一场节能宣传。下午 16:00,在二餐厅门口,青年志愿者协会与后勤管理处(保定)一同举办节水宣传活动,志愿者们向路过的同学分发节水宣传单,并为同学们讲解节能知识。同学们仔细听志愿者讲解,并在宣传展板前驻足观看。

签一次条幅宣誓。下午 16:30,校学生会在六舍门口悬挂了"2022 年地球一小时——行动！共创未来"字样的主题条幅。路过的同学纷纷在"地球一小时"主题条幅上签名,表达用实际行动践行低碳生活的决心。

跳一场欢快舞蹈。晚上 19:30,大学生社团服务中心在二校区操场组织了以"熄灭手中灯 点燃心中火"为主题的校园健康舞,旨在引导学生走下网络、走出宿舍、走向操场。活动现场,青春与活力四射,兔子舞、街舞、啦啦操、现代舞等多舞种轮番上阵,吸引了近600余名同学驻足,纷纷参与到活动中来。

宣一场低碳誓言。晚上20:30,研究生代表在健康舞活动现场并通过线上同时向广大同学发出"地球一小时"活动倡议,号召大家从自己做起,在生活中努力做到随手断电、节约用水、理性消费、节约粮食、低碳环保。大家纷纷表示要响应活动号召,从身边小事做起,践行低碳生活理念。

点一盏绿色之灯。在校园健康舞活动期间,"CO_2"造型的巨型彩色灯带在操场西侧点亮,寓意华电学子将持续践行低碳生活,携手共创一个公平、碳中和、自然向好的未来。晚上20:30,同学们主动熄灭宿舍电灯,并用灯光在宿舍楼摆成"60+"字样,表达了华电学子对环保的思考和环保行为践行,并延续到以后的生活学习中。

养一盆多肉绿植。活动为参与的同学们准备了形状各异、五彩缤纷的多肉绿植,希望同学们从关爱动植物生命做起,共同关注生物保护与全球生态健康。同学们纷纷领养多肉绿植,表示要从点滴小事做起,保护我们赖以生存的环境。

（资料来源:国际在线,内容有改动）

在全球变暖日益严重的今天,发展低碳经济,大力推进节能减排是我国积极承担环境保护责任、化解日益严峻的气候问题的必然选择。高校要积极增强低碳校园建设的意识,探索建设低碳校园的道路,让师生群体积极参与其中,努力营造低碳、生态的校园环境,做环保节能和增效降碳的践行先锋。

低碳校园的建设有助于在学生中培养低碳消费意识,有助于向社会传播低碳生活的理念,有助于为低碳技术的开发和低碳理论的探讨营造良好的氛围。

一、高碳校园的表现

（一）水电资源浪费

水电是最不可缺少的资源,在当前的校园里,水电浪费现象特别突出。比如,寝室、教学楼、办公楼等公众场所中出现水龙头、水箱、水阀漏水问题时,由于种种原因不能及时找人修理,导致了任其"细水长流"甚至"井喷"。学生寝室、实验室中的电器违规使用等现象不胜枚举。师生下课后或者离开教室时,不能做到顺手关闭教室的电灯、多媒体、风扇等电器,普遍认为"不用自己付费"或者"有专人管理"。部分教室在晴朗天气或者光线较强的时候也会开着灯,造成了资源的严重浪费。电子阅览室内的电脑,在无人状态下仍处于开机状态。日积月累,以上种种现象不仅使大量的水电资源流失于无形中,同时也存在着不同程度的安全隐患。

（二）纸张资源浪费

校园中纸张主要集中大量使用于学习资料的复印、打印以及传单制作等几个方面。考试和毕业论文答辩之际是纸张使用的高峰期。其中,毕业论文从初稿到定稿,平均要用 A4 纸接近 200 张。而在考试过后,纸质资料与试卷则很少有人过问。在校园通道和学生公寓区各种传单的散发也是一大浪费因素。很多传单并没有收到预期的使用效果,部分学生接到传单之后丢弃在校园里,造成了纸张资源的浪费和校园环境的污染。

拓展阅读

浪费纸的代价

我国森林覆盖率只有全球平均水平的 2/3,排在世界第 139 位。人均森林面积 0.145 公顷,不足世界人均占有量的 1/4;人均森林蓄积 10.151 立方米,只有世界人均占有量的 1/7。而且造林难度越来越大。我国现有宜林地质量好的仅占 13%,质量差的占 52%;全国宜林地 60% 分布在内蒙古和西北地区。今后全国森林覆盖率每提高 1 个百分点,需要付出更大的代价。造纸的原料主要是木材、煤、水。生产 1 吨纸需要木材 0.875 吨、煤 0.5 吨、水 375 吨,造成 35% 的水污染。浪费纸就意味着浪费资源。而目前我国的森林资源供不应求,水资源呈现短缺。水土流失难以遏制、濒危物种生存环境缩小等都在当今中国十大环境问题之中。我国现有森林面积 1.25 亿公顷,蓄量 90 多亿立方米,而每年采伐超过生长量约 1 亿立方米。森林的大量减少不仅使木材和林副产品资源短缺,而且净化二氧化碳的能力大大地减弱,造成温室效应。同时,一方面引起水土流失,产生干旱、风沙等灾害;另一方面使动物失去栖息场所,鸟类减少,虫害增多。水资源的污染又造成了水资源的严重短缺,使许多人喝不到达标的饮用水,严重危害人体健康。大量的污物排入河流,大大地超出了河流的自净能力,导致水污染,使河里的鱼和鱼卵死亡,造成水生生态系统失调和鱼类资源破坏。这种污水流到庄稼地里,还会使庄稼歉收。燃烧煤排放出的大量废气又污染了空气。

（三）粮食资源浪费

粮食的肆意浪费现象在高校中比比皆是。有部分同学将早饭吃剩的包子、馒头、面条、饮用剩余的豆浆、牛奶等随手倒入泔水桶中。而在午餐和晚饭时，离开饭堂的同学常常将盘中剩余的饭菜倒入桶中，更有甚者将只吃了一两口的整盘饭菜都倒掉，不仅造成了粮食资源的浪费，同时给饭堂的员工处理泔水桶带来了难度，对校园文化提升也有着负面的影响。造成此类事情的主因是学生没有节约意识，不按量打饭。同时，学生群体中盛行着聚会和互相请吃请喝等现象，为了营造足够的气氛、满足个人虚荣心，浪费食物的情况并不罕见。

（四）白色污染严重

校园里一次性消费品譬如泡沫饭盒、塑料袋、打包盒、一次性碗筷等用品直接威胁着生态环境，同时给人体健康带来了不同程度的侵害。在高校里，白色污染物却是深受学生喜爱的"主要物品"。"叫外卖""打包"，已是师生的习惯生活方式。虽然国家已经明令禁止无偿提供塑料袋、打包盒，但这一现象目前仍存在。据粗略推算，以万人规模的大学为例，仅在校园周围地摊上的各种特色小吃所消耗的一次性饭盒平均每天可达上百个，一次性的塑料碗至少用到 800 个。而小吃摊常用的筷子、竹签和塑料袋等一次性用品更是不计其数。白色污染情况不容小觑。

（五）校园垃圾的随意排放

校园中的水电、纸张、食物甚至一次性消费物品不合理使用，不经过任何的分类处理就肆意对其进行排放、丢弃。这不仅对物质使用价值本身造成了巨大的浪费，同时也给校园生态环境和周边环境修复带来沉重的负担。学生公寓区，排放垃圾数量巨大。以一栋容纳 900 人的学生公寓为例，每天大约产生生活垃圾 0.8 吨。校园住宿量按照 9000 人来计算，每天累计排放生活垃圾达 8 吨。一年按照 10 个月来计算，共产生生活垃圾 2400 吨。同时，校园废水的肆意排放现象较为严重。据粗略推算，以一所 1 万人的高校为例，每天废水排放量约 0.5 吨。按照全年 10 个月来计算，年废水排放量约为 150 万吨，而这些废水普遍没有经过任何技术处理就直接排放，造成了学校周边环境的污染。

二、低碳校园的特征

"低碳"是指温室气体(以二氧化碳为主)较低的排放。低碳生活表示人类可以健康、舒适、安全地活动。作为一种生活方式,可简单地理解为低消耗的生存方式。

"低碳校园",是指在可持续发展理念的指导下,通过对校园内部资源的合理利用和分配,用低碳理念指导校园群体的行为,提升校园内涵,尽可能减少传统高碳能源的消耗,降低温室气体排放,达到经济社会发展与生态环境保护共赢的状态。低碳校园有以下特征。

(一)经济特征

低碳校园建设能给整个社会经济带来最大限度的收益。同时,当下经济社会发展应建立在最小化的资源和能源消耗的基础之上,采取以低能耗、低污染、低排放为基础的经济发展模式。因此,高校要积极依托教育教学资源,将自身打造为低碳经济发展的组织机构,成为低碳理念宣传教育的主阵地,具备产生经济效益的基础。

(二)区域特征

从空间角度来看,低碳校园应立足于校园内部,改变现有的校园和周边社区区域的关系格局,协调好社区、城市和社会之间的关系,使校园建设与生态环境协调发展。低碳环保的设施建造,将低碳技术积极应用在校园新建基础设施或改造设施中,打造推广使用可再生清洁能源和节能减排技术的监管平台。低碳生态的校园环境,在自然环境与居住群体和谐相处的基础上节约资源,为师生提供绿色、健康、舒适的校园环境。最终实现一种低碳区域化效应,推动低碳城市的整体建设。

(三)动态特征

从动态角度来看,低碳校园的低碳目标不是一成不变的,随着时间的推移应该做出及时的调整,以此来适应低碳环境的不断发展更新。低碳校园的建设,从最初师生群体低碳理念的践行,到低碳高效的管理系统的形成,把低碳理念和思维贯穿于日常学习、生活和工作中,加强校园区域的技术创新和制度创新,达到提高工作效率和管理效益的目的。发展低碳校园,是高校积极承担环境保护责任、完成社会转型低碳经济发展的潜在要求。

三、低碳校园案例

（一）清华大学

作为中国著名的高等学府之一，早在 1998 年清华大学就率先提出了建设"绿色大学"的目标。清华大学成立了由副校长带队的绿色大学建设领导小组，下设绿色大学办公室、环境保护办公室和节能减排办公室，并制定了专门的节能减排管理办法。具体实施了以下几项措施：第一，积极利用学生社团，宣传和实践并重。清华拥有学生绿色协会、学生新能源发展协会、学生生态协会等社团，他们不仅宣传节能环保，而且利用假期开展实践活动，如北京建筑节能支队和"循环经济零距离"支队，增进学生对节能减排的现实认识。第二，注重校园绿化，增加碳汇。清华在校园规划之初就重视校内生态建设，目前绿化覆盖率达 60%，并科学地对乔灌草三种植物进行搭配，增加固碳能力好的乔木、灌木的种植面积。第三，增加清洁能源的利用比率，加大水回收利用。校园里安装了太阳能路灯、小型风力发电装置，并于 2009 年打出第一口地热井，仅此一口井便可使清华每年减少 5000 多吨二氧化碳排放量。第四，加强管理，注重细节。对于寒假留校生，统一集中供暖，减少了能源浪费。日常照明中，通过合理规划工作时间，更多地采用自然光。清华人以行动践行节能减排理念，使其与教学、工作和生活相融合，提倡低碳生活，建设绿色低碳生态校园。

（二）同济大学

同济大学应用低碳技术相比其他高校起步较早。2004 年，同济大学成立节能管理委员会，并设立了能源管理办公室，将职能细化，专门负责和能源有关的各项工作。2005 年，同济大学成立上海市首个学生"校园节能督察队"，实施督查制度，让学生们利用自己的团体，对教学楼、宿舍楼、办公楼、食堂等公共区域的水、电、粮食、纸张以及日常的生活学习用品等各种资源的使用情况进行常态化的检查，督促全体师生及其相关工作人员养成节能的良好习惯。让师生群体在校园里规范自己的言行，达到示范性的作用。同时，同济大学比较注重对校园旧建筑的改造，在新建教学办公设施中，善于应用各种低碳技术，在校园内外形成了一批节能低碳型模范建筑。比如，同济大学的旭日楼和教学科研综合楼，还有四平路校区的大礼堂、文远楼和游泳馆等建筑，都采用了许多低碳技术。洗浴的废水，从热交换池流出后进入污水处理站,经过处理还可以对校园里的绿化植物进行灌溉滋养,促进了植物的生长;植物吸收了排出的废水中的"负营养"成分之后,还可以将污水净化为清水,进入学校景观池塘等地方。经过这样的循环,学校一年可节约10万吨自来水。后来又通过测算学生宿舍、办公区域、教师小区的水电能耗量,进行校园内部全范围的比较分析。为让全校师生树立低碳意识、践行低碳理念,通过对校园教材使用、纸张打印等情况的统计,倡导书本的循环使用等措施,定期在校园范围内以多种形式公布,形成了一定的群体压力,促使师生群体转变行为方式,使得低碳校园的理念和行为得到了传播和践行。

(三) 对外经济贸易大学

对外经济贸易大学作为国家首批"211 工程"重点建设高校,始建于1951 年,该校构建低碳校园的设想,最早从 2000 年便开始酝酿了,2003年起,该校就围绕绿色校园建设主题,努力探索了建设绿色校园、低碳校园的一些新举措,建立了节水、节气、节能、减排等校园工程项目,先后被确立为全国首批节约型校园建设先进试点高校,北京市"节约型学校"建设优秀高校。对外经济贸易大学借助低碳校园建设试点的东风,积极改善校园低碳设施,全面应用节能减排技术,运用了一系列措施进行低碳校园的建设。利用再生水资源,最大限度地节约用水。从 2004 年起,启动了校园内部的中水处理站建设项目,建成了日处理污水能力大于 1000 吨的中水回收处理站,将洗澡水和盥洗水等其他污水通过中水处理站处理。校园里70% 的校园建筑已使用中水冲厕,约 30000 平方米面积的绿地使用中水进行日常浇灌。学校现有 4 个蓄水池和改造成坡行的建筑屋顶,每年可收集雨水都在 40000 吨以上。不仅增强了建筑物的防水能力,同时也提高了保温效果,延长了使用寿命。学校积极倡导科学用电,建设节能型校园,改造配电室,优化电力设备,降低能耗损失,注重校园布局规划;采用先进技术控制照明设备的科学使用,利用新能源,新建图书馆等建筑物应用新型节能保温材料,更新节能灯具,减少天然气和煤炭的使用,利用水源热泵技术,实现再生能源的持续利用。在发展低碳校园的同时,也为学校带来了实实在在的经济效益。

四、低碳校园的实现路径

（一）营造低碳校园氛围

高校应重视对大学生低碳理念的培养，加强宣传教育。学校可将低碳教育融入不同学科的授课中，利用课堂教学或讲座等形式，专门讲授节能减排、低碳环保方面的知识，宣扬低碳先进典型，倡导健康、文明、节俭、适度的消费理念，重视课堂讨论和课后实践，加深学生对于低碳理念的认知。可利用报栏、展板、标语、广播、校园论坛网站、QQ 群等多种平台诠释低碳概念，通过计算碳排放量和低碳生活的宣誓等方式促进低碳理念的传播。鼓励学生团体开展节能技能小竞赛、节能技术小创新等活动，通过校园低碳签名、街头宣传、主题特色班会等形式尝试践行"勤俭节约、拒绝浪费"的低碳理念。

另外，校园内部可以设立专门的低碳组织，既有专门的研究机构，也有不同性质的宣传组织。前者可以由能源、环境以及经济方面的专家组成，需要努力将低碳技术转化为现实成果。后者可以由学生组织，比如低碳协会、义工团队等，专门致力于广泛宣传低碳的理念。

（二）低碳理念融入生活

研究表明，制作 1 件衣服，排放二氧化碳 3.2kg；调低电脑屏幕的亮度，每年可减排二氧化碳 29kg；节约 1kg 粮食，可减排二氧化碳 0.94kg。充分利用太阳光晒干衣服，减少使用烘干设备；回收旧书本，提高不同年级之间的使用周转率；选择骑车郊游的出行方式，减少耗能交通工具的乘行；杜绝校园的水长流和灯长明现象；将空调温度控制在合适的范围。促使广大师生都成为低碳理念的传播者和低碳生活方式的践行者。以个人的奇思妙想为校园节能减碳做贡献，使低碳理念的种子融入校园的各个角落，让越来越多的师生成为"低碳达人"，彻底告别高碳行为。

（三）科学使用各种设备

电脑、打印机、复印机、扫描仪、碎纸机等办公室用电设备，在待机时间较长时应关闭电源；下班之前，须切断办公室电器及办公设备的电源。办公室、实验室、阅览室、教室、宿舍、走廊、会议室、卫生间等公共场所由管理单位安排专人负责控制耗电设施。坚决杜绝长明灯和白昼灯现象，严格控制空调的使用时间和采购申报安装程序。使用空调时应将门窗关闭，须在下班前半个小时以内关闭空调,无人时不开空调。打印机、复印机墨粉用完后,应优先使用灌装碳粉;中性墨水笔用完后换芯使用。

（四）推行无纸化办公

校内各类公文通过校园网平台传送、办理、发布,书面公文材料利用网络平台也可以达到办公效果的,不重复使用纸质通知;确需书面传送、办理的重要公文一律双面打印,鼓励打印纸的重复使用。校外来文一般以传阅为主,不予复印;校内拟定的公文只按存档、上报所需数量印制。邀请校领导或校内其他单位人员参加本单位重要活动的,应电话或短信邀请,禁止发请柬邀请。尝试与普及无纸化考试,利用现代办公设备积极推行无纸化办公模式。

（五）创建能耗监测平台

引入建筑评估技术体系,科学计算校园建筑物的碳排放量,实施动态化管理。对学生宿舍、商业门店、公共楼宇严格实行“一户一表”管理。建立“全面计量、分类管理、定额核定、节约奖励、超额收费”的能源经费管理制度;采用计量管理、超量付费和节约奖励的原则,对教学、科研、办公等单位用电实行定量包干,调节供需,增强师生的低碳节能意识;对经营性用电,社区物业、学生宿舍、教学楼公共用电采用管理单位承包负责制。师生宿舍用电采取“定额管理、计量超额收费”的方式,解决电能的严重浪费问题。

（六）回收利用再生水资源

积极借鉴其他学校水处理与回收利用废弃污水和雨水的成功经验。通过水处理站的建设,对学生公寓和食堂区域的洗澡水、盥洗水进行处理,避免污水的排放对周边河流造成直接污染。对雨水进行有效的回收利用,可直接降低校园的水能消耗。

（七）扩充校园绿地面积

在靠近校外道路的地方种植一排茂密的树木,能较好阻挡道路上的灰尘,减少校园的污染。提高校园碳汇、增加校园绿地面积,对有效缓解校园环境恶化、促进广大师生的身心健康,都有着积极的作用。

思 考 题

1. 你平时有高碳行为吗?
2. 在低碳校园建设中,你能做什么?

实践任务

绿色校园，从我做起

进入 21 世纪以来，全球气候变暖、生存环境日益恶化，严重威胁着人类的生存。遏制气候变暖、发展绿色低碳经济，是全人类共同的使命。为了你、为了我、为了他，也为了我们赖以生存的地球大家庭，更为了明天的美好生活，全国各高校的大学生理应率先身体力行倡导绿色低碳生活、共建绿色校园。

请围绕"低碳生活"制订一个"绿色校园，从我做起"的个人计划，并在生活中执行该计划。

一、过程记录

计划要点：

计划思路：

计划可行性评估：

计划实施要点：

二、结果评价

教师可参考下表对学生制订的个人计划进行评价。

"绿色校园·从我做起"个人计划评价表

评价标准	分值	分数小计	教师评价
计划完整	30分		
计划切实可行	20分		
计划有层次，目标有梯度	20分		
计划有反馈提升机制	10分		
计划可评测	10分		
计划有奖励机制	10分		

项目四　劳动教育与高新企业

学习目标

1. 了解实习实训的流程和基本内涵。
2. 提升操作企业办公设备的实践能力。
3. 熟悉安全生产基本要求与操作措施。

模块一　实习实训

把平凡的事情做好就是不平凡

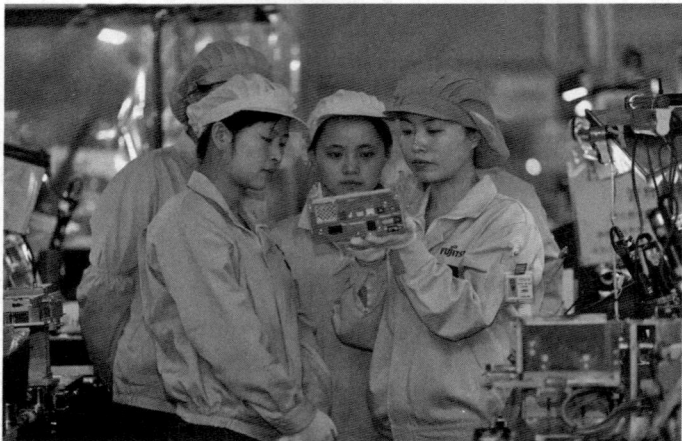

图 4-1　袁彩凤在工作中

　　她在平凡的工作中演绎了不平凡的精彩人生。她曾先后获得"全国五一巾帼标兵""江苏省劳动模范""江苏省三八红旗手""无锡市最美巾帼人物""无锡市优秀新市民""新吴区青年'五四奖章'"等荣誉,2018 年当选为省人大代表,2020 年被评为全国劳动模范,到人民大会堂参加了全国劳动模范和先进工作者表彰大会。她就是无锡市新吴区电装天电子(无锡)有限公司人才育成主管袁彩凤。

　　刚参加工作时,袁彩凤是一名普通操作人员,工作就是打螺钉。为提高效率,她坚持每天总结工作经验:首先是快,螺钉打得快,螺钉供给机必须尽量离螺纹孔近,高度也保证一样;其次是准,取螺钉做到手到眼到,手眼协调；最后是稳，保证螺钉打下去之后不歪斜、浮起。螺钉打完后还有一个重要的环节就是检查，为迅速全面地查出不良品，她每天都会跟品管检查员学习，最后总结出一条检查口诀，即"手指、眼观、口念、心想"，极大地提高了公司产品的合格率，这个口诀至今还在公司推广使用。

15年来，袁彩凤的工作岗位有过多次变动，唯一不变的是她对待工作的"钉钉子"精神。据了解，袁彩凤最初在技校学习机电一体化，工作后，她利用闲暇时间，边工作边学习，相继考取物流管理专业大专文凭和人力资源管理专业本科文凭。为更好地与日本同事、客户沟通，她主动到培训机构学习日语。为做好公司党支部、工会、员工培训工作，她专门去学习"职场沟通技巧"，并拿到国家二级心理咨询师证书。她还主动为公司员工进行理论和实践培训，带领大家把理论更好地运用到工作实践中，进一步提高企业产能。

袁彩凤不仅做到自己对工作精益求精，更注意发挥好团队中每个人的作用，她始终让技术毫无保留地在员工中薪火传承。

在公司质量控制（QC）活动中，她所带领的团队承担了"Easter机种产能提高"的QC攻关任务，在人员的安排、设备的调试和物料的确认三方面全部进行改进后，公司的日产量由300台增加到了600台，使国内Easter机种成功取消了"出荷检查"，这在公司尚属首例。

公司委任她组建能率改善小组时，团队中有相当一部分人是新人。刚接到任务时，不少人感觉无法上手，甚至出现畏难情绪。作为团队带头人，她和每一个成员进行了沟通，用自己的经历和经验去引导他们。在项目开展过程中，她指导每位成员对各条线体进行了分析，其中G－AVN线体经过布局优化、手元化生产、严控八大浪费等改进后，效果显著，在不增加人员和设备的情况下，产量由原来的300多台提高到近700台，为公司节约了293.8万元。

在众多荣誉与褒奖面前，袁彩凤没有骄傲自满。说起自己成功的秘诀，她坦言："干一行、爱一行、钻一行、精一行，吃得了苦，挑得起担，在谋求发展上避虚求实，才能取得良好成绩。"对于劳模，袁彩凤也有自己的理解：劳模是时代的楷模，劳模精神是一面引领发展的旗帜。作为全国劳模候选人，一个人的优秀不是优秀，发挥劳模先锋模范作用，带动周边的人一起优秀，这才是劳模的意义所在。

2018年当选为江苏省人大代表以来，袁彩凤给自己立下了一个"规定"，要经常走乡串户,深入基层,与各行各业的群众唠唠嗑、谈谈心,她把这些当作服务人民最有效的办法。她提出的"关于协调成立寒暑假公益托管班的建议"和"关于下调景区票价的建议"得到了普遍响应。在她心中,能帮助百姓圆梦,让他们逐步富起来,是她回报社会最好的方式。

(资料来源:无锡高新区人民检察院网,内容有改动)

我们生活在一个物质比较丰富的时代,当代青少年大多没有体验过缺衣少食的生活,不懂得物质匮乏年代的艰辛,以至于许多人甚至不能体验物质资料的重要性。然而获取物质资料是人类社会存在和发展的基础,劳动则是人们获取物质资料的唯一稳定途径。

工作是职业化劳动,是一个人价值实现的载体,个体通过它能为社会创造财富,同时也创造了自己的价值。个体需要通过工作来获得报酬,社会也需要每个人通过工作来创造财富。工作是社会需求与个体需求的结合点。通过工作,我们的知识得以增长,能力得以提升,如果在工作中表现良好,个体还会获得职务升迁。无论是创造财富、知识增长、能力提升,还是职务升迁,都会给我们带来强烈的自我价值感和成就感。工作给人们带来的强烈价值感是其他途径无法提供的。

实习实训是学习与就业之间的一个重要环节,是从学校走向企业的重要一步,好的实习经历能为学生将来的就业打好"预备战"。实习实训是学生积累社会经验的重要途径,它能够提高学生的沟通能力、适应能力及解决问题的能力等。我们应充分把握在校期间的实习机会,大胆尝试,广泛地接触社会,积累实践经验,以增强自己未来求职的竞争力。对于高职学生来说,实习实训主要有假期实习、岗位实习、校内生产性实训基地实习实训、现代学徒制班企业实训。下面重点介绍前两种。

一、假期实习

(一)假期实习指南

1. 获取实习信息

我们可以从以下渠道获取实习信息:

(1)学校公示栏。

这种公示栏包括实体的公示栏和学校的 bbs,学校附近的企业或者公司通常会把招聘信息发布在学校公示栏。希望在学校附近找实习单位的学生可在学校公示栏中获取实习信息，筛选出合适的实习单位。

（2）各大企业官网。

一般来说，各大企业会在寒暑假期间，在其官网上发布实习招聘公告。有意向的学生可以长期关注自己感兴趣企业的官网，寻找适合自己的假期实习。

（3）熟人引荐。

熟人包括正在实习的朋友同学、已经工作的学长前辈和父母亲戚。熟人介绍的岗位相对比较可靠，如果你平时表现出勤劳踏实的品质，他们都会乐意推荐你。

为防止被骗，学生在找实习机会时，应特别注意以下方面：从可靠渠道获取职位信息，尽量不通过中介，不交纳任何押金，不抵押任何证件；通过多种渠道了解企业背景，确认用工单位的合法性；认真确认面试地点，女生不单独外出约见；不到娱乐场所工作，不做高危工作；谨慎签订实习协议。实习协议中应当写明实习薪资、实习期限、终止协议的相关条款。如果用人单位违约或拖欠工资，可以将实习协议作为证据提起劳动仲裁，以维护自身的合法权益。求职前了解相关法规和劳动政策。

2. 结合自身专业或兴趣需求选择实习岗位

在选择实习岗位时，不要以收入和舒适程度为优先考虑因素，而是应尽量选择与自己专业相匹配或者自己感兴趣的岗位，这样不仅可以学以致用，还可以挖掘自身能力，为就业做好准备。在具体做选择时，应客观分析自己的专业知识、沟通技能、思维能力及自身性格、兴趣等，收集意向实习企业岗位相关信息，分析实习机会是否能够提高自身能力和素质，进而选择适合自己的实习岗位。

选择大公司还是小公司实习，也是要考虑的问题。一般成熟的企业会有完备的管理流程和鲜明的企业文化，其岗位划分比较明确精细，可以提升实习者的职业素养，但可能只能接触企业的某一局部；而发展中的中小型公司虽然在管理方面不够成熟，岗位划分相对粗糙，实习者可能接触更广的范围，在职业能力上得到较大的提升。可以根据自己的能力和需求进行选择。

3. 在实习中探索个人职业定位

了解一个职业的最好机会是进入其中亲自做一下这份工作，实习是我们在正式步入某一职业前的最好探索。在实习过程中,我们进入真实的职业环境,接触这个行业的从业人员,通过认真完成分给自己的任务,可以总结对应岗位的核心能力要求、特性等,了解对应职位的上升空间,以及所处行业的发展前景,并以此为参照分析自己是否适合该岗位或行业,判断是否需要调整自己的职业定位。

4. 在实习中提高自身综合能力

进入企业实习后,要尽快完成从学生到工作者的身份转变和思路转变,不断提高自己的综合能力。包括沟通能力、合作能力、思考能力、问题解决能力、抗压能力、总结反思能力、持续学习能力。

(二)假期实习实务

1. 实习初期

(1)融入环境。

实习开始后,尽快熟悉环境,除了自己部门的业务内容,还要大致了解其他部门的情况。尽快熟悉并熟练操作单位打印机、扫描仪等办公设备。

(2)弄懂业务关键词。

对领导、同事提及的专业名词做到心中不留疑,第一时间请教他人或查阅相关资料,明白其所指。

(3)多听、多想、多自学。

凡事多留心,多问为什么,同时还要学会自学,特别是通过看报告、旁听会议等各种渠道尽快了解工作内容及业务流程。

2. 实习中期

(1)勇尝试,有担当。

以正式员工的标准要求自己,积极尝试承担新工作,勇于承担相应责任。

(2)勤做事、有章法。

搞清工作任务,及时汇报工作进度,遇到问题先想解决办法,再寻求帮助,按时保质保量完成工作。

(3)多总结,多反思。

完成一个阶段的工作,要及时回顾工作、总结经验、思考不足。认真思考这项工作的重点环节是什么,如何避免出错,如何改进,如何更好地应对突发状况等。

3. 实习结束

（1）请实习单位提供一份鉴定，并签字盖章。

实习鉴定应写明实习岗位、岗位描述、实习过程中完成的工作或项目、工作评价等。一份优秀的实习鉴定会为将来的求职加分。

（2）总结实习，并更新自己的简历。

总结实习中的问题和收获，反思自己在哪些方面仍需要提升。及时更新简历，为毕业求职做好准备。

（3）保持联络，获取有效信息。

如果有意毕业后到实习单位求职，可根据自身情况申请适当延长实习时间。离开实习单位后，继续保持与单位同事的联络，及时了解业务发展，第一时间获得相关招聘信息。

二、 岗位实习

岗位实习是职业院校人才培养中不可或缺的一环，指具备一定岗位工作能力的学生，在专业人员指导下，辅助或相对独立参与实际工作的活动。

（一）了解岗位实习单位

1. 确定岗位实习单位

根据《职业学校学生实习管理规定》，职业学校学生进行岗位实习可由学校统一安排实习单位，也可经学校批准自行选择实习单位。

学生自行选择实习单位时要注意考察单位的资质、诚信状况、管理水平、工作环境及健康保障、安全防护条件等，选择合法经营、管理规范、设施设备完善、符合安全生产法律法规要求的实习单位。

此外，学生自行选择岗位实习单位，应由本人及其法定监护人（或家长）申请，填写"自主联系岗位实习单位申请表"，如表 4-1 所示。

表 4-1　自主选择岗位实习单位申请表（示例）

二级学院＿＿＿＿＿＿＿＿＿＿　专业＿＿＿＿＿＿＿＿＿＿　班级＿＿＿＿＿＿

姓　名		性别		班级		学号	
个人电话		E-mail(qq 号)			家庭电话		
家庭住址				家长姓名			

实习单位信息	单位名称			法人代表	
	单位地址			组织机构代码	
	指导教师		联系电话	岗位实习岗位	
	实习待遇	元/月		实习时间	年　月　日至　年月　日

申　请理　由	学生签名： 年　月　日		
实习单位意　见	（单位盖章）	家　长意　见	（附家长已知证明、身份证复印件）
		学校指导教师签名	
院　系意　见	负责人签字： 年　月　日(二级院盖章)	学校岗位实习工作委员会审批意见	年　月　日

备注：1. 此表由特殊情况自主联系实习单位的学生填写；2. 附家长已知证明、身份证复印件；3. 附学生岗位实习三方协议。4. 附购买实习保险证明。

根据《职业学校学生实习管理规定》，对自行选择项岗实习单位的学生，实习单位应安排专门人员指导学生实习，学生所在职业学校要安排实习指导教师跟踪了解实习情况。

无论是学校统一安排的岗位实习，还是学生自行选择实习单位的岗位实习，学校都会派遣经验丰富、责任心强、业务素质好的实习指导教师进行全程指导。自行选择实习单位的学生,在实习期间要按时向指导教师汇报实习情况,遇到问题及时联系指导教师寻求帮助。

确定岗位实习单位后一般不宜更换,但在岗位实习过程中,如果学生因某些原因确实需要更换实习单位,可以向原实习单位和学校提出申请,并提交"岗位实习单位变更申请表",如表4-2所示。经原实习单位和学校同意,学生才能更换实习单位,到新的实习单位继续进行岗位实习。

表4-2 岗位实习单位变更申请表(示例)

姓名		性别		专业班级	
学号		联系电话		电子邮箱	
学生申请	本人因_____ _____于_____年_____月_____日起中止与_____签订的岗位实习协议,前往_____ _____参加岗位实习。			学生签名: 家长(签字): 年 月 日	
原岗位实习单位意见	本单位同意于___年___月___日起中止与_____签订的岗位实习协议,该生此前岗位实习成绩综合评定为(优、良、中等、及格、不及格)。 年 月 日(盖章)				
班主任意见	(是否同意该生更换实习单位) 班主任(签字): 年 月 日				
学生所在二级学院意见	(是否同意该生更换实习单位) 年 月 日(盖章)				

2. 了解岗位实习单位的情况

确定岗位实习单位后,学生要通过各种途径充分了解实习单位的相关情况,主要包括实习单位的基本信息、企业文化、管理制度等,以提前做好相应准备,顺利开展岗位实习工作。

(1)了解实习单位的基本信息。

实习单位的基本信息主要包括企业名称、所属行业、所处位置、经营范围、主营业务等。想要了解实习单位的基本信息,可以登录实习单位网站查看企业简介;也可以通过阅读实习单位的宣传资料进行了解;还可以在实习单位到学校举行宣讲会时,向实习单位的宣讲人员咨询。

（2）了解实习单位的企业文化。

企业文化是企业全体员工在长期的生产经营活动中形成并共同遵循的最高目标、价值标准、基本信念和行为规范,同时也是企业的灵魂和推动企业发展的不竭动力。作为实习生,要想尽快融入实习单位,就必须先了解其企业文化、认同其企业文化。想要了解实习单位的企业文化,可以在岗位实习前登录实习单位网站,查看关于其企业文化的相关内容。此外,实习单位也会在入职培训时向实习生宣传单位的企业文化。

（3）了解实习单位的管理制度。

管理制度是企业全体员工在生产经营活动中共同遵守的规定和准则的总称,是企业赖以生存的体制基础,是员工的行为规范。任何一个成功的企业背后都有规范的、创新的管理制度做支持,以规范地管理企业的日常活动,保证各项工作能高效有序地进行。实习生在实习期内也是实习单位的一名员工,应该了解并严格遵守实习单位的管理制度。想要了解实习单位的管理制度,可以登录实习单位网站查阅相关规章制度,也可以向学校的指导教师或到该单位实习过的学长学姐咨询。

3. 了解岗位实习岗位的相关要求

为了更好地完成岗位实习工作,学生应该详细了解岗位实习岗位的相关要求,包括岗位职责、工作时间、应具备的能力要求等,以便在上岗前做好充分的心理准备和能力准备。想要了解岗位实习岗位的相关要求,可以查阅学校下发的岗位实习工作安排,还可以向学校的实习指导教师或企业的实习指导人员咨询。

（二）签订岗位实习协议

1. 岗位实习协议的内容

根据《职业学校学生实习管理规定》,学生参加岗位实习前,职业学校、实习单位、学生三方应签订实习协议。协议文本由当事方各执一份。未按规定签订实习协议的,不得安排学生实习。实习协议应明确各方的责任、权利和义务,协议约定的内容不得违反相关法律法规。

一般来说,岗位实习协议应该包括以下基本内容。

（1）各方基本信息。职业学校的名称、地址、法定代表人或指定负责人及其联系方式;实习单位的名称、地址、法定代表人或指定负责人及其联系方式;实习生的姓名、学号、住址和联系方式等。

（2）实习时间。实习起始与结束的时间,即实习期限。

（3）实习岗位与工作内容、工作时间。

（4）实习期间的食宿和休假安排。

（5）实习报酬及支付方式。

（6）实习期间劳动保护和劳动安全、卫生、职业病危害防护条件。

（7）责任保险与伤亡事故处理办法,对不属于保险赔付范围或者超出保险赔付额度部分的约定责任。

（8）违约责任。

（9）其他事项。

2. 签订岗位实习协议的注意事项

学校统一安排的岗位实习,通常由学校与实习单位商议岗位实习协议的内容并起草岗位实习协议。

学生自行选择岗位实习单位的,一般先由学生与实习单位商议岗位实习协议内容,起草初步的岗位实习协议,然后提交学校审查,再由三方进行商议并确定最终的岗位实习协议。

签订岗位实习协议前,学生要仔细阅读所拿到的岗位实习协议,逐项审查以下内容。

（1）岗位实习单位的基本信息,包括单位名称、地址、法定代表人或指定负责人等,是否与之前所了解的一致。单位的法定代表人或指定负责人是不是有效主体。

（2）实习时间和内容是否与学校的安排一致,实习地点是否与之前所商议的一致,实习期间的食宿安排是否合理。

（3）协议中约定的实习工作时间和休假安排是否符合相关法律法规的规定。

（4）协议中是否明确约定了实习报酬及支付方式。

（5）协议中是否明确了工伤、意外伤害等的责任承担方和保险承担方。

签订岗位实习协议前,对于岗位实习协议中的条款一定要问清弄懂,如果发现有含糊不清或对自己不利的条款,一定要及时指出并要求修改,避免签订"不全协议""模糊协议"等。此外,学生自行选择岗位实习单位的,事先与实习单位商议的协议内容,一定要写入岗位实习协议,切不可只达成"口头协议"。

拓展阅读

　　无锡科技职业学院的学生,毕业后积极投身高新企业,在高新企业的广阔舞台中实现了人生价值。

案　例　一

　　2006年带着对未来的憧憬,季斌斌成为无锡科技职业学院的一分子,正式开启美好的大学生涯。进入学校,季斌斌学习努力、认真刻苦,不仅收获了应对前路的专业技能,还养成了很多好习惯、学会了为人处世的道理,以及不畏困难挑战的勇气和信心。

　　"无锡科技学院老师们扎实的专业功底和敬业的工作态度,令我印象深刻。"季斌斌说,无锡科技职业学院的老师知识渊博、教学风趣,他们会结合学生不同的情况进行指导,融会贯通。"我从老师们身上学到了一个道理,只有务实的态度和严谨的作风才能成事。"务实、严谨也是季斌斌对于学习的态度,没课的日子他常常泡在图书馆,学习的日子让他感到十分充实。

　　为提升语言表达能力和自信心,在老师和同学的鼓励下,季斌斌在第一学期报名参加无锡市科学技术比赛,由于缺乏经验,比赛显得有点紧张,获得了二等奖。但他没有气馁,反复练习,在老师的指导下,再一次参加技能比赛,勇夺江苏机械工业科技进步奖一等奖,并代表学校出赛。

　　天道酬勤,在校期间,季斌斌凭借优异的成绩,获得学院师生一致好评。即使离开学校,在工作岗位上的他依然不断进取,获得美国项目管理协会颁发的PMP项目管理专业人士资格证书。

　　投身企业后,季斌斌充分运用在学校学得的知识技能,快速适应岗位,在研发部担任产品线副总监并在实际工作中不断提升自我,积累了宝贵的经验。

　　2014年参与了公司首台CHS150-M1300串焊机研发,打破了国外光伏串焊机的长期垄断。

　　2014—2020年,应对光伏组件市场工艺变化,对产品进行多代的迭代升

级,参与了单轨串焊机、在线贴膜机、双轨串焊设备、高速串焊、MBB串焊机、大尺寸串焊机、无损激光划片等设备开发。目前串焊机设备市场占有率超50％,产品远销全球29个国家和地区,客户生产基地拓展至将近400个。发明专利3项,实用新型专利28项。

案 例 二

王民震同学来自无锡科技职业学院软件0702班,在校期间,能够积极参加各种社团活动,参与学生会的工作,成绩一直名列前茅。值得一提的是,他做了好几门课的课代表,热衷于协助老师的教学工作。

毕业后也是积极学习、提升自己。王民震先是参加NIIT的相关软件开发培训,在工作中也拿到了厦门大学本科学历。刚开始尝试编程的工作,由于性格外向,意外接到软件公司销售岗位的面试电话,就到无锡一家软件公司从事起了软件销售工作,起初他觉得自己并不擅长做业务,打个电话都紧张,经过一个月的坚持,5位同时入职的同事只有王民震一个人转正并留了下来。这件事对于初出茅庐走上工作岗位的他触动很大,从此,王民震变得非常自信,领导也很欣赏他。

由于出色的工作业绩和突出的表现,王民震先后就职于上海有孚计算机股份有限公司,担任无锡公司销售经理;在世界500强外企Symantec北京有限公司担任苏州区域销售经理;担任江苏艾倍科科技股份有限公司营销总监,带领团队从事物联网工作。这也是他第一次将物联网、大数据、云计算的应用结合到一起,对此有了深刻的理解。后又受邀到了江苏太湖慧云数据系统有限公司担任副总经理一职,带领团队将公司做成苏南阿里云第一大服务商、微软无锡第一家金牌服务商。目前就职于中国云计算独角兽企业华云数据控股集团有限公司,担任江苏公司副总经理职务,管理50人的销售团队。

（资料来源:无锡科技职业学院微信公众号）

思考题

1. 能在高新企业中大展拳脚的高职毕业生有什么共同点?

2. 说说你想去哪个岗位实习,并想一想实习过程中要注意什么。

实践任务

活动一:

根据自己的专业,利用网络、学校相关部门等多种渠道,对学校周边的企业情况进行调研,结合自己的专长、爱好、职业兴趣寻找适合自己的实习岗位,思考本次实习的目的、意义和期待的收获,并且考虑实习的安全保障措施,撰写一份实习计划。

活动二:

有人认为,做兼职可以锻炼自己的能力,增加人生阅历,也可以解决一部分生活费问题,何乐而不为。也有人认为,学生还是要以学业为主,不能本末倒置。如果单纯为了赚钱而去兼职,则是一种时间上的浪费。有这个时间,多看点书,拿到的奖学金及其他资源的回报是兼职所不能比拟的。

请以班级为单位,进行一次"大学生兼职,体验还是浪费?"辩论赛。

模块二　办公设备

不会用打印机，是这届职场人共同的伤疤

和领导的尴尬电梯社交一般不会超过 2 分钟，在打印机面前手足无措的尴尬，能让你怀疑自己的智商。

虽然这届年轻人是互联网原住民，电脑、电视、手机、游戏机各类电子产品玩得那叫一个溜，可一到打印机面前立马智商归零，吃鸡玩农药时灵活操作的脑子此刻再也不顶用了。

有一次老板要开会，让小墨出去打印一下本次会议要讨论的内容，分发给参会者。当她战战兢兢走到很像打印机的东西前边，一刹那恍然、无奈、着急……偌大的打印机居然不知道咋用。当下立刻怀疑自己是否受过 9 年义务教育："这东西也没人教我啊，唉，这东西不会不用人教吧。是不是我太笨？"

"啊，打印机怎么用？啊，复印呢？啊，扫描是什么？啊，没纸了？啊，怎么放纸？啊，没墨了？啊，什么是墨？为什么没人告诉我啊，好歹给我个说明书啊！"

前段时间的一部职场剧《平凡的荣耀》中，白敬亭饰演的职场小白也不会用打印机，只能偷偷瞄别人跟着做。可怜的样子像极了初入职场的我们。在弹幕互动里，多少人纷纷表示"太真实了，我也不会用打印机"。在互动问题"你会使用公司打印机吗？"下，有 4.8 万人点了"不会"。

打印机、投影仪、传真一体机、复印机、扫描仪等是最基本的办公设备，无论从事何种工作，都会和它们打交道。操作这些设备虽然是小技能，在某些企业也有专职人员管理这些设备，但是掌握这样的小技能会让你在某些

场合避免尴尬,给你的职场生活加分。这些办公设备的种类型号多样,不同型号的设备其功能和使用略有差异,但是一种设备有其基本的使用方法。了解这些设备基本的使用方法后,再对照某一型号的产品说明书或者向会使用这些设备的人员请教,即可较快上手使用这些设备。

一、打印机使用

(一)设置打印机

(1)将打印机连接至主机,打开打印机电源,通过主机的"控制面板"进入"打印机和传真"文件夹,在空白处单击鼠标右键,选择"添加打印机"命令,打开"添加打印机向导"窗口。选择"连接到此计算机的本地打印机",并勾选"自动检测并安装即插即用的打印机"复选框。

(2)此时主机将会进行新打印机的检测,很快便会发现已经连接好的打印机。根据提示将打印机附带的驱动程序光盘放入光驱中,安装好打印机的驱动程序后,在"打印机和传真"文件夹内便会出现该打印机的图标了。

图 4-2　打印机

(3)在新安装的打印机图标上单击鼠标右键,选择"共享"命令,打开打印机的属性对话框,切换至"共享"选项卡,选择"共享这台打印机",并在"共享名"输入框中填入需要共享的名称,例如CompaqIJ,单击"确定"按钮即可完成共享的设定。

(二)设置共享打印机

(1)两台机器确定已经连成局域网,在同一个工作组,而且保证可以互访。

(2)在连接打印机的电脑上确保正确安装了打印机驱动,而且正常使用。

(3)查看网上邻居—属性—本地连接属性里的"Microsoft 网络的文件和打印机共享"是不是勾选了。

(4)打开我的电脑—控制面板—打印机和传真,这里我们必须将其设置为默认的打印机。如果不是默认打印机,请点击鼠标右键,设置为默认的打印机。

（5）选择打印机属性，然后点共享后，选择共享打印机。切记，如果不是 XP 系统的话，在下一步时需要安装其他驱动。

（三）设置使用共享打印机的电脑

（1）打开我的电脑—属性—计算机名，看看两台电脑的工作组是否一样。

（2）打开网上邻居，查看工作组和计算机。

（3）打开对方计算机会看到被共享的打印机，双击就可以安装这个共享打印机的驱动了。安装好后，打开电脑—控制面板—打印机和传真机，就会发现网络打印机已经添加好了。

（四）故障处理

1. 卡纸处理

打印过程中若发现卡纸故障，可将打印机盖打开，将卡在打印机内的纸抽出来，再关上打印机盖，故障即可排除。若频繁出现故障就要用干布清洁打印机的电晕丝和送纸轨道及进纸搓纸橡皮轮。

2. 外部清洁

平时要经常用干布将打印机中的纸屑和灰尘抹去，并打扫电晕丝等。只有这样才能保证激光打印机的正常使用，并延长其寿命。

二、投影仪使用

（一）投影仪的连接

（1）将投影仪连接电源。

（2）将投影仪与电脑连接，通过 VGA 连接线（也就是两头都是梯形口 15 针的线）连接到投影仪的 VGA 接口上。

（3）打开投影仪，按电源开机，电源指示灯变为绿色时，投影仪启动。

（4）进入启动完成界面后，按回车按钮（投影仪上的 Enter 键），进入使用界面。

图 4-3 投影仪

（二）调试投影仪

（1）图像清晰度调节、图像大小调节。

图像的大小与投影仪距投影幕布之间的距离理论上是离得越远图像越大，但是需要根据现场的实际使用情况调试。

（2）通过投影仪上的梯形调试按钮可以调节图像的形状。

（三）投影仪的正确使用

（1）一定要等待 2—3 分钟，让风扇停止运转，再关电源或拔下电源线。

（2）冷却风扇停止运转前，请勿将电源总开关切到关的位置，不可将电源线拔掉。

（3）投影机在使用 40 小时后，最好将其底部防尘罩进行清洗。具体清洗方法见说明书。

（4）使用有实物投影的投影机，收投影臂时一定要将 UNLOCK 键按下，否则会毁坏实物投影臂的内部开关，造成实物投影无法使用。

（5）切勿将投影机底部及后部的通风口堵住。不要将投影机放在较软的支持物（如沙发、床等）上，以保证通风顺畅。

（6）请勿用手调整电动镜头。

（四）投影仪故障处理

（1）确认将 VGA 线（接头为 15 针的线缆）与笔记本电脑连接。

（2）按笔记本电脑的功能键"Fn"＋"F2/F3/F4/F7"等，不同笔记本切换键有所不同。但功能键（F1—F8）上会有一个键印有两个屏幕的图标，若按了没有效果，则可能是笔记本的快捷键没有驱动，此时则参考附件解决方法。

（3）切换不了有可能是因为笔记本本身的分辨率太高，建议调整为 1024＊768；电脑本身的屏幕刷新率可能太高了，建议调成 70Hz 以下 。

（4）投影图像偏色主要是 VGA 连接线的问题。检查 VGA 线与电脑、投影仪的接口处是否拧紧。若问题还存在，那就再去买一根质量好一点 VGA 线。

三、传真一体机使用

（一）发送传真

（1）将文稿引导板的宽度调节至文稿尺寸。

（2）将文稿正面向下插入（最多 10 页），直到传真机发出声音并抓住文稿为止。

（3）如果需要，请反复按"＋"或"－"选择需要的清晰度。

（4）拨打传真号码，当听到传真音时，按"传真/开始"键；当对方应答你的呼叫时，请求对方给信号，听到传真音时，按"传真/开始"键。

（5）不要发送下列纸张类型的文稿：复写纸等化学处理纸；表面带有涂膜的纸张；图像模糊的纸张；严重卷曲、褶皱的纸张。

图 4－4　传真一体机

（二）接收传真

1. 手动接收传真

接到发送方打来的电话后，听到传真音，按"传真/开始"键；可挂放电话，等待接收。

2. 自动接收传真

反复按"自动接收"，直至显示下面的信息：FAX ONLY MODE ▼ ON。

（三）进行复印

（1）将文稿引导板的宽度调节至文稿尺寸。

（2）将文稿正面向下插入（最多 10 页），直到机器发出声音并抓住文稿。

（3）选择需要的清晰度。

（4）按"复印"，如果需要，请输入复印页数（最多 50 页）。

（5）按"开始"或等待 15 秒，传真机开始复印。

（四）传真机的维护

1. 不要频繁开关机

因为每次开关机都会使传真机的电子元器件发生冷热变化，而频繁的冷热变化容易导致机内元器件提前老化，且每次开机的冲击电流也会缩短传真机的使用寿命。

2. 禁止在使用过程中打开合纸舱盖

使用中请不要打开纸卷上面的合纸舱盖，如果真的需要必须先按停止键以避免危险。打开或关闭合纸舱盖的动作不宜过猛。因为传真机的感热记录头大多装在纸舱盖的下面，合上纸舱盖时动作过猛，轻则会使纸舱盖变形，重则会造成感热记录头的破裂和损坏。

3. 纸张无法正常退出

可能原因有进纸器部分有异物阻塞，原稿位置扫描传感器失效，进纸滚轴间隙过大等。另外，应检查发送电机是否转动，如不转动则需检查与电机有关的电路及电机本身是否损坏。

4. 电话正常使用，无法收发传真

如果您的电话与传真机共享一条电话线，请检查电话线是否连接错误。请将电信局电话线插入传真机标示"LINE"的插孔，将电话分机插入传真机标示"TEL"的插孔。

5. 传真机功能键无效

首先检查按键是否被锁定，然后检查电源，并重新开机让传真机再一次进行复位检测，以清除某些死循环程序。如果还不能解决问题，请送修检查。

6. 接通电源后报警声响个不停

出现报警声通常是因为主电路板检测到整机有异常情况，可按下列步骤处理：检查纸仓里是否有记录纸，且记录纸是否放置到位；纸仓盖、前盖等是否打开或合上时不到位；各个传感器是否完好；主控电路板是否有短路等异常情况。

四、复印机使用

（一）复印功能

1. 如何正确放置需要复印的文件

正面朝上放置在双面进入器上或正面朝下放置在原稿台玻璃上。

2. 复印基本操作

复印—放置要复印的文件—指定所需的复印设置（如选择纸张类型、缩放比例、单面/双面）—使用数字键盘输入所需份数—开始。

3. 如何复印身份证

复印—放置身份证—混合/原稿—2合 1—基本—缩放—x1.0—开始—扫描下一页—反转身份证—开始—完成。

图 4-5　复印机

4. **如何把单面文件印成双面文件**

复印—单面/双面—原稿选择单面、副本选择双面—开始。

5. **如何把双面文件印成单面文件**

复印—单面/双面—原稿选择双面、副本选择单面—开始。

6. **如何把 A3 纸印成 A4 纸（不同尺寸纸张的转换跟此方法一样）**

复印—放置要复印的文档—缩放—A3A4—开始。

（二）常见问题故障

1. **补纸方法**

复印机纸槽上有相应的纸张尺寸刻度，例如，当补充 A4 纸的时候，纸槽的弹簧夹应该放置在 A4 纸刻度上，不然复印机会有鸣叫声提示纸张放置不正确。

2. **卡纸的处理方法**

卡纸时，机器会发出鸣叫声，显示器上会显示机器图案及发生卡纸的位置，此时可根据提示进行拔纸处理。当必须打开机壳才能拔纸时，请切勿触摸内部元件，因为部分元件非常烫。

五、扫描仪使用

（一）扫描图像

驱动装好后，用应用软件来获得扫描仪扫描的图像。最简单方便的就是用 Windows 系统自带的"画图"软件来进行。自然，也可以用专业的图形图像软件，如 Photoshop 来获得扫描的图像。下面就以"画图"软件为例来讲解如何获得扫描的图像。

（1）在 Windows XP 操作系统下，单击"开始"—"所有程序"—"附件"—"画图"，弹出"画图"软件的窗口。

（2）单击"文件"菜单栏上的"从扫描仪或照相机"命令，弹出扫描仪的窗口。

（3）窗门里面有 4 个选项，对应我们要扫描的原稿类型。如果要扫描一张彩色照片，就选择"彩色照片"项，把照片放到扫描仪中，盖上盖子，并单击"预览"按钮。此时扫描仪

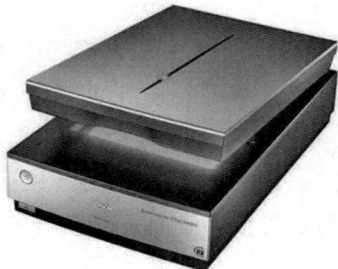

图 4-6 扫描仪

就开始预览,预扫描的图片则出现在右侧的预览框中。

(4)移动、缩放预览框中的矩形取景框至合适大小、位置,选择要扫描的区域。选择好后,单击"扫描"按钮,此时扫描仪就开始扫描,屏幕显示扫描进度。

(5)扫描完成后,图片出现在"画图"软件窗口小的图片编辑区域,就可以对图片进行修改、保存等操作。

(二)扫描文字

扫描仪还有个非常有用的功能,即文字识别 OCR 功能(Optical Character Recognition,光学字符识别),可把印刷体上的文章通过扫描转换成可以编辑的文本,这样大大方便了文字录入工作者。要实现文字识别,除了安装好扫描仪的驱动和扫描仪的应用软件外,还要安装 OCR 文字识别软件才可以。

(1)扫描文稿。

为了利用 OCR 软件进行文字识别,可直接在 OCR 软件中扫描文稿。运行 OCR 软件后,会出现 OCR 软件界面。将要扫描的文稿放在扫描仪的玻璃面上,使要扫描的一面朝向扫描仪的玻璃面并让文稿的上端朝下,与标尺边缘对齐,再将扫描仪盖上,准备扫描。点击视窗中的"扫描"键,即可进入扫描驱动软件进行扫描,其操作方法与扫描图片类似。扫描后的文档图像出现在 OCR 软件视窗中。

(2)适当缩放画面。

文稿扫描后,刚开始出现在视窗中的要识别的文字画面很小,首先选择"放大"工具,对画面进行适当放大,以使画面看得更清楚。必要时还可以选择"缩小"工具,将画面适当缩小。

(3)调正画面。

各类 OCR 软件都提供了旋转功能,使画面能够进行任意角度的旋转。如果文字画面倾斜,可选择"倾斜校正"工具或旋转工具,将画面调正。

(4)选择识别区域。

识别时选择"设定识别区域"工具,在文字画面上框出要识别的区域,这时也可根据画面情况框出多个区域。如果全文识别则不需设定识别区域。

(5)识别文字。

单击"识别"命令,则 OCR 会先进行文字切分,然后进行识别,识别的文字将逐步显示出来。一般识别完成后，会再转入"文稿校对"窗口。

（6）文稿校对。

各类 OCR 软件都提供了文稿校对修改功能，被识别出可能有错误的文字用比较鲜明的颜色显示出来，并且可以进行修改。有些软件的文字校对工具可以提供字形相似的若干字以备选。

（7）保存文件。

用户可以将识别后的文件存储成文本（TXT）文件或 Word 的 RTF 文件。

（三）常见问题

（1）打开扫描仪开关时，扫描仪发出异常响声。

这是因为有些型号的扫描仪有锁，其目的是锁紧镜组，防止运输中震动。因此，在打开扫描仪电源开关前应先将锁打开。

（2）扫描仪接电后没有任何反应。

有些型号的扫描仪是节能型的，只有在进入扫描界面后灯管才会亮，一旦退出后会自动熄灭。

（3）扫描时显示"没有找到扫描仪"。

此现象有可能是先开主机、后开扫描仪所导致，重新启动计算机或在设备管理中刷新即可。

（4）扫描仪分辨率与打印机分辨率的区别

扫描仪的分辨率的单位严格定义应当是 ppi，而不是 dpi。ppi 是指每英寸的 pixel 数，对于扫描仪来说，每 1 个 pixel 不是 0 或 1 这样简单的描述关系，而是 24bit、36bit 或 CMYK（1004）的描述。打印机的分辨率的 dpi 中的 d 是指英文的 dot，每一个 dot 没有深浅之分，只是 0 或 1 的概念。而对于扫描仪来说，1 个 pixel 需要若干个 4 种 dot（CMYK）来描述，即一点的色彩由不同的 dot 的疏密程度来决定。所以，扫描仪的 dpi 与打印机的 dpi 概念不同。用 1440dpi 的打印机输出 1∶1 的图像，扫描时用 100－150dpi 的扫描仪即可。

（5）扫描仪在扫描时出现"硬盘空间不够或内存不足"的提示。

首先，确认硬盘及内存是否够，若空间很大，请检查您设定的扫描分辨率是否太大造成文件数据量过大。

（6）扫描时噪声奇大。

拆开机器盖子，找一些缝纫机油滴在卫生纸上，将镜组两条轨道上的油垢擦净，再将缝纫机油滴在传动齿轮组及皮带两端的轴承上（注意油量适中），最后适当调整皮带的松紧。

（7）扫描时间过长。

检查硬盘剩余容量，使硬盘空间最佳化，先删除无用的 TMP 文档，做 Scandisk，再做 Defrag 或 Speed Disk。请注意，如果最终实际扫描分辨率的设定高于扫描仪的光学分辨率，则扫描速度会变慢，这是正常现象。

拓展阅读

办公室里的黑科技
——BOE 智能会议一体机、BOE 智能墨水屏、智能云打印

领导安排 Sunny 组织与合作商的远程会议。由于疫情影响应减少人员聚集，本次采取远程视频会议。Sunny 提前半小时使用零秒 LIMO 小程序在线预订好会议室，将小程序会议邀请函发给了需要参会的同事，并将会议信息、参会人员信息录入会议室中的 BOE 智能会议门牌和桌牌上。

图 4-7　线上会议室

在会议室，Sunny 调试好 BOE 智能会议一体机，通过内置的视频会议软件，邀请合作商加入视频会议，并通过电脑将 PPT 一键投屏（无须连线）到屏幕上同步共享。会议开始后，领导在沟通过程中，通过手机将相关图片、音视频文件一键投屏到会议中，所有参会人员可实时查看，共享使用。

会议结束后,Sunny 使用会议记录扫码分享功能记录下会议内容。本次的会议视频也实行了一键录制,扫码可分享并反复观看。

Sunny 整理好本次会议记录,使用智能云打印在线打印,再利用文印区的打印机扫码领取会议文档,并交给领导汇报。

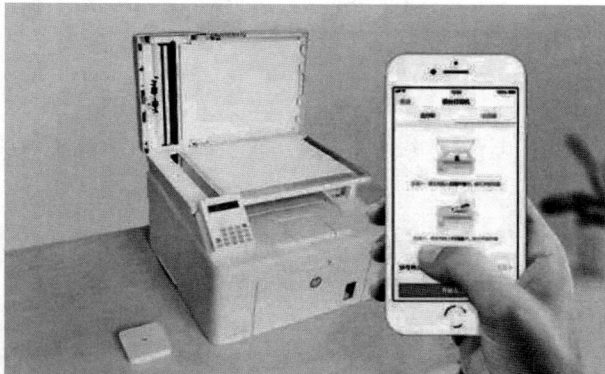

图 4-8　智能云打印

（资料来源:百家号,内容有改动）

思考题

上述材料体现出办公设备具有怎样的发展趋势? 这种发展趋势需要职场人具有怎样的能力?

实践任务

选择一台办公设备,阅读该设备纸质说明书,或者上网下载电子版说明书,结合本项目模块四的内容,完成该设备的一项使用:如复印一份文件或扫描一份文件或连接一个投影设备和笔记本电脑实现投影等。完成后写一份使用心得。

模块三　安 全 生 产

全国人大代表、东风商用车有限公司"王涛班"班长王建清：

弘扬"主人翁"精神"我的安全我做主"

"安全当然是工匠精神的题中之义。它是工匠精神在操作实践中最重要的一部分。"去年全国两会时，给总理送车模、用实际行动诠释现代工匠精神的全国人大代表、东风商用车有限公司车辆工厂调检一车间"王涛班"班长王建清谈工匠精神时如是说。今年，他带着一份关于新时期如何加强员工文化建设、弘扬"主人翁"精神的议案上会。在这份议案中，"主人翁"精神可谓是"题眼"。

"作为一名来自生产一线的全国人大代表，安全生产工作一直让我记挂于心，而'我的安全我做主'就是'主人翁'精神的体现。"在准备今

图 4-9　"王涛班"班长王建清

年的议案时，王建清走访了一些企业，不管是公有制企业还是私有制企业，很多人对于"主人翁"精神究竟是什么，还很迷茫。一些员工认为，企业是老板的，自己又不是主人，没必要弘扬"主人翁"精神。

"如果很多员工发现隐患问题后不指出，觉得多一事不如少一事，就会导致安全风险累积。如果大家都秉持'主人翁'精神，把自己当作企业的管理者，问题就会像过街老鼠，人人喊打，安全管理水平自然就上去了。"王建清认为，弘扬"主人翁"精神，建设员工文化十分必要。

"习近平总书记常说，好的'家风'十分重要，安全文化建设就是企业'家

风'建设的一部分。"王建清坦言,有好"家风"的班组,凝聚力往往较强,也更能培养员工的"主人翁"精神。"我们一个班组一年要调检近 5 万辆车,这么多车能安全出厂,靠几名先进员工是不够的,必须要全员凝心聚力齐上阵。"

王建清时刻牢记自己肩上扛着作为全国人大代表的沉甸甸的责任。他认为,好的"家风"离不开思想层面的建设。在平时工作中,他隔三岔五与工友谈心,将大家最关心的问题作为每年议案的主题,还利用班前会、班后总结等机会,把党和国家对产业工人和安全生产工作的新要求、新政策,及时传达给身边的工友。"大家及时、深入了解国家的好政策,心里就敞亮了,干活也有劲了,责任心也更强了。"王建清笑着说。

对于员工"主人翁"精神的弘扬,王建清认为,仅有好的"家风"不够,还要有能发挥先锋模范作用的榜样。这是他根据调研情况,在今年的议案中着重提出的。在他工作的东风商用车有限公司车辆工厂,有一个由各级劳模构成的"王涛班"。在调检一班当了 12 年班长的王建清,2005 年被委任为"王涛班"班长。这个班本身就是精英班组,在带领大家提高技术水平、保障生产安全方面,王建清深感责任重大。

2014 年,王建清开始在班组内推行网格化管理。他将工作片区划分成 50 多个网格,班组内每个人负责 1 个网格。"这样每个人都有安全管理重点,他们还能发现别人在安全管理和操作中存在的一些问题,然后一起分析解决。"王建清认为,"王涛班"是标杆,如果全国各地有越来越多的先进班组弘扬"主人翁"精神,势必能带动更多工友助力安全生产。

"弘扬'主人翁'精神,对于眼下技术工人的培养十分重要。"王建清说。劳动者素质对于国家、民族的发展至关重要。技术工人队伍是支撑中国制造、中国创造的基础,对推动经济高质量发展具有重要作用。"如果我们培养了越来越多重视安全、技术过硬、把工厂当成自己家、变'要我安全'为'我要安全'的高水平技术工人,那么中国制造业的明天一定会更美好。"王建清激动地说。

（资料来源：中国应急管理报,内容有改动）

从中国制造到中国创造,伟大的时代正在书写新的篇章,而安全对于生产的重要性从未变过,就如上文中王建清所说:"光讲生产不讲安全肯定不行,如果没有生产,安全无从谈起。怎样在安全的前提下提升效率,才是关键。"同学们可以思考:"大国工匠"和安全生产有什么关系?

一、安全生产发展现状

党的十九大以来,党和国家进一步健全完善了安全生产方针政策和法律法规,并从体制、机制、规划、投入等方面,采取一系列举措加强安全生产;各级党委政府高度重视,加强领导、落实责任;各重点企业和广大生产经营单位依法依规、履行职责;社会各界关注支持、参与监督。经过努力,安全生产的理论、法律、政策体系得到建立和形成,安全监管体制机制不断健全完善,形成了以安全发展为核心的安全生产理论体系、以"两个主体"和"两个负责制"为内容的安全工作基本责任制度,安全生产状况趋于稳定好转。

与社会主义市场经济相适应的安全生产法律体系逐步健全完善。目前,一部主体法即安全生产法,以及劳动法、煤炭法、矿山安全法、电力法、建筑法等十余部专门法律中都有安全生产方面的规定,有《国务院关于特大安全事故行政责任追究的规定》《安全生产许可证条例》《煤矿安全监察条例》《关于预防煤矿生产安全事故的特别规定》《危险化学品安全管理条例》《烟花爆竹安全管理条例》《民用爆炸物品安全管理条例》《道路交通安全法实施条例》和《建设工程安全生产管理条例》等50多部行政法规、上百个部门规章。标本兼治、重在治本的安全生产政策体系趋于形成。《安全生产十二项治本之策》出台以来,由国务院办公厅转发或相关部门联合制定下发的安全生产工作政策性、规范性文件将近37份,在高危行业安全费用提取、安全风险抵押、煤炭资源有偿使用、煤层气开发利用、工伤责任保险、农民工技能培训、煤炭专业人才培养、中央企业安全业绩考核等方面,出台了一系列政策措施。

二、常见的劳动安全问题

(一)解读劳动安全规程

劳动安全技术规程是指国家为了保护劳动者在劳动过程中的安全,防止伤亡事故发生所采取的各种安全技术保护措施的规章制度,包括工厂安全技术规程、矿山安全技术规程和建筑安装工程安全技术规程等。

劳动过程的复杂性,决定了劳动设备、劳动条件也具有复杂性。由于各行各业的生产特点和工艺过程有所不同,需要解决的劳动安全技术问题也有所不同。因此，国家针对不同的劳动设备和条件以及不同行业的生产特点，规定了适合各行业的安全技术规程，主要有《工厂安全卫生规程》《建筑安装工程安全技术规程》《矿山安全条例》《中华人民共和国矿山生产法》《乡镇煤矿安全生产若干暂行规定》《起重机械安全规程》《剪切机械安全技术规程》《磨削机械安全规程》《压力机的安全安置技术条件》《木工机械安全装置技术条件》《煤气安全规程》《橡胶工业静电安全规程》《工业企业厂内运输生产规程》《爆破安全规程》等，《中华人民共和国劳动法》第六章"劳动安全卫生"对安全技术规程也做了原则规定。这些规程主要包括以下方面的安全：建筑物和通道的安全、机器设备的安全、电气设备的安全、动力锅炉和气瓶的安全、建筑工程的安全、矿山安全。这些规程都可在网上找到，可在课后查阅学习。

（二）在校学生安全权益保障与维护

1. 实习期间的权益保障

（1）实习期内实习时间的约定。可约定每日不超过 8 小时，如确因特殊情况超过 8 小时的，实习单位应参照加班工资的计算方式向实习生支付报酬。

（2）实习期间实习报酬的约定。约定实习期内实习单位每月向实习生支付合理的实习报酬，拖欠实习报酬的负违约责任。

（3）实习过程中实习生发生伤亡的处理。这部分内容非常重要。从实习生权益保护角度出发，可与实习单位约定发生伤亡事故的，由实习单位比照工伤保险待遇的标准支付伤亡待遇，以避免法律依据缺失导致实习生权益受损。

（4）实习生在实习期知识产权归属的约定。

（5）发生纠纷的处理。可约定友好协商及诉讼的处理方式。

（6）实习单位与实习生签订一份实习协议也是很重要的，在协议中明确实习报酬的标准、实习纪律的约定、实习生过错造成单位经济损失的处理、实习生人身意外保险的约定、学校在实习过程中的职责要求及学校的法律责任等，有了一份完善的实习协议，可以在发生纠纷时有约可依，更好地处理争议。

2. 岗位学习的权益保障

大学生兼职时合法权益常常得不到有效保障。现在，各种各样的"黑中介""黑单位"让人防不胜防,学生兼职权益受侵害的例子也是不胜枚举。学生课外兼职过程中经常发生的权益受侵害现象主要表现为:中介公司收取中介费后敷衍、搪塞,没能提供相应的工作信息;中介抽取佣金过高,甚至收取中介费后人去楼空;用人单位经常拖欠工资或有严重克扣工资现象,或者等到学生工作一段时间后将其辞退,滥用试用期;更有甚者,用人单位收取培训费、服装费甚至押金等后,却不聘用学生,借此谋利。

高校和实习企业要为学生提供必要的条件及安全健康的环境,不得安排学生到娱乐性场所实习,不得违规向学生收取费用,不得扣押学生财物和证件。实习前,高校应当为学生购买实习责任险或人身意外伤害险,加强跟岗、岗位实习管理。

严格遵守工作时间和休息休假的规定,除临床医学等相关专业及实习岗位有特殊要求外,每天工作时间不得超过 8 小时、每周工作时间不得超过 44 小时,不得安排加班和夜班。要保障岗位实习学生获得合理报酬的权益,劳动报酬原则上不低于相同岗位试用期工资标准的 80%。

三、5S 管理与劳动安全

"5S"是整理(Seiri)、整顿(Seiton)、清扫(Seiso)、清洁(Seiketsu)和素养(Shitsuke)这 5 个词的缩写。

5S 起源于日本,是指在生产现场对人员、机器、材料、方法等生产要素进行有效管理,这是日本企业独特的一种管理办法。"5S"管理的对象是现场的"环境",它对生产现场环境全局进行综合考虑,并制订切实可行的计划与措施,从而达到规范化管理。

5S 管理的五大效用也可归纳为 5 个 S,即:Safety(安全)、Sales(销售)、Standardization(标准化)、Satisfaction(客户满意)、Saving(节约)。可以说,5S 是现场管理的基础,是 TPM(全员参与的生产保全)的前提

整理 SEIRI	有用无用	区分清楚	腾出空间	防止误用
整顿 SEITON	有用物品	准确定位	用完归位	再取便捷
清扫 SEISO	见污即除	保养设备	环境优美	心情舒畅
清洁 SEIKETSU	干净亮丽	六面整洁	行为文明	创造优质
素养 SHITSUKE	以人为本	贵在自觉	点滴做起	重在执行

图 4-10　5S 管理常用宣传标语

5S的五个要素之间是从低级到高级的,这些要素与安全生产其实是息息相关的。整理的含义是区分必需品和非必需品,现场不放置任何非必需品,这是保证现场安全生产的基础和前提;整顿的含义是将必需品放于任何人都能取到的位置,使寻找时间为零,安全及消防设施的放置不仅要醒目,而且要易取,以在应急处理中能容易取得,这是安全生产的要求;清扫的含义是使工作现场干净整洁,将设备保养完好,可以排除安全隐患;清洁的含义是将整理、整顿、清扫进行到底,并且标准化、制度化,清洁是巩固整理、整顿、清扫的必要手段,制订完善安全管理制度、落实安全责任,是生产长治久安的根本保证;素养的含义是养成良好的习惯,即养成具有高效率和安全意识的习惯,这是消除习惯性违章的武器。

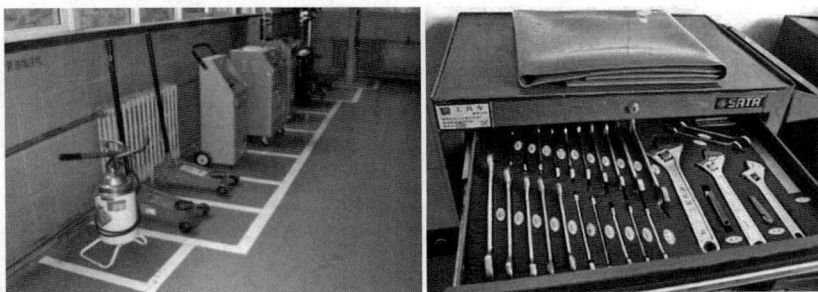

图4-11　5S管理现场示范

拓展阅读

案例一:黑龙江凯伦达科技有限公司"4·21"较大中毒窒息事故

2021年4月21日13时43分,黑龙江省绥化市安达市黑龙江凯伦达科技有限公司在三车间制气釜停工检修过程中发生中毒窒息事故,造成4人死亡、9人中毒受伤,直接经济损失873万元。发生原因是,在4个月的停产期间,制气釜内气态物料未进行退料、隔离和置换,釜底部聚集了高浓度的氧硫化碳与硫化氢混合气体,维修作业人员在没有采取任何防护措施的情况下,进入制气釜底部作业,吸入有毒气体造成中毒窒息。救援过程中,救援人员在没有采取防护措施的情况下多次向釜内探身、呼喊、拖拽施救,致使现场9人不同程度中毒受伤。

主要教训:一是涉事企业法律意识缺失、安全意识淡薄。未落实安全生产主体责任,违规组织受限空间作业,作业前作业人员未申请受限空间作业票。二是安全风险辨识和隐患排查治理不到位。凯伦达公司未按规定要求开展自检自查，未辨识出三车间制气釜检修存在氧硫化碳和硫化氢混合气体中毒窒息风险，未制定可靠防范措施。三是安全管理混乱。凯伦达公司未按规定设置分管安全生产负责人，安全管理制度不完善，未建立安全风险管控制度。四是涉事企业对作业人员岗位培训不到位，应急处置能力严重不足。未组织开展应急预案培训及演练，作业现场未配备足够的应急救援物资和个人防护用品。五是地方党委政府未统筹好发展和安全的关系。安全发展理念不牢，红线意识不强，化工项目准入门槛低且把关不严，在安全基础薄弱、安全风险管控能力不足的情况下，盲目承接异地转移的高风险化工项目。

（资料来源：光明网，内容有删改）

案例二：19 所高校获批建设应急管理学院，唯一一所高职入围

2020 年 3 月，教育部规划中心公布 2020 年首批应急安全智慧学习工场暨应急管理学院建设名单，全国 19 所高校入选。

2019 年 9 月 29 日，教育部学校规划建设发展中心联合应急管理部宣传教育中心指导国育华可智慧科技有限公司共同启动"应急安全智慧学习工场（2020）"项目，为国家安全体系构建和安全产业升级提供人力资源保障，培育经济增长新动能。

经过 5 个月的紧张工作，项目一期重点工作——全国范围内应急管理学院申报与考察工作顺利进入尾声，项目组领导、专家在 30 余所申报院校中，通过背景调查、实地考察、初期评估、专家评估、综合评估 5 大科学工作步骤，从"学校发展历史及办学基础条件""应急安全相关专业及学科建设条件""师资及生源条件""平台建设交付能力"四大维度综合考量，最终遴选出 19 所高校。

这 19 所学校中，共有 5 所双一流高校入围，分别是太原理工大学、南京信息工程大学、中国矿业大学、西北大学、中国海洋大学。此外，华北科技学院和防灾科技学院均为应急安全领域全国综合性大学。

集美大学、济南大学、昆明理工大学、大连交通大学、辽宁石油化工大学、沈阳化工大学、辽宁工业大学、河北工程大学、西安科技大学、吉林建筑大学等高校均为各地重点建设高校，在应急管理领域具有一定实力。此外，还包括 2 所特色应用型院校:滁州学院和浙江安防职业技术学院。

表 4-3　"应急安全智慧学习工场(2020)"暨应急管理学院建设首批试点学校名单

序号	学校名称	省份
1	滁州学院	安徽
2	大连交通大学	辽宁
3	防灾科技学院	河北
4	华北科技学院	河北
5	河北工程大学	河北
6	济南大学	山东
7	集美大学	福建
8	吉林建筑大学	吉林
9	昆明理工大学	云南
10	辽宁石油化工大学	辽宁
11	南京信息工程大学	江苏
12	沈阳化工大学	辽宁
13	太原理工大学	山西
14	西安科技大学	陕西
15	西北大学	陕西
16	辽宁工业大学	辽宁
17	中国矿业大学	江苏
18	中国海洋大学	山东
19	浙江安防职业技术学院	浙江

（资料来源:搜狐网,内容有改动）

思考题

上述案例中,国家为什么要在大学新设应急管理学院?

实践任务

观察一个实习实训场所,根据本项目所学的内容,思考可能会存在哪些方面的安全隐患，该场所采取了哪些措施来避免这些隐患，是否还有做得不足的地方？该如何改进？从 5S 管理的角度，你在这个活动场所活动的时候，你如何做可以增加安全系数保障自身和场所的安全？完成观察和思考后，撰写一份××实习实训场所安全情况汇报。

项目五　劳动教育与社会服务

学习目标

1. 了解志愿服务的含义、特征、育人功能和类型以及新时代志愿服务高质量发展的创新路径。
2. 理解社会实践的内涵与基本形式、运行情况、计划与实施等内容。
3. 了解无锡科技职业学院紧贴无锡高新区、辐射无锡开展社会服务的案例和做法。

模块一　志　愿　服　务

2022年江苏省职业院校技能大赛云计算技术与
应用赛项在无锡科技职业学院顺利举行

2022年1月14日至16日,由江苏省教育厅等14家单位主办、江苏省职业技术教育学会和无锡科技职业学院承办的2022年江苏省职业院校技能大赛高职电子信息类云计算与应用赛项圆满闭幕。此次共有59名本校学生参加志愿活动,他们个个都认真负责,不怕辛苦,表现出色,在这寒冬时节将温暖传递给每一位参赛选手。

此次技能大赛共进行了两天。赛前,无锡科技职业学院精心组织学生志愿者积极参与大赛的准备,我校志愿者主要负责帮助布置会场、协助参赛选手检录、维护现场秩序、安排人员有序入场等。

赛场之外,学生志愿者们为选手以及指导老师提供周到细致的服务并

图5-1　江苏省职业院校技能大赛云计算项目

为本次技能大赛的举办贡献出了自己的一分力量,充分展现了我校志愿者们奉献、友爱、互助、进步的精神!感谢你们!也祝愿新的一年,志愿服务的温暖与关爱常驻人间,共同创造更加美好的明天。

图 5-2　志愿者服务现场

2020 年 3 月,中共中央、国务院印发的《关于全面加强新时代大中小学劳动教育的意见》指出,劳动教育是中国特色社会主义教育制度的重要内容,全党全社会必须高度重视,采取有效措施切实加强劳动教育。2020 年 7 月,教育部印发的《大中小学劳动教育指导纲要(试行)》提出,普通高等学校要引导学生形成马克思主义劳动观,组织学生走向社会,以校外劳动锻炼为主。志愿服务作为高校开展劳动教育的重要载体,能够促进大学生全面、协调发展,是高校开展劳动教育、进行实践育人的重要组成部分。目前,我国的高校志愿服务仍处于起步阶段,发展尚不成熟,需要在发展过程中积极探索,认真剖析各种困难,从而促进其健康稳定地发展。在提倡普通高校全面开展劳动教育的背景下,时代的发展对高校志愿服务育人功能的充分实现和有效发挥提出了新要求、新期望。

一、志愿服务的含义与特征

(一)志愿服务的含义

志愿服务一般是指志愿者服务社会公众生产生活和促进社会发展进步的行为。或者说,志愿服务泛指利用自己的时间、技能、资源、善心为邻居、社区、社会提供非营利、无偿、非职业化援助的行为。志愿服务的范围主要包括：扶贫开发、社区建设、环境保护、大型赛会、应急救助、海外服务等。志愿服务的功能：社会动员、社会保障、社会整合、社会教化，促进社会和谐、促进社会进步。

典型案例 1

创新非遗活态传承路径，实现文化服务强辐射力

无锡科技职业学院身处吴文化发源地，学校始终践行"聚焦高质量，服务高新区；聚焦高水平，服务学生成长成人"的办学初心与价值追求，立足地方文化、结合专业特点，成立"非遗工坊"，开设非遗特色文化课程和非遗技能传承公益课程，举办"着汉家衣裳，兴礼仪之邦"——礼仪文化学堂汉服体验、美照拍摄等活动，将非遗文化与党建工作和教学实践相结合，创新非遗文化传承路径，推进吴地非遗文化传承，提升新吴形象和地方品味。

开设特色文化课程"地方非遗传承与创新"。教学团队依托课程组建"非遗活态传承与文化服务工坊"，带领学生积极活跃在无锡市各级各类文化展会和主题活动日现场，多次协同基层支部建立党建联盟，形成非遗文化在新吴区社区街道的强辐射力，点亮了新时代社区文明实践和党群服务工作。2020 年至今，"非遗工坊"走进新吴区江溪街道、梅村街道各社区开展剪纸、竹刻、泥人彩绘等非遗培训及服务，累计服务 400 人次，真正做到了非遗在新时代的"活态传承"。2021 年 8 月，该教学团队申报的"红色文化融入非遗教学的实践探索""非遗活态传承与文化服务名师工坊"已成功获批无锡市职业教育质量提升攀登计划 2021 年度重点项目（第一批）。

（二）志愿服务的特征

根据上述志愿服务的含义，我们可以概括出志愿服务的几个基本特征。

1. 自愿性

自愿性是指志愿者参与志愿服务是出于本人意愿，是自主的、不受任何行政命令或外力强迫，参与权由志愿者自己控制。自愿性是志愿服务的一个典型特征，也是志愿服务区别于其他公益服务的一个重要特征。自愿性包括有组织的社会动员行为，但动员行为必须充分尊重志愿者的个人意愿。

2. 无偿性

无偿性是指志愿者参与志愿服务的目的不是获取报酬或者盈利，他们

将自己的财富、时间和精力贡献给公益事业，是不求取回报的，是无偿的。志愿者参与志愿服务，虽然不会根据一般社会劳动时间来计算报酬，但为了保证志愿服务能够顺利进行，可以允许给予志愿者适度的餐饮补助、交通补贴等必要性开支。

3. 公益性

公益性是指志愿服务旨在帮助他人、服务社会、维护社会的公共利益，符合社会发展需求，也符合志愿服务的道德伦理和公序良俗。志愿服务虽然具有亲社会性，但其公益性与其他亲社会行为不同。如果志愿活动不具有公益性，就不能称之为志愿服务。

4. 组织性

志愿服务是一种组织性的利他行为。在现代社会，从事志愿服务活动的公民一般都会加入某个志愿服务组织并成为固定会员。组织性已经成为现代志愿服务发展的一个重要特征，说明志愿者从起初的自发自为逐渐向共促共进发展，有效提升了志愿者对群体的认同感，也提高了志愿服务的专业化水平。虽然现代志愿服务越来越具有组织性，但对于"非正式的志愿服务"并不排斥。志愿服务组织的目的是为志愿者搭建一个更专业的实践平台，为社会提供更好的志愿服务。

典型案例 2

"数德艺馨"服务梅里文化宣传

自 2019 年无锡科技职业学院数字艺术学院党总支与梅村街道结成党建联盟单位以来，双方着力探索并深化共建合作内涵，依托以"数德艺馨"为核心的党建引领将服务高新区高质量发展同服务新吴与发挥专业特色相结合，服务梅里文化宣传，师生参与创设"梅里文创创意课堂"，陆续设计开发了"花开梅里"系列文创产品、"红色会客厅"展示系列文创产品，拍摄录制"我的初心故事"主题教育片、"无锡'琴'事"——二胡生产数字化纪录片等作品，并先后组织学生在梅里古镇开展第 26 个"世界防治结核病日"宣教志愿服务、"红色梅里护照"打卡活动志愿服务工作等。项目荣获梅村街道2020 年度唯一一个"党建联盟党建实践创新项目"奖。

图 5-3　学校获梅村街道 2020 年度"党建联盟党建实践创新项目"奖

二、当代大学生志愿服务及志愿精神的特征

志愿服务作为中华传统美德的一种表现形式,对于促进我国社会主义精神文明建设、构建和谐社会有着重要作用。近年来,志愿服务越来越受到党和国家的重视与支持,吸引了众多志愿者踊跃参加。大学生作为我国青年志愿服务的主力军,更是积极投身其中,为我国的志愿服务事业做出了重要贡献,他们身上所体现出的志愿精神具有深刻的内涵和独特性。志愿精神是大学生思想政治教育的重要内容,对当代大学生进行志愿精神培育,能够帮助他们树立社会主义核心价值观、提高道德素质,促进社会道德水平的提升。

当代大学生是志愿者队伍的主力军,因为大学生群体的特殊性,他们在日常的志愿服务活动中所展现的志愿精神有以下特殊性。

(一)进步性

当代大学生志愿者是我国志愿服务队伍的主力,他们在志愿精神的感召下,秉持着对国家和社会的责任与使命,积极参与志愿服务,活跃在各个服务领域,将进步、前卫的思想融入志愿服务中,使得志愿服务更加新颖独特、积极向上、吸人眼球。他们在志愿服务中展现出的志愿精神也具有积极进步的意义。大学生志愿者通过志愿服务帮助他人、服务社会,不仅推动了社会的和谐与进步,还提高了自身的综合素质、提升了自己的道德境界、促进了自身的进步与发展。

(二)示范性

大学生志愿精神不仅在大学校园内部具有示范性,在社会上同样具有示范性。"志愿者"身份对于大学生而言,不是临时性的,而是跟随其一生的。大学生志愿精神在今天的践行就是广大学生群体积极踊跃地投身于援疆援藏、下乡扶贫、抗击疫情、抢险救灾等多种多样的志愿活动中。在这里,他们的人生经历得到刷新和丰富,个人魅力也因此而增强,个体的人生体验更加与众不同。这不仅为高校培育"有理想、有道德、有文化、有纪律"的社会主义建设者和接班人提供了优秀的范例,也为高校增强大学生创新意识理念、实践能力,丰富其社会责任感树立了典型。在其他社会群体眼中,大学生团体是流动的、不断更新的,一代又一代的学生践行着志愿精神理念,这与社会主义核心价值观内容中提倡的德育目标是一致的,是社会发展的主流,它对成熟的社会价值观体系的建造和完善工作起到了引领效果,在不知不觉中给社会提供了模范事例,吸引带动更多的群体参与志愿行动,将志愿行动变成一种常态化的社会存在,让生活中充满德性的暖流和人性的光芒,引领社会的道德新风。

典型案例 3

战"疫"打响,逆行有我

无锡、苏州多地受新冠肺炎疫情影响,疫情防控形势复杂严峻。无锡科技职业学院的志愿者们全力参与疫情防控工作。他们年纪不大,但敢于担当;他们青春稚嫩,却坚忍顽强,他们用自己的方式守护着自己的家园。

数媒 2101 班　尹苏立

为响应疫情志愿服务号召,尹苏立同学参加了梁溪区青年志愿者储备群,成为一名抗疫志愿者。在疫情期间,她利用课余时间在居民楼贴发疫情宣传单、统计居民信息、填写健康证,同时,帮助楼道里的独居老人下载灵锡App,还开了一堂公益演讲课,专门针对不会使用灵锡软件功能的老人们进行讲解。

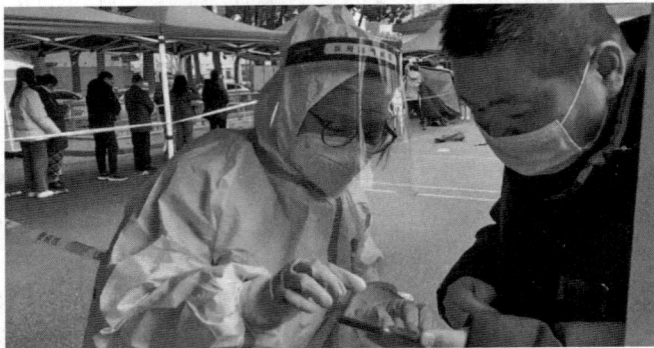

图5-4 尹苏立同学正在给社区居民服务

在无锡疫情暴发期间，尹苏立同学奋战在一线，帮助宁南社区筹备疫情所需，连夜采集社区居民们的核酸检测信息，在现场做引导，还负责前后消杀工作。面罩和眼镜上的雾气阻挡了她的视线，她却没有丝毫抱怨，只是用手轻轻擦去，继续投入工作中。她的奉献精神值得我们敬佩。

跨境2101班　罗静宜

2022年2月中旬，苏州多区暴发新冠疫情，为此苏州开展了全民核酸检测工作。罗静宜同学通过网络志愿者平台报名，成为苏州市姑苏区的一名抗疫志愿者，主要在苏州市姑苏区虎丘街道山塘社区下属虎丘婚纱城点位进行服务。其主要任务为录入核酸检测人员的信息，并且在必要时运送检测样本以及维护检测现场的秩序。疫情来势汹汹，罗静宜同学却能不惧风险毅然决然奔赴第一线，她无私奉献的精神值得我们学习。

（三）时代性

时代性也是大学生志愿精神的一种特性。大学生思维活跃，容易接受新鲜事物，能够掌握并熟练运用时代前沿的先进文化与科技，他们的思想必然会打上特定时代的烙印，反映时代的精神内涵。当前是互联网的时代，数字化对大学生群体的学习、工作和生活产生了极大的影响。腾讯公益、新浪公益、搜狐公益、校园BBS、微博、微信等媒介为大学生志愿者在公益领域的发展提供了更为先进的手段与平台，扩展了大学生志愿服务的领域。大学生志愿者通过网络联动线上与线下，免费提供信息咨询、资源共享、技术指导和精神安慰,并发布社会求助信息、呼吁社会救助、宣传志愿精神,打造了"正义、良知、爱心和理性"的校园文化氛围。大学生参与志愿实践、公众对志愿活动的关注都离不开网络,大学生志愿者强烈的网络参与色彩体现了大学生志愿精神的时代性。

(四)持续性

在大学校园,每当一届毕业生从校园走上社会征途时,新的一批高考后的热血青年又踏入校园中,加入大学生志愿服务队伍,践行志愿精神。因而志愿服务不会缺少参加者,以"奉献、友爱、互助、进步"为主要内容的志愿者精神必将薪火相传、生生不息。我国有句古话"助人者自助",青年学生在做公益、参与志愿活动的同时也收获了成长。"我志愿,我快乐""我志愿,我健康""我志愿,我成长""我志愿,我自豪""我志愿,我美丽"等激动人心的口号被深深地镌刻在志愿者的认知和情感上,志愿精神深深地铭刻在校园精神文化中,影响着大学生的青春时期,甚至会让大学生受益终身。一代又一代的大学生在志愿服务的道路上贡献着自己的力量,用自己的行动改造社会,成为一名合格的志愿文化的宣传者、行动者。

典型案例4

承智强识担责任,献血撒爱靓青春

无偿献血是无锡科技职业学院每年都有的常规志愿服务项目。新一年的献血活动正式开始。11 月 22 日、23 日、27 日爱心献血活动共 3 天,献血人数共计 366 人,献血量共计 121800 ml。科院学子踊跃参加爱心献血活动,献出有限血、传递无限爱。这殷红的热血是献血者奉献精神的体现,也彰显了当代大学生的社会担当和责任。献血站粉衣天使姐姐们温柔细致地进行着验血和抽血工作,为献血者说明献血时容易出现的问题并给予肯定和鼓励。献血现场,身着红色小马甲的志愿者们始终守护在献血学子的身边,帮助他们登记、打印、测血压,提供热饮与小零食,并解答关于献血的疑问。

图 5-5　无锡科技职业学院献血现场

三、劳动教育视域下高校志愿服务的育人功能

(一)培养大学生将社会主义核心价值观内化于心

志愿服务具有不可替代的社会价值,是新时代大力提升高校思政工作质量、服务社会的新途径。2013年,中共中央办公厅印发了《关于培育和践行社会主义核心价值观的意见》(以下简称《意见》),《意见》指出,要以相互关爱、服务社会为主题,围绕空巢老人、留守妇女儿童、困难职工、残疾人等群体,围绕扶贫济困、应急救援、大型活动、环境保护等方面,组织开展形式多样、内容丰富的志愿服务活动,营造和谐文明、活力有爱的社会氛围。志愿服务是大学生从校园向社会过渡的桥梁和纽带,大学生积极投身志愿服务活动,理解与人为善、诚信友爱、爱岗敬业的深刻内涵。在劳动的过程中,不断充实自我、锤炼担当,才能逐渐把握社会主义核心价值观的精神实质,真正将社会主义核心价值观厚植于心。

典型案例 5

第十二届中国青年志愿者优秀个人奖
——中国人民大学青年志愿者协会志愿者特木钦

特木钦带领大学生青年志愿者服务团队完成各项志愿服务300余次,带动3000多名青年参与;发起敬老爱老活动,成立中国人民大学特木钦敬老服务团,帮扶空巢老人1000多位;心系公益,牵手农民工子女共度十三载春秋,与两个小弟弟情同手足,使他们的学习成绩达到优秀;扶贫济弱,为灾区群众、农民工子女、革命老区贫困老党员和需要帮助的困难同学等捐款十余万元;服务国家,参与"一带一路"国际合作高峰论坛、中非合作论坛北京峰会、"伟大的变革——庆祝改革开放40周年"大型展览、新中国成立70周年庆祝活动等重大赛会志愿服务工作。曾受到中共中央总书记、国家主席、中央军委主席习近平的亲切接见,新华社、《人民日报》《光明日报》、中央电视台等主流媒体多次进行先进事迹报道。

(二) 促进大学生专业知识的深化和实践水平的提高

志愿服务是劳动的一种形式,包含模仿、创造、尝试、纠正等过程,活动的开展对组织者和参与者本身就是一种锻炼和提高。大学生走出课堂、走出校园、走进实践、走进社会,用自己所积累的学科专业知识去回馈现实社会,在释放爱心、温暖他人的同时锻炼自我,在劳动中受教育、在奉献中长知识、在实践中强技能、在服务中攒经验。组织策划志愿服务活动,需要处理复杂的人际关系、协调不同部门的人力和物质资源,在此过程中,组织者的管理监督能力、策划组织能力、协调沟通能力、社会交际能力和危机应对能力在不知不觉中得到了锻炼。在服务的过程中,大学生还能不断提高新知识、新技术、新工艺、新方法的运用水平,提高发现问题和创造性解决问题的能力,进而从本质上提高实践水平。

典型案例 6

冬奥会志愿者

在2020年底冬奥会志愿者报名时,北京冬奥会志愿者部部长滕盛萍表示,冬奥会志愿者中35岁以下的年轻人占了96%,大学生占了85%。据此估计,北京冬奥会的大学生志愿者数量会在1.4万人左右。赛会志愿者服务涵盖体育竞赛、场馆管理、语言服务、新闻运行等41个业务领域。

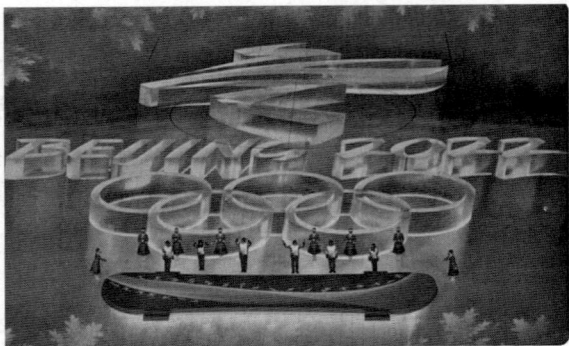

图5-6　六位学生代表全体志愿者登上了鸟巢的舞台

图5-7　在冬奥会开幕式中担任标兵志愿者的清华大学本科三年级学生孙泽宇

（三）强化大学生劳动品质的塑造和劳动能力的培养

习近平总书记曾指出,"劳动是人类的本质活动,劳动光荣、创造伟大是对人类文明进步规律的重要诠释"。高校的立身之本在于立德树人。德为先,要求大学生拥有坚定的信念和深厚的爱国主义情怀,将马克思主义劳动观贯彻始终,坚定劳动创造一切的思想理念,明晰劳动是一切价值、财富的源泉,深刻领悟只有通过勤奋的劳动才能够实现自我成长、服务社会。志愿服务作为高校开展劳动教育的重要途径和关键环节,具有突出的思想性、社会性和实践性。志愿服务过程中,学生在出力流汗、动手动脑,锻炼自我、磨砺意志,服务他人、奉献劳动的同时,能够真正体会劳动者才是国家的主人,真正理解一切的劳动和劳动者都应该得到尊重和鼓励;能够打破僵化思维,推陈出新,不断激发创造力,形成勤俭、奋斗、奉献、创新的劳动精神。

(四) 提升大学生社会责任意识和主体自觉意识

志愿服务具有突出的社会属性,强调服务者与服务对象进行比较深入、具体和细致的感性互动,不同于传统意义上"熟人"之间的互助帮扶行为,具有高度的不确定性和复杂性。高校志愿服务实践能够通过学校教育与生活、生产实践之间的联系,充分发挥志愿服务在学校和社会之间的纽带作用。鼓励学生通过服务去观察和思考,引导学生认识社会、增强社会责任意识。大学生参与高校志愿服务活动能够在付出劳动的过程中充分发挥自己的主观能动性,激活自我教育的内在动力,关注在服务过程中的感悟和体会,充分感受付出劳动的艰辛和收获成果的愉悦,增强自身的成就感、获得感、荣誉感、价值感,不断提升主体自觉意识。

四、大学生志愿服务类型

中国大学生志愿服务在探索中不断前进、在实践中不断发展,规模和类型也在不断地扩大。尤其是 2008 年经历汶川地震和北京奥运会之后,志愿服务成为全社会共同参与的事业。大学生志愿者在高校的领导下更具有组织性、更具备专业知识,并且有着更高的服务他人、奉献社会的热情。大学生志愿服务的类型是指大学生志愿者在高校的领导下,开展有组织、有计划、有一定影响力、相对稳定的服务类型。随着类型不断扩大,大学生志愿服务从最初简单的学雷锋做好事活动,逐渐扩大到包括日常社区、扶贫济困、助学支教、应急救援、环境保护等各个领域。

(一) 日常社区类

日常社区类志愿服务是指大学生志愿者在高校党团组织的带领下,深入社区对居民开展的志愿服务。这种类型的志愿服务以社区为单位开展,为的是提高社区居民的生活质量,是一种公益性质的便民利民服务。大学生开展日常社区类志愿服务的内容包罗万象,覆盖了居民生活的方方面面,例如生活帮扶、青少年教育、医疗保健、法律援助、宣传教育等。

2020年初暴发新冠肺炎疫情时，社区作为社会结构的基本单位和人们生活的共同体，是志愿服务的重点区域。广大大学生志愿者在团中央、高校党团组织和当地党委、政府的号召下，在做好自我防护的前提下，以多种方式积极深入社区开展志愿服务，深刻地表明了党有号召，团有相应，志愿服务有人员和阵地。在参与志愿服务的大学生志愿者中，有坚守在宣传一线将疫情防控相关信息及时准确发布的"宣传员"，有利用专业优势制作疫情防控宣传漫画在网络上传递正能量的"讲解员"，有在一线从事各种防疫布控工作的"卫生员"等，这些志愿者都在社区为快速防控疫情贡献了年轻的力量。

典型案例 7

开设非遗公益课程，传承非遗文化遗产

为进一步弘扬吴地文化、推进吴地非遗文化的技能传承、发扬工匠精神、服务区域学习型社会建设，无锡科技职业学院依托新吴区社区学院开设非遗技能传承公益课程，新吴区六个街道70位社区居民参加了学习。公益课邀请了无锡市紫砂陶刻"技术能手"胡阿中、江苏省高级工艺美术师周永清、无锡市民间文艺家协会会员陈晓三位大师，分别开设了紫砂壶、惠山泥人和留青竹刻三个非遗技能传承公益课。非遗传承大师手把手、面对面地教学，传授锡城三种非遗技术，让更多社区居民切实领略非遗文化的魅力。该公益课的开设，使市民可以进一步深入了解和学习掌握非遗技能，进而增强文化自信，同时加大了非物质文化遗产的传播普及力度，促进"非遗"的"活态"传承。

图5-8　非遗技能传承公益课现场

（二）扶贫帮困类

扶贫帮困类志愿服务是指大学生志愿者在高校党团组织的带领下长期或者持久地帮助贫困地区或贫困家庭解决实际生活困难，帮助其发展生产的志愿服务活动。一般来说，贫困群体包括但不限于残疾人、流动人员、低保人员等，服务的内容一般为物质援助、生活照料、医疗卫生等。大学生在开展这种类型的志愿服务时，本着人道主义精神，关注其生存和生活状态，在尊重理解的前提下从物质、教育、医疗等多方面关心、帮助困难群众，让困难家庭享有改革开放的成果，感受到社会尊重，促进社会和谐。

长期以来，本着就近就便的原则，各高校根据实际情况组织大学生志愿者开展扶贫帮困类的志愿服务，由单纯的一对一服务形式扩展到青年志愿者组织与贫困地区、贫困家庭结对等方面，达到了扶贫帮困、助人为乐的目标，建立了新型的人际关系。随着志愿服务的广泛开展和志愿精神的广泛传播，扶贫帮困逐渐形成了制度化、经常化的趋势。

全国范围内大学生开展的扶贫帮困的品牌项目是在中国青年志愿者协会的统一领导下，利用组织的力量开展的大型的、大规模的志愿服务活动，在社会上起到了良好的宣传效果和示范效应。这其中，团中央号召并组织实施的几项专项计划产生了较大影响力。如1996年团中央在扶贫开发领域打造的重点项目——青年志愿者扶贫接力计划，是长期实施的一项重点工作。再比如由共青团联合多个部门落实党中央、国务院的重大战略决策部署——大学生志愿服务西部计划（简称西部计划），自2003年启动以来，每年招募毕业生到西部基层从事专项志愿服务工作，也在全国范围内形成了一定的影响力。以西部计划为例，每年春季，各省均会发布招募公告，由各高校党团组织动员在校学生进行登记报名。自2003年至今，已累计招募33万余名高校毕业生和在读研究生前往中西部基层开展基础教育、服务三农、医疗卫生、基层青年工作方面的志愿服务工作，在全社会尤其是青年中唱响了到西部去、到基层去、到祖国和人民最需要的地方去建功立业的时代旋律。

典型案例 8

给边疆栽上万朵鲜花

——记河北保定学院西部支教毕业生群体

2000年，为响应国家西部大开发的号召，河北保定学院的15名毕业生毅然放弃多家用人单位的录用及继续深造的机会，带着户口选择到万里之遥的新疆且末县中学任教。截至2013年，这所学校已有97名毕业生在新疆、西藏、贵州、重庆、四川等地基层工作。虽然条件艰苦，但十几年来没有一人退缩，他们扎根在西部大地，参与见证了西部的改变和发展。

他们的事迹经报道后引起广泛关注。2014年，这批西部支教毕业生群体代表给习近平总书记写信，汇报了他们的工作和生活情况。他们说，一个人的选择只有契合时代要求、符合人民需要，才会有意义有价值。西部需要我们这样的普通劳动者，我们愿像一棵棵红柳、一株株格桑花一样，扎根西部、坚韧不拔、甘于吃苦、平实做人，为广袤的土地带去无尽的生命力。

2014年"五四"青年节前夕，习近平总书记给他们回信指出，"多年来，一批批有理想、有担当的青年，像你们一样在西部地区辛勤耕耘、默默奉献，为当地经济社会发展、民族团结进步作出了贡献"。同时，总书记希望越来越多的青年人以他们为榜样，到基层和人民中去建功立业，让青春之花绽放在祖国最需要的地方，在实现中国梦的伟大实践中书写别样的精彩人生。

2021年8月4日，《光明日报》头版头条"奋斗青春无悔抉择"专栏刊发《给边疆栽上万朵鲜花——记河北保定学院西部支教毕业生群体》的文章，对河北保定学院西部支教毕业生扎根边疆二十余年教书育人的奋斗事迹进行了报道，并配发评论员文章《被需要的青春，才最宝贵》。

（三）助学支教类

助学支教类志愿服务是指大学生为支援教育和教学管理工作等实践活动开展的志愿服务活动，是大学生志愿服务的重要平台。助学支教作为与受助学生未来息息相关的志愿服务类型，要求大学生志愿者必须要有持之以恒的耐心和甘于寂寞的勇气，为受教学生提供内容丰富、形式多样的教育教学活动。

作为助学支教类志愿服务的品牌团队，中国青年志愿者研究生支教团在全国引起了巨大的反响。1999年，团中央、教育部共同启动了中国青年志愿者研究生支教团工作，采取公开招募的方式，每年在全国部分重点高校中招募一定数量取得保送研究生资格、能够胜任助学支教工作的应届本科毕业生，以志愿服务的方式到国家中西部贫困地区开展为期1年的支教工作，有力地促进了中西部贫困地区基础教育事业的发展。

典型案例 9

2004 年感动中国年度人物——徐本禹

2003 年至 2005 年,徐本禹在贵州山区支教两年。支教结束后,徐本禹先后 20 多次到贵州开展助学活动。2005 年,华中农业大学"本禹志愿服务队"成立。截至 2019 年 8 月,湖北创建 182 支省级"本禹志愿服务队",参加人数超过 13.2 万。

从某种程度上来说,徐本禹是中国青年志愿者行动的标志性人物。徐本禹义务支教的感人事迹,在很大程度上推动了中国青年志愿者行动的蓬勃发展。在徐本禹的带领下,全国各个高校的大学生积极参与西部支教志愿服务活动,如云南大学独龙江支教志愿服务、东北大学义务支教团等,用爱与信仰坚守在祖国最需要的地方。

(四)应急救援类

应急救援类志愿服务是指大学生志愿者针对自然灾害和人为造成的突发、具有破坏力的紧急事件采取的预防、响应的志愿服务活动。美国学者萨拉蒙曾指出:20 世纪后半叶以来,志愿服务在危机中兴起,又在危机中发展。可见,应急救援类的志愿服务在现代志愿服务体系中具有极其重要的位置。应急救援一般针对的是突发性的、严重影响社会公众的公共安全的事务、灾害与事件。一般这种事件发生时,不仅需要党和政府统一领导的应急治理,而且也需要群众广泛参与的应急救援。大学生志愿服务具备灵活性、机动性、自愿性的特点,成为在党和政府的统一领导下,有序地参与应急救援的重要力量。

多年来,大学生志愿者在应急救援方面做了大量工作,发挥了年轻的生力军的作用。2003 年在抗击非典的斗争中,1200 余人次的青年志愿者开展了为医护人员捐赠爱心礼品、科普宣传、热线咨询等活动。2008 年汶川地震,全国共有 491.4 万名志愿者在各地参与各种形式的抗震救灾和灾后重建志愿服务工作,其中 35 岁以下的青年志愿者占比为 77%。2008 年以后,我国应急救援类的志愿服务受到了社会前所未有的关注,志愿服务在应急救援中的巨大意义也开始逐渐显现出来。2010 年,青海玉树地震和甘肃舟曲泥石流发生以后,团中央紧急协调了各级共青团组织招募了 6000 名左右的志愿者深入一线开展抗震救灾工作,3000 余名志愿者参加甘肃舟曲特大泥石流救援工作。2020 年初暴发的新冠病毒疫情,是一场疫情防控的人民战争、总体战、阻击战。在这场战争中,没有任何人可以置身事外。因此,这次应急救援的志愿服务是真正完全意义上的全民参与、全民瞩目,影响力空前。

在这种形式下,大学生志愿者体现出了快速高效、动员能力强、覆盖领域广泛等特点,以各种形式积极投身志愿服务,在奉献中履行责任和使命,成为有担当有作为的时代青年。2020 年 6 月,疫情刚刚有所好转,我国南方又进入主汛期,一些地区汛情严重。各地高校的团组织认真学习贯彻习近平总书记关于防汛救灾工作的重要指示精神,按照团中央关于参与防汛工作的有关部署,积极组织动员大学生志愿者投身防汛救灾志愿服务,让青春在党和人民最需要的地方绽放绚丽之花。

（五）环境保护类

环境保护类的志愿服务是指大学生志愿者用环保的理念和科学的理论指导,协调社会与环境之间的关系,保护和改善环境的志愿服务活动。随着中国改革开放的深入和国家对可持续发展重视程度的提高,在保护环境、提高公民环保意识等方面,社会各界开展了卓有成效的行动。其中,大学生志愿者作为志愿服务的中坚力量,为推进资源节约型、环境友好型社会建设发挥了重要的作用。随着中国特色社会主义进入新时代,大学生环保志愿者通过志愿服务,引领整个社会全民参与环保志愿服务,对社会产生了积极的正面影响。在开展志愿服务活动中,大学生志愿者激发了人们绿色环保、美化环境的意识和行动。志愿服务不但让人们看到了大学生志愿者的社会责任感、提升了人们的环保意识,而且使得"绿水青山就是金山银山""冰天雪地也是金山银山"的环保理念逐渐深入人心,实现人与自然的和谐相处。

一段时间以来,粗放式的经济发展方式、不合理的能源消耗模式造成了我国生态环境的恶化。伴随着工业化、城镇化的不断深入推进,目前资源短缺、环境污染已经成为限制我国经济社会可持续发展的瓶颈。自 1973 年开始,联合国环境规划署、国际环境保护组织协会、中华环保联合会等多个环境保护机构成立,表明环保已经在全国甚至在全世界范围内引起了大家的广泛关注。随着人们环保意识的增强、环保机构的逐渐诞生,与环保有关的志愿服务也在日益增多。环境保护志愿服务主要是粗放式的生产导致环境污染问题,从而形成的保卫生态环境和处理污染问题的活动。一般来说,大学生环保类的志愿服务由高校志愿服务管理机构及其下属的社团积极与社会各界的环保机构联系，确立合作关系，为大学生参与环保类的志愿服务提供平台。

　　1995 年的世界环境日当天，广大青年志愿者统一行动，在铁路干线开展以"发展铁路、保护环境"为主题的环保活动，该活动迅速在全国范围内引发了广泛关注。在环境保护类的志愿服务中，1999 年启动的"保护母亲河——中国青年志愿者绿色行动营计划"、志愿植树活动以及"节能减排"志愿服务已经初步形成了品牌，取得了良好的效果。各个高校也都在结合自身特色，开展绿化、植树造林、清理白色垃圾、清除非法小广告等各项志愿服务活动。如华东理工大学环保协会，在校内外围绕环保主题开展了常规活动、培训活动以及校园内部的报刊资料学习、校外考察宣传相结合等活动，特别是组织志愿者定期前往上海动物园阻止游人的不文明行为和定期发放环保类报纸等，在开展志愿服务活动的过程中使绿色文明的观念深入人心。

（六）大型活动类

　　除了常态化、制度化的志愿服务类型之外，大型活动类志愿服务也是大学生志愿服务活动最为常见的类型之一。大型活动类志愿服务是指为了保障大型活动（如国内举办的大型文体活动，国际国内大型会议以及校内外举办的其他有较大影响、辐射面较广的大型活动等）的顺利开展，在高校及相关部门的统一领导下，以大学生志愿者为主体开展的志愿服务活动。大型活动类志愿服务的内容一般包括交通维护、秩序维持、宣传报道、后勤保障以及组织方所需要的其他活动等。大型活动类的志愿服务内容丰富、形式多样，为志愿者在实践中锻炼成长提供了广阔的舞台、开辟了现实的途径。

　　在参与志愿服务的过程中，大学生志愿者不仅可以发挥一技之长，培养自己的团结合作意识、协调能力和合作能力，而且可以磨炼个人的意志品质、提高心理素质，为个人发展提供一条崭新的途径。

　　近些年，随着我国经济社会的快速发展，越来越多的会议、赛事等开始引入志愿者参与具体的管理、服务和运行工作。尤其是经过 2008 年北京奥运会的考验，大学生志愿服务事业迎来了崭新的发展。通过在全世界面前展示出来的服务重大国际赛事的良好表现，大学生志愿者的形象走进了国人的心中，在整个社会产生了良好的影响。自此以后，在 2009 年的山东全运会、2010 年的上海世博会和广州亚运会、2013 年的辽宁全运会、2014 年的亚太经合组织（APEC）会议、2016 年二十国集团领导人峰会、2019 年新中国成立 70 周年国庆阅兵等重大历史事件中，大学生志愿者都已经成了不可或缺的一部分。如 2010 年的上海世博会，来自全国的超过 200 万名志愿者在近 200 天的会期中为 7300 万名游客提供服务，探索出了"服务周期超长、服务人群超大"的大型项目志愿服务工作模式。展会中，在 5.28 平方公里的世博园内，超过 7 万名园区志愿者为来宾提供服务，这些志愿者 90% 以上是来自各地高校的在校大学生。

典型案例 10

热情饱满，激情昂扬！
青年志愿者助力十四运会和残特奥会火炬传递

近日，中华人民共和国第十四届运动会和第十一届残疾人运动会暨第八届特殊奥林匹克运动会火炬传递活动已经在陕西西安、渭南举行。来自西安医学院、西安工业大学的 120 名"小秦宝"青年志愿者和渭南师范学院的 93 名青年志愿者发扬甘于奉献、敢于吃苦的精神，克服了火炬传递服务时间长、服务任务重的困难，以饱满的热情、专业的服务圆满地完成十四运会和残特奥会火炬传递活动志愿服务。在疫情防控常态化机制下，如何保障大型赛会火炬传递志愿服务的顺利开展？一起看看西安和渭南两市的做法吧。

西安市

8 月 3 日起，按照组委会、西安市执委会的疫情防控要求，"小秦宝"青年志愿者提前结束暑假返校，在校内集中居住。120 名青年志愿者均无中高风险地区旅居史，全员完成全程疫苗接种并进行了 5 次核酸检测，他们提供与火炬手一对一结对服务、会务服务以及后勤服务。

8 月 9 日，组委会、西安市执委会对青年志愿者进行集中培训；8 月 10 日起，按照工作安排，青年志愿者有序参与火炬传递西安站首站全流程演练、彩排；8 月 15 日，青年志愿者进行全流程全要素演练。

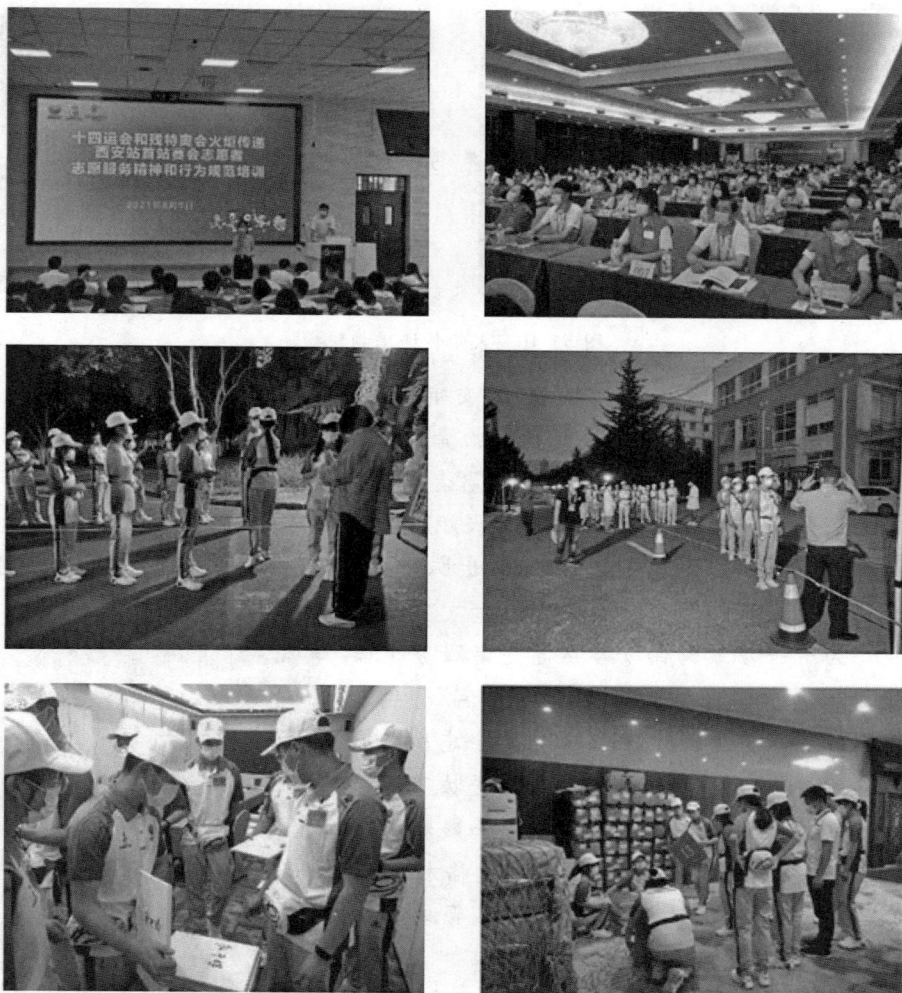

图 5-9　培训现场

　　按照疫情防控要求,全体青年志愿者于活动前 48 小时集中封闭在西安宾馆。在封闭期间,"小秦宝"青年志愿者们始终心系火炬传递任务,自发在封闭地开展岗位演练。

图 5-10　火炬传递培训现场

　　为做好火炬传递志愿服务，西安市执委会将 120 名青年志愿者分为"一对一火炬手服务队""火炬传递物资服务队"。在 8 月 16 日的火炬传递中，青年志愿者们身着十四运会志愿者服装，个个精神抖擞，昂扬向上，以最大的热情传递青春的友爱，成为火炬传递现场一道亮丽的风景线。他们用行动诠释了"奉献、友爱、互助、进步"的志愿精神，赢得了大家的一致好评。

　　为进一步鼓舞西安赛区志愿者服务十四运会和残特奥会的士气，激发"小秦宝"青年志愿者服务赛会的热情，西安市执委会志愿服务部在西安赛区近 13 万名志愿者中选拔了 2 名青年志愿者作为光荣的十四运会和残特奥会的火炬手，她们是来自西安医学院临本 1951 班的张可怡和西安工业大学经济管理学院 2018 级会计专业的韩祎菲。

图 5-11　志愿者火炬手

　　在 8 月 16 日的西安首站传递中，张可怡作为第 52 棒火炬手代表全体西安赛区"小秦宝"青年志愿者顺利跑完全程。在接下来的 9 月 12 日末站火炬传递中，韩祎菲将再次代表全体西安赛区"小秦宝"青年志愿者传递全运圣火。

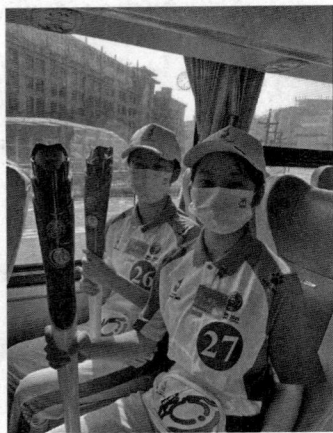

渭南市

　　8 月 18 日，十四运会和残特奥会火炬传递活动（渭南市区站）在渭南举行，渭南市执委会志愿服务处组织渭南师范学院 93 名青年志愿者助力火炬传递活动,主要包括火炬手服务志愿者、物资志愿者、会务志愿者、后勤志愿者、礼仪志愿者等六类。

图 5-12　志愿者活动现场

为更好地服务火炬传递活动,十四运会和残特奥会渭南市执委会志愿服务部组织召开了志愿者培训会,明确志愿者分工、工作内容、注意事项等;组织青年志愿者参与执委会火炬传递全流程演练活动,熟悉活动流程,为高质量完成工作任务打下坚实基础。

图 5-13　培训现场

志愿服务期间,十四运会和残特奥会渭南市执委会志愿服务部制定了火炬传递志愿者手册,进一步规范志愿者服务内容、纪律、礼仪等,弘扬志愿精神,引领志愿服务风尚,彰显青年志愿者的时代担当。

图 5-14 中华人民共和国第十四届运动会

据悉,9 月 15 日,十四运会将在陕西正式拉开序幕。青年志愿者们通过培训、演练和测试赛,努力熟悉工作岗位,不断提升志愿服务水平,为十四运会和残特奥会的顺利开展做了充足的准备。为了办好此次盛会,组委会在科学测算岗位需求的基础上,招募赛会志愿者、城市志愿者和社会志愿者共计 18 余万人。目前,志愿者已全部集结完毕,他们将充分展示热情豪迈、文明友爱的东道主风貌,努力让志愿服务成为全运会的亮丽名片。

(资料来源:中国青年志愿者网,内容有改动)

(七)海外服务类

随着中国国际地位的不断提高和志愿服务国际网络的日益完善,海外志愿服务逐渐成为发展援助的重要方式。实施海外服务计划,派遣青年志愿者出国服务,是共青团组织服务党政外交大局的积极举措。海外志愿服务可以成为不同国家、不同民族、不同文化之间相互沟通的桥梁,增进彼此的了解。随着"一带一路"倡议的提出和"人类命运共同体"发展理念的影响力不断扩大,海外服务类志愿服务也将会不断扩大规模和领域,在交流合作中不断讲好中国故事、发出中国声音,为促进国际范围的和谐与发展、提升中国的软实力做出贡献。

我国实施大学生志愿者海外服务计划始于 2002 年,共青团派出了 5 名志愿者远赴老挝开启海外志愿服务的篇章。这一计划是根据受助国的要求，通过公开招募、自愿报名、集中选拔的方式进行的。中国优秀的大学生志愿者以其热情的服务和专业的知识体系向受助国开展长期（一般为 6 个月）的志愿服务。2005 年，团中央安排了 18 名潜水员志愿者赴泰国海啸灾区开展志愿服务，在 10 余天的工作时间里工作了 135 个小时，水下搜寻的面积达到 18 万平方米，打捞各类废弃物 20 多吨，受到了泰国政府和人民的高度赞扬。海外志愿服务事业走向世界的每一步，都传播着"奉献、友爱、互助、进步"的志愿精神，彰显着中国综合国力日益增强、国际地位空前提高的风采。

党和国家也对大学生志愿者参与海外志愿服务提供了大量的支持。2017 年 11 月，在对老挝进行国事访问之际，习近平总书记接见了老挝志愿服务队的全体队员，并在老挝三家媒体上发表了题为《携手打造中老具有战略意义的命运共同体》的署名文章。这些海外志愿服务是在积极探索和创造传播中国文化、展示中国形象的有效方式、有效途径，为中国在国际社会发挥更大的作用、构建人类命运共同体提供有力的支持和保障。

以上所有类型的大学生志愿服务均呈现了较高的组织性。一般来说，大学生志愿服务参加形式有两种：一种是大学生以个人身份参加的社会志愿服务；另一种是以高校内部相关单位为主组织开展的集体志愿服务活动。从实际情况来看，以个人为主体的比例并不高，大学生普遍参加的还是依托各级各类组织开展的集体志愿服务，如高校各级共青团组织的活动。高校共青团、青年志愿者协会在组织体系上比较成熟，开展志愿服务时，从招募、培训、使用到激励均是在有组织的情况下进行的。一般来说，高校党团组织在招募志愿者时就已经做好规划，再到有计划的登记注册、培训、完成任务等，这样也更加促进大学生志愿者获得归属感。

五、无锡科技职业学院紧贴无锡高新区、辐射无锡开展劳动教育

无锡科技职业学院围绕"培养德智体美劳全面发展的社会主义建设者和接班人"这个时代主题，在学校党委领导下的"一心双环"服务高新区发展、辐射无锡的团学组织新格局下，不断深化以劳动为主题的教育活动。积极打造关注一线劳动者的社团，通过开展劳动支教、劳动快闪、知识宣讲、慰问演出等志愿活动，倡导青年学生关注劳动群体，不断加强劳动教育落地生

根。同时,积极创作劳模故事汇、劳模事迹巡演、青年劳动之声等以劳动教育为主题的优秀网络文化作品,不断壮大网络正能量。我校通过开展聘请全国劳模担任兼职辅导员、大国工匠进校园等活动,培育青年学生坚持全心全意为人民服务的信念。通过劳模事迹宣讲、劳模技艺展示、劳模精神座谈、劳模放电影、劳模教剪纸等形式,走访街道服务活动中心、儿童福利院、参加无锡大型赛事,传播劳模精神、劳动精神和工匠精神。

典型案例 11

我校圆满完成世界物联网博览会志愿服务工作

2017 年 9 月 9 日—9 月 13 日,世界物联网博览会在无锡举行。应无锡市文明办及校党政办要求,校团委联合二级学院及校青协组织 40 名志愿者参加了此次大会的智慧体育高峰论坛与太湖博览中心会场的服务工作,直接服务累计人数达 3000 余人,累计服务时长 50 小时。

图 5-15 无锡科技职业学院圆满完成世界物联网博览会志愿服务工作

与往届相比,本届物博会活动规模进一步扩大,峰会现场参会人数、参展的企业数量、国别以及专业观众人数都远超以往。在工作前期,团委组织志愿者进行相关的礼仪及志愿工作实务培训,对志愿者进行工作分配,组建了接机接待、现场布置、现场接待三支队伍。三支队伍应组委会要求,配合主办方高质量完成了志愿服务工作,他们细致出色的服务获得了主办方的一致好评!

本次志愿服务工作是我校参与的又一项重大志愿服务工作。活动不仅培养了广大青年学生的志愿服务精神、提高了他们的思想道德修养、增强了他们服务社会的能力,而且让广大青年学生近距离了解了无锡重点打造的产业集群、感受到科学技术的日新月异、增强了学习的紧迫感和责任感,为圆满完成学习任务投入建设中国特色社会主义伟大事业中去奠定了良好的基础。

思考题

1. 无锡科技职业学院将宿舍、教室卫生纳入劳动教育志愿服务内容,各学院制定了各自的管理条件,但有些学生认为大学生不应该打扫宿舍、教室卫生,你如何看待这个问题?

2. 结合自身实际,你将参加哪些校内志愿服务活动?

实践任务

校园迎新志愿服务

在迎新工作中担任志愿者,能帮助新生顺利完成报到手续,尽快熟悉校园环境,融入校园生活,加入新的集体,展现文明和谐、团结向上的校园文化,提升学校在新生及家长心中的形象。让我们以到车站接新生为例,开展迎新体验活动。

一、学习目标

1. 主动积极地为新同学提供必要的帮助。

2. 具有认真负责、有始有终的良好品质。

3. 增强团结友爱、互帮互助的意识。

二、劳动准备

1. 以自愿报名为主进行志愿者招募,优先考虑有责任心、乐于奉献、敢于担当、吃苦耐劳的人。

2.根据接站点的数目将负责接站的志愿者分成若干小组,每组对应一个接站点,志愿者先期前往接站点熟悉地形。

3.准备引导牌、志愿者服装、工作牌的发放和回收等。

4.学习迎新流程和注意事项。

三、劳动实践

1.在接站点的每个出站口迎接新生,其间高举学校的校牌,以便新生出站时能够快速发现。

2.将接到的新生带到休息处,等待前往迎接的校车。

3.针对每一个到休息处的新生,做好防疫安全工作。

4.在等待校车期间,与新生交流信息,回答新生提出的问题,也可以对新生做一些防欺骗、诈骗的安全宣传。

5.在乘坐校车返校途中,简单介绍学校的基本情况,认真解答新生和家长的疑惑。

四、评价反思

1.填写活动评价表。

目标和内容	自我评价	同学评价	老师评价
主动积极为新同学提供必要的帮助,增强团结友爱、互帮互助的意识	☆☆☆☆☆	☆☆☆☆☆	☆☆☆☆☆
展现认真负责、有始有终的良好品质	☆☆☆☆☆	☆☆☆☆☆	☆☆☆☆☆
高质量完成工作任务	☆☆☆☆☆	☆☆☆☆☆	☆☆☆☆☆
拍照上传本次活动的照片	☆☆☆☆☆	☆☆☆☆☆	☆☆☆☆☆

2.活动中还有哪些细节可以完善?提出自己的想法和建议。

3.你在迎新活动中负责什么工作?你认为自己在本次活动中的表现如何?

4.你认为本次活动最大的意义在哪里?

模块二　社会实践

无锡科技职业学院青马班二组社会实践：立足当下　重返家乡

立足当下 · 知行合一

实践是学生学习知识、锻炼技能的有效途径，更是服务社会、回报社会的一种良好形式。对大学生而言，社会实践是一种提高自我能力、增强社会责任感、体验社会活动、锻炼身心的一种机会。作为祖国的建设者，新一代大学生应该及早树立自己的历史责任感，提高自己的社会适应能力。无锡科技职业学院也积极鼓励大学生多接触社会、了解社会，在社会课堂中受教育、长才干、做贡献，引导和帮助广大学生上好与现实相结合的"大思政课"。

抗疫攻坚 · 同心战"疫"

面对突如其来的苏州疫情，青马班二组成员参与了自己社区的志愿服务。

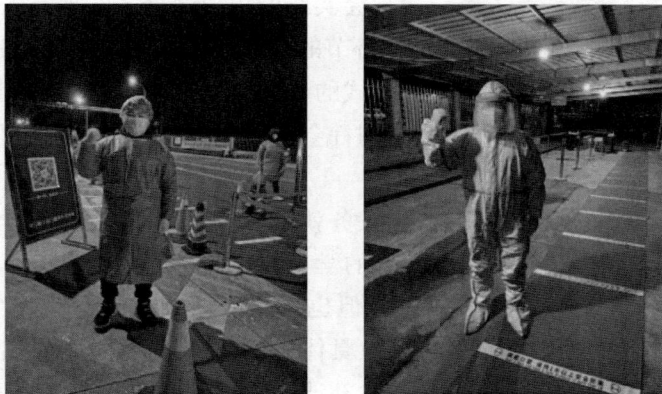

图 5-16　抗疫现场

在张家港的疫情防控中，袁嘉恒在每一轮的核酸检测中从早上五点集合，天还未亮，寒风凛冽，穿上防护服一直工作到深夜。袁嘉恒同学说："这次疫情防护志愿服务，不仅让我感受到青春的力量，更让我明白了时刻要秉持'青年一代有理想、有本领、有担当，国家就有前途，民族就有希望'的理想信念。作为科院的学子能为家乡防疫贡献出一份微薄的力量，使我感到非常荣幸，使我更加深刻地感受到中国人民的凝聚力和自制力，我相信我们必将战胜疫情。"

倡孝扬善　·　构建和谐

春节期间，张文婷同学了解到邻居家的儿子因疫情无法回家与老奶奶共度佳节，在父母的支持下亲自到邻居奶奶家下厨为奶奶做上一桌佳肴，陪邻居奶奶一起度过了难忘的春节。在与奶奶的谈话中，了解到她们年轻时候的生活十分艰苦，奶奶说，目前稳定的社会环境、良好的社会保障是我们青年一代的福气。

亲身体会关爱孤寡老人的活动，同学们感慨万千：我们应该珍惜现在的生活、珍惜眼前人，更要懂得尊敬长辈、体谅父母，多与他们沟通。老吾老，以及人之老，关爱老人自古是中华民族的传统美德，而我们身为一名当代大学生，更应该弘扬美德，关爱身边的老人！

一、大学生社会实践内涵与基本形式

（一）大学生社会实践含义及特征

大学生社会实践是人类一般社会实践的组成部分。它拥有人类实践活动的共有本性，同时，作为高校育人环节的一种形式，与课堂教学、课程内的实践环节、日常思想政治教育等其他形式的教育相比有许多共同的特性，但也有自身独有的特性。这些特性有助于对社会实践内涵的全面、准确的把握。

1. 学习性

大学生是高校的主体，其首要任务就是学习，学习影响着大学生在校期间成长、生活的各个方面。大学生的学习以不同类型、专业、时间、形式展开，虽然社会实践是在校外进行的，但也是在大学期间进行的，只是与课堂学习等相比更加突出在开放的环境、具体的情景中学习，更加突出应用和联系实际。通过社会实践，大学生将弥补课堂学习和专业学习中的不足，开阔求知视野、优化知识结构、理论联系实际、完善学习储备。

2. 教育性

从教育的本质来看,教育是一种社会实践活动,以活动的形式存在,活动是界定"教育"概念的起点。教育不同于其他以物为直接对象的社会活动,而是以人为直接对象的社会活动。同时,教育是以对人的身心发展产生影响为直接目标的活动,是一种社会服务活动,旨在增进人们的知识和技能、影响人们的思想品德。社会实践的主体是大学生,目的在于促进大学生形成社会要求的思想政治品德,是以活动形式存在的,离开了"活动"这一存在方式,社会实践也就失去了本身的价值。因此,对照教育的本质,社会实践具有鲜明的教育属性。

3. 社会性

社会是大学生开展社会实践活动的环境,也是中介,是社会实践教育的客体。可以说社会实践的客体或者说对象就是包括社会系统、社会成员、社会矛盾、社会过程在内的社会现象和社会问题。不面对社会问题,不接触社会成员、人民群众,不深入社会生产,就不属于社会实践的范畴。只有在真实的社会生活中,社会实践的教育作用才能够得到发挥。

4. 导向性

大学生所处的青年时期,正是世界观、人生观、价值观形成和完善、定格的关键时期,也是走进社会、适应社会的过渡期,扮演社会角色、承担社会责任的预演期,知识的储备、品德的形成、身心的发展是大学生这一时期学习的意义所在。社会实践为实现上述大学生成长需要提供了可能、基础、保障和导向。

5. 能动性

社会实践为大学生主动接触社会、认识自我、提高素质提供了一个有效的平台。促使他们以一种开放的态度主动去认识和了解社会,树立不断进取的信心,提高自主发展的内在驱动力,在把握自己的优劣势以及服务社会中发现自身的价值,明确今后的努力方向,主动去完成从自然人到社会人的角色转变。这其中的一系列过程都不是被动的,是大学生自觉、自愿的尝试,并积极主动地面对实践中遇到的各种困难,想出解决问题的办法。

6. 创造性

社会实践要求理论联系实际,将课堂所学、教育者灌输的教育内容做到活学活用,促进大学生发现问题、分析问题、解决问题能力的提升,突出学习的灵活性、应用性、实用性。社会实践也不可避免地会让大学生遇到新奇的知识、事物,这就要求大学生在实践过程中不断发挥想象力、增强敏锐感,追求真知、攻坚克难。从成果来看,社会实践更多体现在调研报告、心得体会、研究项目上,而这些都对大学生的归纳总结、演算推理、综合集成、拓展深化等能力提出较高的要求,也必将会挖掘大学生的创新潜能、激发创新意识、塑造创新活力,这些都凸显了社会实践的创造性。

典型案例 12

无锡科技职业学院寒假社会实践:文明志愿情 奉献我先行

青春心向党,奋进新征程。在喜迎党的二十大、庆祝建团 100 周年之际,聚焦学习宣传贯彻习近平新时代中国特色社会主义思想,通过深入的社会实践,主动关心国情、社情,认真研究新情况,大胆探索新方式,无锡科技职业学院学子们利用当地红色资源了解百年党史、团史,此外还主动参与基层治理日常工作,积极开展志愿服务等实践活动,在社会课堂中受教育、长才干、做贡献,在观察实践中学党史、强信念、跟党走,努力成为担当民族复兴大任的时代新人。

维护社会环境 共创美好家园

百防终有一得,百疏终有一失。

千日防范,不可一日松懈。

居安思危,务必警钟长鸣。

经过几天对社区安全隐患的了解,服务小组的成员们没有犹豫,立即展开了分工:你去悬挂宣传标语,我去普及用电规范,他去检查消防器材⋯⋯他们跑动的身影,化作社区里最亮眼的一抹绿色。

人有人居,车有车位。

人住其居,车入其位。

停车规范非小事,一车一位要落实。为了进一步树立规则意识、弘扬文明风气,志愿者小组顶着刺骨寒风,争做社区小"交警",协助居住人员和外来人员文明停车,倒车入库,确保道路通畅,交通安全。

一纸一屑煞风景,一举一动显文明。

送你一抹绿,还我一片净。

扫去旧年废弃物,扫来吉祥一片春。在万象更新的新春佳节,社区服务小组齐上阵,俯身打扫卫生,不怕苦不怕累,合力打造更加清洁的社区环境,为创建文明城市带来坚实的保障。

图 5-17　学生在社区服务

同心战"疫"　共克时艰

2020 年,一场没有硝烟的战争在人世间悄悄上演,疫情席卷全球,来势汹汹,形势严峻而复杂。面对突如其来的新冠肺炎疫情,在此次社会实践中,防疫志愿者们为疫情防控贡献自己的力量,共抗疫情。

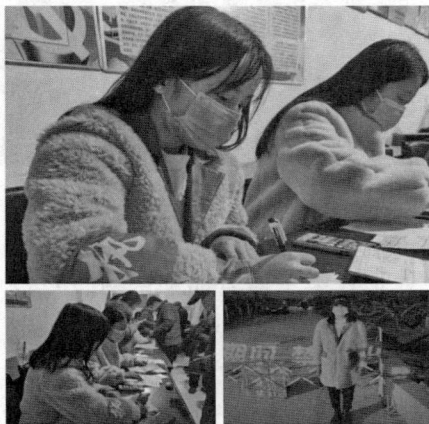

图 5-18　学生正在进行抗疫服务活动

大家纷纷表示:"作为中国新时代青年,坚决发挥好模范带头作用,利用空闲时间积极参加各种志愿者服务，将爱心化为行动，无私奉献，为祖国贡献自己的力量。"

大手牵小手　温暖共同行

"老吾老，以及人之老；幼吾幼，以及人之幼。"尊老、敬老作为中华民族几千年灿烂文化之精华源远流长，为了弘扬中华民族传统美德，小组成员们尽自己的绵薄之力帮助老人，用自己热忱的心去温暖老人，让敬老院里因各种原因而失去家庭温暖的老人感受到关爱与幸福。

通过此次社会实践活动，同学们的身心更加明朗，打开心胸去接纳敬老院中孤独的老人，给他们欢乐、给他们祝福。同时呼吁我们每一个人从身边的小事做起，奉献自己的一份爱心，将"服务社会、快乐自己"的宗旨贯彻到底。

图 5-19　学生正在敬老院进行社会服务

（二）大学生社会实践的基本形式

大学生社会实践在形式上主要有四大类型：社会观察类、劳动服务类、就业创业类、学习创新类。

1. 社会观察类实践

社会观察类实践是指大学生有目的、有计划地通过对社会事务、社会现象及社会成员等进行对象性的认识、观察、了解和分析，以获取社会真实情况为目的，认识社会生活本质和发展规律，探寻改造社会、建设社会、发展社会的方向、方式、方法的实践活动，其中包括社会调查、参观考察、现场走访等。社会调查是较为普遍、广泛开展的社会实践活动形式,也是大学生深入社会、了解社会、认识社会的重要途径。在社会调查过程中,大学生走进生动的社会生活,零距离地接触社会成员,观察眼前的万千世界,聚焦现实经济社会发展热点,引发对自身关注问题的深入思考,在感性认识的基础上分析与总结归纳并实现理性升华,达到认识国情、接受教育的目的,同时也服务了社会。

2. 劳动服务类实践

劳动服务类实践是指通过组织引导大学生参加具体生产劳动,帮助大学生增强劳动意识,掌握劳动技能,形成团结协作精神,增强对人民群众的情感,产生对劳动价值的认同感,包括生产劳动、志愿服务、支教帮扶等具体形式和内容。生产劳动,是一种以参与物质资料生产或提供劳动服务为方式的实践形式。大学生参与生产劳动,能够培养劳动观念、服务意识和良好的意志品质,并逐步养成艰苦奋斗、勤俭节约的思想习惯和生活作风,懂得珍惜他人劳动成果以及当前幸福生活的朴素感情;志愿服务是不为任何物质报酬改善社会、促进社会进步所提供的服务。目前,大学生参与的志愿服务内容、形式上主要包括济困助困、社区建设、政策法律宣传、环境保护、大型赛会支援、应急救助等。

3. 就业创业类实践

勤工助学、就业见习、挂职锻炼等是就业创业类实践的主要形式。勤工助学,即以劳务、智力输出为特征,以争取经济效益为目的的社会实践活动。在校期间的创业活动在某种意义上也是勤工助学的一种。勤工助学有助于大学生增强独立意识、服务意识、群众观念,并可内化社会准则,健全社会性人格;就业见习,是大学生在就业前自主选择单位开展的模拟就业的实践活动。就业见习有别于一般在毕业前到就业单位的实习或完全的就业行为。大学生在此过程中不仅可以体会正式就业的劳资关系,还可以借此积累经验,与学校相关老师交流提升认识获得指导,不仅是探索未来职业发展的重要实践方式,也是增强就业竞争力的有效手段。挂职锻炼,是指大学生根据自己和接受单位的实际情况,有计划地联系相关企事业单位担任一定职务并从事相应工作的实践活动。例如,担任政府机关的公务员助理、乡镇农村党支部书记助理、工程师助理等。大学生在承担一部分基层工作的过程中,可以从"旁观者"变成"当事人",既发挥了专业特长,又可以经受锻炼、丰富经验、增长才干。

典型案例13

"90后"女大学生有点"田"

"我们将带动更多的农民就业,让农民和消费者同享美好的生活,我们会一直扎根土地,因为土地总是让人看到希望。"

在第四届中国"互联网＋"大学生创新创业大赛金奖争夺赛的会场,扬州工业职业技术学院杰出校友丁蓉蓉凭借自身创业经历形成的作品《"90后"女大学生有点"田"》,与清华大学、浙江大学、北京理工大学等知名本科院校的学生同台竞技,最终以就业创业组全国第一名的成绩获得金奖,项目也被评为"最佳带动就业奖"。

试种失败　女大学生休学替父"种田"

丁蓉蓉生活在鱼米之乡江苏淮安,从小在父亲经营的蔬菜大棚里长大,对农业有着不同寻常的感情。

2013年暑假,丁蓉蓉去日本亲戚家玩,吃到一种蔬菜,口感嫩脆爽口,了解到这种蔬菜叫冰草,营养成分丰富,在日本深受消费者喜爱。虽然冰草价格当时在日本折合人民币每斤七八十元,但随着中国老百姓的消费升级,还是会有机会的,于是竭力说服父亲试种冰草。由于回国飞机带不了种子,后来费了很大周折才将冰草种子引进到国内。父亲试种冰草一年,反复实验都没有成功,发芽率极低,品质还不稳定。

当时进口冰草种子价格昂贵,眼见父亲的投资打了水漂,一向不服输的丁蓉蓉觉得自己有必要做些什么,同时她也不想错过冰草在国内市场发展的机会,于是她毅然选择休学。

村里人笑话父亲培养的大学生到头来还是回乡种地。"你的任务就是学习,我不同意你休学。"父亲心疼女儿,不想影响女儿的学业,"再说了,你一个女孩子,哪懂怎么种植冰草"。

丁蓉蓉带着父亲的反对和同村人的不理解开始了她的冰草种植之路。而这一种就是4年,她也将土地当作了终身的事业。

有苦有乐　从门外汉变成冰草通

休学期间,她继续冰草的种植试验。从没有干过农活的丁蓉蓉空有一腔热情,却不知道具体该怎么做,但这同时也激起了丁蓉蓉的斗志。因此,她天天吃住在大棚里,晴天一身土、雨天一身泥。为了成功种植冰草,她还上网查找各种资料、到处请教农业专家,经过反复实验,终于在2014年冬天找到了适合冰草生长的温度、湿度、土壤酸碱度、光照强度等环境数据,成为江苏规模化种植冰草的第一人。2016年春节,丁蓉蓉作为现代农业转型的代表,被江苏卫视采访报道。更让人刮目相看的是,前后经过18个月,采用8个大棚对4个变量进行实验,丁蓉蓉于2016年5月实现冰草的引种驯化,培育出了新品种——"大叶冰草",打破了国外对冰草种子的长期垄断,将当时5万元每斤的进口冰草种子的育种成本降到了3000元每斤。

但事实上,她的创业过程并非一帆风顺。

2016年9月,她遭遇了创业以来最大的困难。"当时一心只想着将冰草种植规模扩大,没去考虑推广的问题,结果冰草压在家里销不出去。"丁蓉蓉回忆说,"最穷的时候身上连200元都没有,已经准备放弃了。"后来,丁蓉蓉将创业情况告诉了母校创业学院颜正英老师,在颜老师的帮助下,她申请并顺利获得了学校的创业雏鹰基金10000元,"钱虽不多,但在那个时候真是雪中送炭。"丁蓉蓉告诉记者,学校不仅提供了基金,而且还找专家来帮助她解决高产栽培技术和销售的难题。

"学校专门设立了大学生创业雏鹰基金,每年拿出近百万元资助学生创业,为有创业意愿的同学提供资金、场地、技术等全方位扶持。"扬工院副院长傅伟说,"自雏鹰基金设立两年多来,学校已有21个自主创业的典型学生(团队),丁蓉蓉只是其中之一。"

持续学习　创业不仅是为了做生意

这一次的经历让丁蓉蓉意识到自己经营企业不仅要懂技术,还要掌握财务、销售、管理方面的知识,于是她在种植的同时还挤出时间去学习农业管理知识,并取得了江苏省农产品经济人高级职业技能证书。在基地慢慢有了起色后,她又回到了学校继续学业,并向经管学院的老师认真学习相关财务、销售知识。

为了解决销售的问题,丁蓉蓉一放假就回家,一家家跑超市、酒店推广冰草,"由于我们是大叶冰草的新品种,口感好,冰珠更多,营养更好,很快得到了市场认可。"父亲种植的多是如大白菜、青椒等普通蔬菜,为了提高农产品利润,她致力于高经济价值的大叶冰草等稀有果蔬种植和研究,据了解,仅2018年上半年,基地冰草、草莓、苦菊等农产品的营业额已突破1500万元,其中,冰草不但占据着淮安地区90%以上、华东地区40%的市场份额,销往山东、安徽、四川等多个省份。

丁蓉蓉成功了。她的种植基地面积从最初的数十亩迅速扩大到300多亩,成为华东最大的冰草种植基地,同时被中华全国供销合作总社评为"全国供销合作社系统农民专业合作社示范社"、"江苏省农委评定为"省级园艺作物标准园"。2018 年 6 月,南京江宁区政府将她的冰草项目引进到南京谷里国家现代农业示范园,提供 4000 万国际标准的大棚给她从事冰草研究和种植。如今,南京江宁谷里国家现代农业示范园区、淮安码头镇国家农业科技园区里都有她的智能化现代农业设施。当她踌躇满志地站在一排排种植冰草的智能型大棚前,之前那个力排众议的休学创业决定到底是否正确,最终也被时间所验证。父亲也由最初的反对、质疑到现在的支持,"土地总是让人看到希望,蓉蓉不要光想着做生态农业,而是要改变农业生态。"事实上,她不仅得到了市场和父亲的认可,还带动当地农户的就业,增加了他们的收入。农民原来种植是萝卜黄瓜辣椒等普通蔬菜,现在种植的几十元一斤的冰草。"不仅要带动农民致富,还要促进当地农业结构的转型升级,建设好我们美丽的乡村"。

2018 年 7 月,经学校推荐,丁蓉蓉以其自身创业经历形成的作品《"90后"女大学生有点"田"》,前往南京参加了江苏省第四届"互联网＋"大学生创新创业大赛,在那里一大批创客经验让她获益匪浅,她也如愿获得了一等奖并入围国赛;10 月 15 日,在厦门大学举办的全国第四届"互联网＋"大学生创新创业大赛中,她与清华大学、浙江大学、北京理工大学等知名本科院校的学生同台竞技,其作品再次得到专家认可,以就业创业组全国第一名的成绩获得大赛金奖,项目被评为"最佳带动就业奖"。比赛现场,26 家风险投资人纷纷向她伸出橄榄枝。

鲜花和掌声接踵而至,25 岁的丁蓉蓉并没有被冲昏头脑,"人生充满选择,只有持续学习才能让我们探索更多的未知。"

扬工院党委书记刘金存表示,学校将创新创业教育贯穿于人才培养全过程,着重引导学生强化创新精神,培育创业意识、训练创造能力,培养更多的"丁蓉蓉们",贡献反哺社会,适应新时代要求。

4. 学习创新类实践

学习类实践活动是指,大学生围绕个人所学专业,选择实践内容,将课堂、学校所学内容应用到现实生产生活中,帮助地方解决实际问题。比如,城市规划专业的学生,为乡镇、城区进行城镇建设规划;社会工作专业学生进社区开展社区服务;外语专业的大学生担任国际会议、赛事翻译或外文资料的文字翻译;临床医学专业学生走进社区卫生服务中心、乡村卫生院担任医生助理,积累临床经验等。科技创新类实践不同于在校期间利用课余时间、"第二课堂"科技创新活动中的科学实验或技术创新,更偏重于对实际生产生活问题的解决和创新,通常包括技术改良、工艺革新、产品发明、先进实用技术传播等。大学生科技创新类实践活动,可以增强自身科学素养,弘扬求真务实、开拓创新的科学精神,提高科研能力和知识应用水平,培养良好的学术道德,为经济社会发展献计出力。

典型案例 14

"一村一品"为乡村特色文化产业振兴赋能

为了响应习近平总书记乡村振兴的时代号召,无锡科技职业学院文化旅游学院的一群以梦为马的策划者凝聚成了一支乡村振兴的青年力量。他们以乡村振兴为己任,成立了"微光"工作室,致力于"一村一品"文化旅游资源 IP 塑造。2021 年 4 月,这支青年团队立足鸿山街道,以七房桥村为项目第一个落地点,多次踩点调研,以"文农旅融合"为创新理念,设计策划了"传家训、树家风,助推家风文明——鸿山·七房桥村首届家风文化节"活动,以节事旅游聚集联动效应,带动七房桥村休闲农业、生态旅游、文化体验三方面旅游经济产业链的衍生。项目团队得到鸿山街道和当地公益组织乐乐义工坊的认可,活动成效得到学习强国、网易新闻、交汇点新闻、《无锡日报》《扬子晚报》等主流媒体的报道。

二、当前大学生社会实践运行基本情况

近年来,大学生社会实践主动适应经济社会发展和大学生成长成才的需要,经过不断深化与发展呈现出新的特点。

(一)活动主题导向鲜明

1997 年开始,中宣部、中央文明办、教育部、团中央、全国学联重点组织实施了全国大中专学生志愿者暑期文化科技卫生"三下乡"社会实践活动。这项在寒暑期集中开展的社会实践以"受教育、长才干、做贡献"为宗旨,体现了党和国家及教育本身对社会实践的要求、青年学生自身成长成才的需求和引导大学生促进经济社会发展的客观愿望,从而明确了大学生社会实践的鲜明主题。同时,遵循育人规律,围绕青年学生思想政治教育内容,根据实践活动开展年份的党和国家路线方针政策新要求和重大历史事件、经济社会发展热点

难点,主办单位都会明确当年的社会实践主题(详见表5-1),坚持做到"一年一主题、一年一创新"的原则,紧握时代脉搏、紧跟时代主题,凸显了大学生社会实践的学习性、教育性、社会性、导向性、能动性和创造性。

表5-1　1997—2017年大学生暑期"三下乡"社会实践主题列表

序号	年　份	主　题
1	1997年	传播文明圣火　推进扶贫开发
2	1998年	在服务农村两个文明建设、服务农民生产生活的实践中深入学习贯彻党的十五大精神,深入学习邓小平理论
3	1999年	弘扬"五四"爱国精神　勇担强国富民重任
4	2000年	向新世纪迈进　在实践中成才
5	2001年	播科学圣火　做文明使者
6	2002年	同人民紧密结合　为祖国奉献青春
7	2003年	实践"三个代表"　弘扬民族精神
8	2004年	传承"五四"报国志　落实科学发展观
9	2005年	服务和谐社会建设　提高思想政治素质
10	2006年	践行荣辱观　服务新农村
11	2007年	贯彻科学发展观　服务农村促和谐
12	2008年	勇担强国使命　共建和谐家园
13	2009年	高扬爱国主义旗帜　服务科学发展大业
14	2010年	服务三农发展　建设美好家园
15	2011年	永远跟党走　青春献祖国
16	2012年	青春九十年　报国永争先
17	2013年	实践激扬青春志　奋斗成就中国梦
18	2014年	为祖国勤学修德　以实践明辨笃实
19	2015年	践行"八字真经"　投身"四个全面"
20	2016年	青春建功十三五　携手共筑中国梦
21	2017年	喜迎十九大　青春新建功

(二)实践内容丰富多祥

目前,大学生社会实践内容丰富多彩,与高等学校人才培养工作紧密结合。概括起来主要包括以下四个方面：一是强化理论联系实际的能力，有助于巩固理论专业知识的学习型实践，如结合思想政治理论课的社会调查等；二是认识国情、了解社会，对经济社会发展、改革开放成就进行观察的认识型实践；三是增进劳动意识，密切与群众的联系，在生动火热的生产生活一线锻炼成长的体验型实践；四是以激发奉献精神、增强社会责任感为主的感悟型实践。这些丰富的内容使实践育人有效性得到不断提升。

根据共青团中央某年底的一份调研报告，某年全国高校学生参加暑期"三下乡"活动的情况详见表 5-2。从表中所列全国各级重点团队的实践活动内容来看，实践内容是丰富的。

表 5-2　某年"三下乡"社会实践全国情况统计表

2012 年全国参加活动的学生总数		10242526	
全国级重点团队	团队数量	599	
	参与人数	22113	
省级重点团队	团队数量	8184	
	参与人数	233831	
校级重点团队	团队数量	73944	
	参与人数	2084474	
全国各级重点团队中各类团队数量及所占比例	种植养殖	7222	6.25%
	科技帮扶	11226	9.71%
	产业规划	6166	5.34%
	医疗卫生	9254	8.01%
	文化艺术	11816	10.22%
	教育培训	18514	16.02%
	敬老爱幼	10032	8.68%
	政策宣传	12056	10.43%
	法律援助	5256	4.55%
	社会调查	17115	14.81%
	其他团队	6919	5.99%

各高校开展时间最长、投入精力最大的"三下乡"社会实践活动形式的调查结果详见表 5 - 3。

表 5 - 3　大学生参加社会实践活动形式统计表

实践内容	人　　数	百　分　比
支农支牧	478	21%
社会调查	1042	46%
志愿服务	1384	61%
公益劳动	827	37%
科技帮扶	283	13%
勤工助学	642	28%
参观考察	527	23%
就业实习	405	18%
义务支教	254	11%
其他	110	5%

从调查数据来看，大学生参与社会实践活动的形式由高到低前三项是：志愿服务、社会调查和公益劳动。其他实践形式参与率同样较高，这些实践形式与学习型、认识型、体验型、感悟型实践内容相契合，反映出实践育人要求。

（三）组织过程规范有序

规范、有序、严谨的社会实践组织过程是实践育人取得实效的关键。目前，国家、省市自治区、高校、院系四个层级的组织架构和工作体系有效保证了大学生社会实践的顺利实施。而社会实践的准备启动、组织实施、考核评价三个阶段相互联系、紧密衔接，形成了较为完整的育人过程。个人形式、院系组织的小分队、重点队，学校组织的社会实践团队、大学生自由组织的团队等灵活多样的组织形式，使社会实践的参与面稳步提升，参与率保持稳定。

一是形成了稳定的组织架构和工作体系。在中央层面，暑期集中开展的社会实践活动由中宣部、中央文明办、教育部、团中央、全国学联共同组织实施。其间,每年5月底6月初前后联合下发实践活动通知,确定年度实践活动主题,对当年的实践活动主要内容、重点队的组建、实践方向等进行全面部署,对全国大学生社会实践提出明确要求,实践活动结束后至当年年底进行总结表彰。在省市自治区级层面,一般由团省、市、自治区委联合同级党委宣传部、文明办、教育厅、学联共同开展,根据全国总体部署确定本地区活动主题、重点项目,负责活动的组织实施,进行领域内的总结表彰。在高校层面,主要由校团委等部门根据上级的部署和本校中心工作,开展本校活动的策划、动员和实施。在院系级层面,按照学校的统一部署和安排,制定院系的实施计划,开展培训,组建院系级实践团队,进行基础实践成果的认定等。四个层级的工作机制保证了"三下乡"社会实践活动的全国"一盘棋",明确了实施主体责任,夯实了"自上而下"的组织基础,激发了各个高校、院系和大学生的参与热情。

二是组织实施各阶段衔接紧密。"三下乡"社会实践活动的具体实施总体上分为三个阶段:第一个阶段为准备启动阶段。一般从每年春季开学后,中央一级组织单位根据当年党和国家中心工作人数,设计年度活动主题、重点活动内容和形式,印发专门文件进行部署,各地、各高校根据中央部署进行活动策划、动员,开展前期调研、制定实施方案、进行必要培训、开展实践项目公开招标、组建实践团队、确定经费等保障措施等。第二个阶段为组织实施阶段。一般以6月底团中央等举办的全国"三下乡"社会实践活动启仪式为标志,在7月上旬至8月中旬,各地、各高校陆续开始具体实践活动。第三个阶段为反馈评价阶段。每年9月团中央等部委会专门下发关于"三下乡"社会实践总结表彰的通知和决定,在省市自治区级推荐基础上评选表彰一批省级优秀组织奖、高校先进单位、优秀重点团队和优秀个人。也有省级、校级的总结表彰工作。高校在这一阶段的主要工作内容有进行社会实践工作总结,对实践成果(调研报告、心得体会等)进行评价,实践项目验收,开展评奖评优。

三是组织形式灵活多样。调查问卷(学生)中,针对"你参加过下列哪一种组织形式的社会实践活动?"的问题,数据统计结果详见表5-4。

表5-4 大学生社会实践活动组织形式统计表

组织形式	人　数	百　分　比
个人形式	774	34%
学院小分队	931	41%
学院重点队	282	13%
学校社会实践团队	419	19%
自由组织团队	894	40%

在组织方式和团队建设中注重坚持三项原则。第一,坚持"按需设项、据项组团"原则,也就是在准备启动阶段通过调查研究,提前了解实践地区的需求情况,按项目需求组建实践团队,使大学生和实践地方都能够受益,实现"双赢"。第二,坚持"集中与分散相结合"原则,在组织各级社会实践团队开展实践活动的同时,鼓励大学生依据兴趣爱好、同年级班级专业、相邻的家庭居住地自由组队或个人分散到家乡附近等开展社会实践。第三,坚持"就近就便、灵活多样"原则,在充分考虑实践经费、安全因素、交通地理、环境熟悉程度等基础上,鼓励团队和个人到学校附近、家庭所在地开展实践。坚持这三项原则,一定程度上弥补了实践经费不足的问题,有效促进了更多的大学生参与社会实践,也促成了目前社会实践在组织形式上灵活多样的特点。

(四)育人功能得到显现

社会实践育人目标的实现关键在于社会实践育人功能的发挥。换句话说,社会实践育人功能大与小、多与少、强与弱,决定了社会实践作为思想政治教育重要途径的自身价值。那么,在实际实施过程中,育人功能发挥如何?是否达到了教育者的预期?我们可以通过调查问卷中受调查者的选择来进一步进行分析和归纳梳理。在调查中,笔者围绕社会实践活动育人功能的实现,设计了若干问题选项。相关统计结果详见表5-5。

表5-5 大学生对社会实践育人功能实现的评价结果统计表

育人功能	选项	赞同	比较赞同	一般	不大赞同	不赞同
学习研究深化	学习的积极性提高了	63.40%	21.30%	12.80%	1.60%	0.80%
	对巩固理论知识(包括思想政治理论课、专业课等)有帮助	46.20%	28.40%	20.70%	3.10%	1.60%
	补充了课堂所学知识、有效弥补了课堂教育的不足	51.50%	28.20%	16.70%	2.60%	0.90%
思想政治教育	坚定了践行社会主义核心价值观的信心	49.10%	29.00%	17.70%	2.80%	1.40%
	对于形成正确的世界观、人生观有帮助	57.00%	28.00%	12.40%	1.30%	1.20%
	激发了爱国主义情感	45.80%	28.50%	21.20%	3.30%	1.30%
	坚定了对中国特色社会主义理论、道路、制度的自信	46.10%	26.80%	22.90%	2.80%	1.50%
道德素质	更加讲文明、懂礼貌	57.90%	31.70%	9.00%	0.90%	0.40%
	提高了道德修养	57.30%	29.20%	11.00%	1.90%	0.60%
	坚定了维护正义的决心	55.10%	28.10%	14.40%	1.80%	0.60%
	大学生确实需要为社会做点什么	61.30%	27.30%	9.50%	1.50%	0.40%
身心发展促进	坚忍不拔、艰苦奋斗的精神得到提高	57.00%	29.70%	10.80%	1.80%	0.80%
	意志力得到加强	57.90%	27.90%	11.80%	1.50%	0.90%
	面对未来的社会生活还需要不断磨炼自己的意志品质	63.60%	27.70%	8.70%	1.60%	1.40%

（续表）

育人功能	选项	赞同	比较赞同	一般	不大赞同	不赞同
综合能力培养	学会了如何调整人际关系	50.00%	33.20%	14.10%	1.70%	1.10%
	学会了关心他人	58.20%	29.50%	10.30%	1.20%	0.80%
	学会了与他人合作	59.90%	29.30%	8.60%	1.50%	0.70%
	学会了如何正确处理各种矛盾	53.30%	30.80%	13.70%	1.60%	0.60%

育人功能中的学习能力、思想政治素质、道德素质、心理素质、人际交往能力五个维度，共涉及 18 个选项。从选择情况来看，被调查大学生对所有选项表示"赞同"和"比较赞同"的比例合计每项均达到了 70% 以上，可以认为通过参加社会实践活动，2/3 以上的大学生整体上在这五个方面得到了增强，社会实践活动体现出了较强的育人功能。其中，对"对巩固理论知识有帮助""坚定了践行社会主义核心价值观的信心""激发了爱国主义情感""坚定了对中国特色社会主义理论、道路、制度的自信"表示赞同的占被调查学生人数的一半，道德素质、心理素质和人际交往能力方面选择"赞同"和"比较赞同"的比例更高一些。

三、大学生社会实践的计划与实施

（一）大学生社会实践计划的制订

1. 社会实践目标的分解

社会实践计划的制订是为了完成具体的社会实践目标，而根据社会实践目标的时间跨度和范围，要将社会实践目标进行分解。如果是长期目标，则需要划分成若干个短期目标；或将大的团队目标分解成小的个人目标。这样，分解后的社会实践目标就为具体社会实践计划的制订提供了坐标。目标的分解就是将一个大目标划分成若干个小目标，再把小目标分解成多个更小的目标，这样一直分解下去，一直到知道能干什么、该干什么。注意目标分解的原则是：小目标是大目标的条件，大目标是小目标的结果，小目标是大目标实现的桥梁。

2. 社会实践事项或任务的排序

某一项社会实践目标均对应着具体的工作事项或任务。做任何事情总有个轻重缓急，与大学生社会实践活动相关的事项或任务也有个先后顺序。如大学生在进行社会实践调研时，需要完成电话预约、查询路线、准备社会实践方面的资料、拜访社会实践相关单位（或部门）的相关人员、填写差旅或交通发票、撰写社会实践日志等事项。另外，可能还有其他事情要处理，比如到社会实践相关单位（或部门）进行实地调研、对社会相关部门的相关人员进行拍照等。而这些事项，都需要进行适当的排序，以促使当天的任务能顺利进行。对社会实践事项或任务进行排序非常重要，要注意以下几点。

（1）轻重缓急，要事第一。

紧急的事情，要立即去做。对社会实践活动过程中出现的紧情要非常重视，并立即去做，直到问题解决或任务完成为止。例如，设备出故障，与重点对象进行的访谈，有期限压力的计划，偶发事件（看病、救火）等。

（2）重要的事情，要定出时间去完成。

这类事务看起来一点都不急迫，可以从容地去做却是要下苦功夫、花大精力去做的事，是第一要务。例如，社会实践规划的制订、社会实践技能的提升、创新能力的培养、人际关系的建立、新机会的发掘、安全隐患的防范（销燃防火）等。

（3）不重要的事情，要打发时间去完成。

先想一想：这件事如果根本不去理会，会出现什么情况呢？如果答案是"什么事都没发生"，那就应该立即停止做这些事。例如，并不重要的电话或信件的回复、无谓的交际应酬、个人嗜好的沉迷、点滴时间的浪费等。

（4）其他事情，需要授权他人去做。

这类事务也需要赶快处理，但不宜花过多的时间，最好是授权他人处理或另约时间。例如，下属请示及汇报、临时会议及邀约、某些电话及邮件、日常文件批阅、不速之客到访等。

（5）追求效率，统筹安排。

效率就是单位时间内完成的工作量。据说，一个效率糟糕的人与一个高效的人的工作效率相差可达 10 倍以上。人们在生活或者工作中无论做什么都应当有较高的效率，这在无形中可以延长时间，这是注重效率的好处。同样是一天，同样是一样的工作目标，有的人完成得就比别人好、比别人快，这是为什么呢？除了工作技能的娴熟之外，很重要的一个方面，就是高效率的人懂得统筹安排。我们都知道一个"先装石头还是先装沙子才能发挥罐子最大容量"的故事模型。类比到时间的统筹安排上，就是利用大块的时间处理"大块"的事情，利用琐碎的时间处理琐碎的事情，利用等待的时间兼做其他的事情（比如在旅途中可以打电话或者构思计划）。

（二）确定社会实践活动方案

1. 社会实践活动方案的含义

方案是进行工作的具体计划或对某一问题制订的规划。社会实践活动方案是指大学生为完成社会实践活动所制订的书面计划，包含具体活动实施办法细则及步骤等，对具体将要进行的社会实践活动进行书面的规划，对每个步骤的详细分析与研究，以确保社会实践活动的顺利进行。一份完整的社会实践活动方案应该明确以下问题：社会实践活动的主题是什么？具体在什么时间段开展某项社会实践活动？社会实践活动的目的及意义是什么？有哪些人员参加这项社会实践活动？社会实践活动的具体内容有哪些？社会实践活动的过程如何设计？人们对社会实践活动开展情况有什么评价？社会实践活动是否达到预期的效果？社会实践活动过程中存在哪些困难和问题？对今后开展类似的社会实践活动有什么建议？等等。

2. 社会实践活动方案的主要内容

对事项或任务进行排序以后，要对每个事项或任务拟定具体、清晰的行动方案。行动方案包括七大要素（5W2H）：What——做什么？Why——为什么做？目的是什么？Who——谁去做？联系谁？Where——在哪里做？When——何时做？何时完成？How——怎样做？实施战术？How much——所需资源？需多大代价？具体分析如下。

（1）社会实践活动计划书的名称。

这部分内容尽可能具体地写出实践活动的名称，如《关于舟山金塘留守儿童问题的调研活动方案》，格式为页面居中。当然也可以在正标题后再添加一个副标题写在下面，如《温暖留守儿童，关爱农村教育——关于舟山金塘留守儿童问题的调研活动方案》等。

（2）社会实践活动背景。

这部分内容应根据策划书的特点在以下项目中选取内容重点阐述，具体项目有:基本情况简介、主要执行对象、近期状况、组织部门、社会实践活动开展原因、社会影响以及相关目的和动机。然后应说明问题的环境特征,主要考虑环境的内在优势、弱点、机会及威胁等因素,对其做好全面的分析,将内容重点放在环境分析的各项因素上,对实践活动所涉及的情况进行详细的描述,并通过对情况的预测制订计划。如环境不明,则应该通过调查研究等方式进行分析。

(3)社会实践活动的目的、意义和目标。

社会实践活动的目的与意义要用简洁明了的语言将其要点表述清楚。在陈述目的要点时,该社会实践活动的核心构成或策划的独到之处及由此产生的意义(经济效益、社会利益、媒体效应等)都应该明确写出。社会实践活动的目标要具体化,并需要满足重要性、可行性、时效性等要求。

(4)社会实践需要的资源。

社会实践活动所需的人力资源、物力资源、需要的场地等都要详细列出,而且可以列为已有资源和需要资源两部分。

(5)社会实践活动的开展。

作为策划的正文部分,表现方式要简洁明了,使人容易理解,但表述方面要力求详尽,写出每一点能设想到的东西,避免遗漏。在此部分中,不仅仅局限于用文字表述,也可适当加入统计图表等。对策划的各工作项目,应按照时间的先后顺序排列,绘制实施时间表有助于方案核查。人员的组织配置、社会实践活动对象、相应权责及时间地点也应在这部分加以说明,执行的应变程序也应该在这部分加以考虑。

(6)社会实践经费预算。

社会实践活动所需要的各项费用,应该根据实际情况进行具体、周密的计算后,用清晰明了的形式列出。

(7)社会实践活动中应注意的问题及细节。

内外环境的变化不可避免地会给方案的执行带来一些不确定因素,因此,当环境变化时是否有应变措施、损失的概率是多少、造成的损失有多大、应急措施等也应在策划中加以说明。

(8)社会实践活动负责人及主要参与者。

在方案中要注明社会实践活动的组织者、参与者、社会实践走访的单位及联系方式等(如果是小组策划应注明小组名称、负责人等)。

（三）撰写社会实践活动计划书

为保证社会实践活动的正常进行，参与者都需要撰写不同类型的计划书。比如，简单的计划书，只需要一个 Excel 表即可；而正规一点的计划书，通常都包括三部分：标题、正文、结尾。

1. 标题

计划书的标题有两种写法：一个是"三要素"写法，即由发文机关、计划内容和文种三部分组成，如《××大学五年发展规划总体方案》；一个是"两要素"写法，即省略发文机关，但这个发文机关必须在领头的"批示性通知"（文件头）的标题中体现出来，如《体现学生主体性、开展社会实践活动方案》。另外，为郑重起见，方案的成文时间一般不省略，而且要注在标题下。

（1）全称标题。

全称标题包含以下四项：制订计划单位的名称、计划的适用时间、计划的主体内容和计划的类型，如《水产经理系 2016 年暑期大学生社会实践活动方案》。

（2）简称标题。

简称标题为全称标题的缩写。有的省略时间，如《管理学院大学生社会实践活动方案》；有的省略单位，如《2016 年度大学生社会实践活动工作要点》；有的省略单位和时限，如《大学生社会实践活动工作计划》。

（3）文章式标题。

文章式标题按照计划的内容或要达到的目标来制定。如《开展社会实践活动，提高学生的实践能力》。如果该计划尚未得到批准，则要在标题后或正下方注明其成熟度，如"草案""讨论稿"等字样，并加上圆括号。

2. 正文

计划书的正文一般有两种写法：常规写法，即按"指导方针""主要目标（重点）""实施步骤""政策措施""要求"几个部分来写，这个较固定的程序适合于一般常规性单项工作；变项写法，即根据实际需要加项或减项的写法，适合于特殊性的单项工作。但不管哪种写法，"主要目标""实施步骤""政策措施"这三项是必不可少的，实际写作时的称呼可以不同，如把"主要目标"称为"目标和任务"或"目标和对策"等，把"政策措施"称为"实施办法"或"组织措施"等。在"主要目标"一项中，一般还要分总体目标和具体目标，"实施步骤"一般还要分基本步骤和关键步骤，关键步骤里还有重点工作项目；"政策措施"一般还要分"政策保证""组织保证"和"具体措施"等。计划书也可以是下级或具体责任人为落实和实施某项具体工作而形成的文件,然后报上级或主管领导批准实施。写法要求同上。正文一般由前言、主体和结语构成。

(1)前言(指导思想)。

前言是计划书的总纲,回答项目"为什么做"和"能不能做"的问题,语言应准确鲜明、简练扼要。

(2)主体(计划事项)。

主体是计划的核心内容,要求任务具体、目的清楚、落实到人、措施得力、时限明确等。

(3)结语(执行希望)。

结语一般写希望和意见两项,也有的不写结语。如有结语,要有鼓动性和号召力。

3. 结尾

结尾一般包括两项:制订计划的单位名称和完成计划的日期。日期写在正文的右下方,一定要详写,包括年、月、日,如有必要,最后应加盖公章。

(四)大学生社会实践活动的设计

1. 大学生社会实践活动设计的流程

大学生社会实践活动流程是实践活动设计的基本框架,根据实践活动不同的侧重点,可灵活地调整活动流程的顺序,使实践活动更加贴合实际情况,达到预期理想的结果。

(1)了解实践活动的相关政策。

每年各大高校的暑期社会实践活动一般是以五月中下旬的宣讲工作和布置为开始,到暑期社会实践活动总结为结束。大学生可通过暑期社会实践宣讲会初步了解社会实践活动的主题、内容及政策,也可从各学校网站下载相关文件,或者咨询各院系团委老师或是负责社会实践工作的学生干部等,以充分了解关于社会实践的工作安排和相关要求。

(2)开展前期咨询。

在开展社会实践活动准备工作之前,学生可向学校团委、各院系分团委、各院系社会实践指导教师详细咨询社会实践的主题、内容、流程等。要提前与带队教师和团队成员研讨与实践活动相关的具体事宜,也要向曾参与过暑期社会实践的同学了解活动过程中可能会遇到的问题,从中更详尽地了解暑期社会实践活动的经验教训,以利于社会实践活动更顺利地开展。

（3）确定社会实践活动的主题。

社会实践活动在开展之前,确定其主题是一项非常重要的工作。确定社会实践活动主题之后,就需要确定社会实践活动的方案、内容等。如何确定社会实践活动的主题？社会实践活动组织者主要根据每年校团委暑期社会实践活动的选题范围,结合个人兴趣、相关专业、组织特性以及指导教师的意图,初步确定选题范围。主题初步确定后,可与团队指导教师商洽,最终确立社会实践活动的主题。

（4）发起活动倡议。

社会实践活动组织的核心是寻找活动的核心人员。社会实践活动的组织者可根据课题性质确认团队的核心人员,也可通过同学介绍、学生会等社团部门推荐或者全校性招募等方式选择团队核心成员。核心成员不宜过多也不宜过少,要结合社会实践活动的性质、活动内容、成员能力等多方面因素综合考虑,注重合理搭配。

（5）制订社会实践活动方案。

社会实践活动应由活动核心成员共同制订。一个完整的方案应该包括以下内容:社会实践活动的宗旨、目的、意义,团队其他人员的招募,队员的体能培训方案,社会实践活动进程安排,团队应急预案,活动资金预算等。方案应具有可行性,社会实践活动成员应分工明确,经费预算合理,社会实践活动进度要和学校团委要求的暑期社会实践时间安排相适应。社会实践活动方案初步完成后,可找专业的指导教师和团队的带队教师对方案进行可行性评估,并提出修改意见,确定最终方案。

（6）组建实践团队。

团队组成人员一般包括团队队长、指导教师、联络员、卫生安全员和财务管理员等。团队性质不同,各团队的成员结构也各异。应按照团队制订的社会实践活动计划,有针对性地在全校范围内招募其他团队成员,最终成立实践团队。招募结束后,再次明确团队成员的分工情况,成员间达成共识,共同完善团队社会实践活动方案。

（7）上报社会实践活动。

申请实践团队负责人可以到其所在院系的分团委领取社会实践活动申

请的相关材料,在规定的日期内完成申报材料并上交学校主管部门。社会实践活动申报材料要根据校团委的要求认真、仔细、规范地填写,具体要求可参照当年《暑期社会实践活动通知》中的申报说明。社会实践活动申请材料主要包括:《暑期社会实践活动申报书》《暑期社会实践团队立项审核》《暑期社会实践团队经费预算表》《暑期社会实践活动方案》《安全承诺书》《应急预案》等。

(8)开展团队培训工作。

团队培训是社会实践活动开始前最重要的一部分。团队可邀请有相关经验的教师或往届暑期社会实践的优秀人员对团队成员进行培训。团队培训的主要内容包括生存技能、专业知识、体能、安全知识和紧急医疗知识等。例如,体能训练是开展良好社会实践活动的前提。

对队员们进行针对性的体能训练,既是为了增强他们的身体素质,也是为了培养团队成员间的合作精神,同时也为长时间、高强度的社会实践做好准备。再如,安全、医疗知识培训是暑期社会践活动的必要条件。安全知识培训可有意识地培养队员们的安全意识,使活动发生危险事故的概率降到最低。另外,医疗知识培训可加强团队应对突发事件的能力,在紧急时刻确保团队成员的身体安全。

(9)做好出发准备。

社会实践活动出发前,团队负责人需要再次确认路线、社会实践的内容、是否购买保险、社会实践过程中需要的证件和证明是否备齐等。出发前夕,团队负责人要进一步与实践地取得联系,确保社会实践活动的顺利开展。另外,团队安全管理员需要准备好相关医疗应急用品;各组队员需要自行准备好生活必需品,如相关证件、通信工具、笔记本电脑、笔、笔记本、雨具、水杯、摄影工具以及一般常用药品等。

(10)开展社会实践活动。

实践团队根据实践活动主题统一安排实践活动,力求务实创新,取得实效,切忌走马观花。在实践活动过程中,每位成员每天必须完成不少于一篇的暑期社会实践活动日志,字数不少于200字;活动结束后认真做好总结,总结材料的字数不少于2000字。在此基础上,撰写社会实践的调研报告,字数不少于4000字。有条件的实践团队,还要整理相应的录音材料或摄像记录,并对社会实践活动进行实时报道。实践团队的队长必须每天定时向校团委汇报实践活动的进展,有条件的团队还可以向校团委上传社会实践活动的图片资料。在实践活动开展过程中要特别注意安全,确保社会实践活动稳定有序地进行。如出现紧急情况,应冷静沉着面对,并及时上报学校,以共同解决相关问题。另外,社会实践活动要按照预先设计的方案执行,具体细则视具体情况而定,但要确保在规定时间内完成规定任务,若确实无法完成任务,要及时向校团委做好说明。

(11)整理实践活动材料。

社会实践调研活动结束后,各团队要及时整理调研活动的相关材料。材料主要包括:社会实践登记表、调研图片、录音材料、个人日志、团队总结、社会实践调研报告、社会实践活动鉴定表(加盖实践地点的公章)等。社会实践相关材料汇总后,由团队负责人撰写社会实践验收报告。验收报告主要包括:社会实践活动总结、团队经费列表、个人日志、个人总结、暑期社会实践活动实践单位鉴定表、暑期社会实践成果、新闻宣传报道截图或活动音像图片资料等。

(12)提交验收材料。

实践团队要按照学校团委的相关要求,在规定的时间内送交社会实践的相关材料,存档案,为下一年度开展社会实践活动提供依据。

2. 大学生社会实践的实施

大学生社会实践的实施要通过一定的流程和操作来开展。一般来说,社会实践通过行前准备、活动实施、活动方案调整、活动记录、活动宣传、活动实施总结等步骤来实施。接下来对社会实践实施步骤进行具体分析。

(1)行前准备。

行前准备是大学生社会实践活动实施的重要保障。俗话说,在家千日好,出门一日难。走出校门,踏上社会实践的旅途,衣食住行及有关文件资料等相关准备工作都要做好。

① 衣食住行的准备。

衣:以轻便实用为原则。为防天气骤变,应当根据当地的气候准备一两件较厚的衣服,最好有一套防雨的外套。准备一双舒适的运动鞋和一顶遮阳帽。留意天气动向,及时增减衣服。另外,条件允许时要勤换衣服。

食:以卫生为原则。饮食要有节制、有规律,不要乱吃不明的食物。饭菜宜清淡。同时,一定要多喝水。在进行社会实践活动过程中,走路较多时容易出汗。如果有比较长的行程最好带上饮用水。如果有条件，喝适量淡盐水（1克盐加500毫升水），可补充肌体的需要，平衡汗液带走的无机盐，同时也可预防电解质紊乱。旅途中喝水要少量多次。最应引起重视的是饮水卫生，不要喝生水，尤其是被污染的河水、井水等。

住：以安全为原则。在选择住宿地点时，一定要谨慎，以安全、卫生、少花钱为宜，如企事业单位的招待所、高校留宿处等。注意保证睡眠充足，按时作息，以养精蓄锐。住宿时财物要保管好，贵重物品随身携带，谨防被盗。

行：以简易方便为原则。临行前要检查生活必需品是否齐备，如衣物、洗漱用具、防晒驱虫用品、雨具、常用药品等。行李压缩打包，精简为宜。为防行程颠簸，应当对晕车、晕船等症状有所准备。疲劳会增加晕车、晕船的概率，因此在出发前，必须保证充足的睡眠。在旅途中小睡片刻对晕车、晕船也有帮助。颠簸中切忌饮食过量，最好坐在通风的地方。在晃动中应尽量避免阅读，这可能使人感到眩晕。

拓展阅读

如何预防晕车、晕船

外出旅行乘车、船时，有些人会出现头晕目眩、恶心呕吐等不适症状。这主要是因为有些人内耳中调节人体体位平衡的前庭器官过于敏感，车、船稍加运行震动就会出现较强烈的生理反应，或者是某种因素的刺激诱发所致。这种晕动症只是一时性的病理反应，采取相应的防治措施便可得以避免或缓解。

一是旅行前要充分休息好，保证睡眠，并保持旅途中心情愉快、精神松弛。二是乘坐车、船前不宜空腹，也不要吃得太饱，最好吃些易消化、含脂肪少的食物和水果。三是坐车、船前最好束紧腰带，以减少内脏的动荡，尽量选择较靠前的座位，以减少颠簸，并尽量少活动，让头部紧靠座椅，身体取斜靠位，闭目养神，尽量不看窗外飞逝的景物。四是保持车、船内清洁卫生，注意通风，以减少污浊空气引起的恶心，尽量靠近窗口，避免汽油味造成的恶性刺激。五是在上车、船前半小时，先服一片晕车药；或可在鼻子周围擦些风油精或清凉油，以减轻头晕。长途乘车、船可于每次饭前服一片晕车药，但一日不可超过三次，口含生姜片可防止恶心呕吐，生姜片具有祛风解毒的功用，可带些在身边以备应急之用。

② 相关方案准备。

大学生社会实践活动实施之前要准备好相关的活动方案，比如社会实践活动实施总体方案、社会实践活动应急预案等。此外，还要准备好相关的文件资料、证明等材料。证明材料主要是介绍信、实践地接收证明等。其他文件资料主要包括学生证、身份证、社会实践活动考核表等。

③ 思想准备。

大学生在进行社会实践活动之前，应当在思想上做好充分准备。要把自己的角色从一个学校的学生转换成一个能够融入环境的社会人。社会实践大多是在寒（暑）假进行，夏季高温、暴雨等恶劣天气给社会实践活动带来了一定的阻碍，给参加社会实践活动的部分大学生造成了较大的压力。大学生要从思想上正确认识社会实践活动中遇到的困难，不要因为生活环境、物质条件等外在因素的变化而不适应、垂头丧气，甚至退出实践。参加社会实践的大学生要坚信不经历风雨怎会见彩虹，相信自己有能力、有毅力克服困难，圆满地完成社会实践活动的各项任务。

④ 体质准备。

社会实践的地点有可能会选定在某些大学生的家乡或附近地区，但也有可能会离开家到比较远的地方，有可能会从都市走向农村、从平原走向山川。为了社会实践能够顺利开展和进行，拥有良好的身体素质是必不可少的。毛泽东同志曾语重心长地说出了"身体是革命的本钱"的至理名言，他深知身体对工作的重要性，所以十分注意自己的身体健康。好的身体才能给我们一个精彩的人生。为了保障社会实践活动顺利进行、圆满完成社会实践活动的各项调研任务，大学生要在实践活动开展之前做好体质上的充分准备。例如，加强身体锻炼、调整饮食习惯等。

⑤ 知识准备。

经过系统学习，大学生自身已经具有了一定的知识储备。但是在社会实践开展之前，还是应当有针对性地进行相关知识准备。这里所指的知识准备是大学生对社会实践涉及的专业等方面的知识要有更为深入的了解和掌握，尤其在开展专业型或者学术型社会实践活动时，这方面的准备就更为重要。参加社会实践的大学生还应当对实践地的风土人情、生活习俗等有深入了解，尤其是少数民族地区存在着一些禁忌，这一点更是大学生要知道和注意的，以免发生误会，甚至导致伤害事故的发生。

　　此外,行前还可能有其他方面的准备工作,这都要根据外界环境和客观条件的变化做相应的调整。例如,社会实践活动经费问题,在实践活动开始之前,要根据实践活动的需要提前做好经费预算,在实践活动开展前准备好相应的活动经费。但当物价上涨或交通费用上调后,社会实践活动经费就要相应进行调整,后期的社会实践活动可能需要追加活动经费,以保障社会实践活动的正常进行。

　　(2) 活动实施。

　　在进行了充分的行前准备工作之后,学生个人或各实践团队就要根据计划奔赴实践地开展社会实践活动。在社会实践活动实施时,一般情况下,要紧密结合原定计划、按步骤展开。

　　社团活动是以学校各类社团为基础而开展的实践活动。学生社团一般是以大学生的兴趣、爱好或者专业为基础建立起来的,通过学生社团开展社会实践能够增强学生社团的凝聚力和向心力,扩大学生社团的影响力。同时,学生社团活动也能提升社团成员的思想认识水平,引导大学生在实践中深入社会、了解国情、树立对国家和人民强烈的责任感。社团活动可以社团为单位单独组队,也可与其他学生社团联合组队。一般来说,同一社团可以组建多支团队,但团队成员不得同时交叉参与不同的团队。就流程而言,社团活动和学术研究活动的实施是大同小异的。活动开展时,学生将按照项目申报书上的活动设计开展社会调查、统计调研数据、提供社会服务,并及时向学校团委等部门报送新闻稿,完成相关调研报告的撰写。

　　(3) 活动方案调整。

　　为了顺利完成社会实践活动既定的计划和任务,一般而言,社会实践活动方案在报学校团委等相关部门批准、确定之后便不再进行更改。但是,如果遇到一些特殊情况,则有必要进行调整。这些特殊情况可以分为两类,即客观情况和主观情况。客观方面的情况主要有气候变化、突发的地质灾害等。遇到这些因素,尤其是地震、台风等自然灾害时,一定要及时调整实践方案,确保实践队员的人身安全。主观方面的情况主要有因某种原因不能完成预先协商好的接待任务,造成实践对接单位的衔接不畅;实践队员突发疾病等。对于这种突发事件应该灵活应对,及时调整社会实践活动方案,确保社会实践活动的顺利进行。

（4）活动记录。

大学生社会实践活动一般要经历 2—4 周时间，集中实践时间一般为 2 周左右，做好实践情况的记录对于事后整理和归纳相关材料非常重要。社会实践活动的记录，既可以采用纸质材料书写记录的方式，也可以利用先进的通信媒介，如录音笔、手提电脑、智能手机等进行录音、拍照。记录下来的资料既是社会实践活动开展的证明，也是顺利完成社会实践活动总结的重要保障。

（5）活动宣传。

在大学生社会实践活动开展过程中，要做好宣传报道和信息报送等相关工作。要根据本团队实践活动的开展情况及时与报纸、电视台、网络等新闻媒体联系，深刻挖掘社会实践活动内涵及活动新闻亮点，扩大实施活动的影响力，争取在国家级、省级、市级各主要新闻媒体上进行报道。同时，要及时上报工作材料，切实有效地推进社会实践活动的深入开展。以浙江某高校为例，学校组织的每一支社会实践团队都建立了专属微博、网站、QQ 群及微信群等，在腾讯网站上，根据实践进度情况，实时发布活动情况、展示实践团队风采。实践团队也通过关注"浙江团省委学校部"腾讯官方微博或者"浙江省学生联合会"新浪官方微博并及时向其发送有关社会实践活动的相关信息，让社会及时了解大学生社会实践活动的开展情况及取得的成果。

（6）活动实施总结。

社会实践活动在实施后，要进行全面总结和分析。社会实践实施后的总结，能够让实践的参与者从不同的角度分享实践活动中的所见所闻、认识及感想；能够让参与者回忆、思索社会实践过程中的点点滴滴；能够让参与者充分认识到"实践是检验真理的唯一标准"的真谛。在实践中，参与者能够发现自身存在的缺点和不足，更好地提升自己。社会实践实施后的总结也能够凝练社会实践开展过程中取得的经验，能够帮助大学生发现社会实践实施中存在的不足，为下一次社会实践活动的顺利开展奠定基础。

四、无锡科技职业学院社会实践具体做法

将劳动教育融入社会实践中。无锡科技职业学院积极组织以弘扬劳模

精神和工匠精神为主题的讲座、论坛,开展以"劳动"为主题的演讲比赛、摄影比赛等活动,传播劳动精神和工匠精神;定期举办劳动技能竞赛,让学生参与其中,感受劳动的快乐;组织大学生利用寒暑假开展系列社会实践活动,倡导大一学生走进企业关注一线劳动者,倡导大二学生赴经济发达地区感受和谐劳动关系,倡导大三学生开展以"劳动"为主题的社会调查活动,倡导学生选择去基层就业。提倡"做中学"和"学中做",手脑并用、知行合一。通过吴文化进校园,地方文化进社区、街道,与名匠大师学习等形式,传承惠山泥人等非遗艺术,学习工匠精神、劳动精神。通过此类实践教育,对大学生开展有意识、有目的的劳动情怀宣讲和实践活动,促进青年学生自立自强,达到立德树人有道、春风化雨无声的效果。

典型案例 15

五虎迎春·吉祥虎践行非遗
无锡科技职业学院探索剪纸中的吴地中国年

正值新春之际,无锡科技职业学院的大学生们在家围绕虎年新春主题进行了剪纸艺术再创作。通过剪刻各种福虎剪纸,用一张张中国红的剪纸作品表达辞旧迎新、接福纳祥的美好愿望。

剪纸是无锡市第三批非物质文化遗产代表性项目之一,自古至今经久不衰。剪纸艺术是地方优秀传统文化表现形式和载体之一,它凝结和展示了吴地人民淳厚隽永的民情与风俗,更延续了广大劳动人民对传统非遗文化艺术的传承与热爱。

坐落于吴文化发源地的无锡科技职业学院,深度挖掘人文、民俗、习惯、风土等丰厚的地域特色文化资源,吸收区域文化之精髓,在非遗的传承和传播中主动作为。

无锡科技职业学院数字艺术学院依托专业特色,从传统文化中找到原点,从地域文化中找到支点,从当代文化中找到契合点,探索多元课堂,传承创新实践。学院将教育教学与文化的传承创新统一于人才培养过程中,组建了"专业教师＋传承人＋专家"的教学团队,在开展教学过程中,把吴地非遗项目的形式、内容、色彩和纹样等元素进行提取再创作,将红色元素和时代信息融入传统的非遗作品;组织学生参加"非遗"实践活动,开展"非遗"产业策划、文化创意产品设计等相关活动;指导学生在毕业设计选题中,以"非遗"相关选题作为毕业设计内容，引导学生参与"非遗"保护、传承和创新性设计等工作。

图 5-20　同学们的作品

　　近年来，学院通过课程、教学、项目、社会实践等将美育与思政教育相互融合，以吴地非遗传统文化为抓手，将工匠精神培养和文化内涵提升相互贯通。深入挖掘地域文化的鲜活内涵和个性魅力，推动地方非遗传承创新，推进中华优秀传统文化创造性转化、创新性发展，为青年学子夯实文化自信的根基提供强大动力。

思考题

"区校一体"趋势下,结合自身学院实际,你将参加哪些社会实践活动?

实践任务

接触社会、了解社会、服务社会——社会实践之行

改革开放以来,我国经济快速发展。经济结构转型时期,就业市场竞争日趋激烈,大学生就业压力与日俱增。越来越多的在校大学生对兼职的关注度不断提高,希望通过兼职提升个人就业竞争力,从而接触社会、了解社会、服务社会。

作为新时代的一名大学生,结合上述材料,进行主题为"接触社会、了解社会、服务社会"的社会实践,并写出一份社会实践报告(不少于 800 字)。

一、写作要求

1. 社会实践的难点。

2. 社会实践的关键点。

3. 我的社会实践报告思路。

4. 我的观点。

二、结果评价

教师可参考下表对学生的社会实践报告进行评价。

社会实践评分表

评价标准	评价细则	分值	分数小计	教师评价
报告完整	顺利完成并上交完整的社会实践报告	20		
注重事实	用事实材料阐明观点	15		
	引出符合客观实际的结论	15		
理论阐述	有叙有议,叙议结合	15		
	逻辑清晰,观点鲜明	15		
语言简洁	语言流畅,不拖泥带水	10		
	善用比喻,可读性强	10		

项目六　劳动教育与园区创业

学习目标

1. 了解劳动教育对培养大学生创新素质和创新创业能力的作用。
2. 理解创新创业的概念和特点,以及职业院校学生所需的能力。
3. 了解无锡科技职业学院服务高新区在创新创业方面的实践。

模块一　劳动与创新素质

案例导入

职校生进清华当实训老师：通百才不如专一门
为弥补遗憾选择读大专

王佐是来自农村的一位普通男孩，初中毕业时，出于对未来就业的考虑，他放弃了读普通高中的机会，而选择了从业面较广的北京电子科技职业学院机电一体化专业，从此开启了他与母校长达7年的缘分。而真正让他做出选择的，是中专时一个小小的遗憾——因意外而在学校数控大赛中退赛的经历。"越到临毕业时，想要弥补这个遗憾的心情越迫切。出于小小的'报复心理'，我选择继续读书，中专时没做好的事，让我在大专完成。"

大专时，王佐选择的仍是机电一体化专业，"我从来就没有考虑过换专业，只有长期、系统地学习才能真正精通一门学问。我一直认为'通百才不如专一门'，以后我要靠这一门手艺'吃饭'呢"。而中专时的遗憾，王佐也在大专时圆满弥补了。"大一的时候，在北京市机电比赛中，我们团队获得了二等奖的成绩；大二时，我们以北京市一等奖的名次入选全国比赛。"

赛前训练的艰苦至今让王佐记忆犹新："每天早晨五点半就要起床，七点准时来到赛场模拟训练，一直到晚上八点才能回宿舍。"训练期间，一个突发的家庭变故让王佐措手不及——家中60岁的爸爸突然心脏病发住进了医院，需要做搭桥手术。接到消息时，训练场上的王佐有点茫然失措。他的指导老师赶忙催他回家，帮他打车的同时，还不忘在他的兜里塞上500元钱。忙完了父亲的手术，王佐迫不及待地回归了训练的队伍，并在此后的全国比赛中获得了二等奖的好成绩。"比赛的结果并不是最重要的，最重要的是在比赛的过程中，我学到了许多在平时课堂上没法学到的实践知识和临场经验。"王佐总结。

出乎意料当上"大学老师"

一转眼,7年的学习生涯已到尽头,王佐面临着毕业、就业的考验。就在经历了第一次面试失败的心理调整期后,机会敲开了王佐的房门。由于性格乐观、技术纯熟,王佐被院系的老师推荐到北京吉利学院担任数控和车床两门实践课程的指导教师。当上老师、教书育人,让他既惊喜又忐忑。刚开始的一个月里,王佐还真有点"问心有愧",觉得自己还是一身学生气,哪有教书的经验,怎么带学生? 这时候,母校院系里的各位"大神级"的老师们纷纷发话:"佐儿,刚参加工作不容易,有什么不会的随时发问,我们随时作答。"吃下了这颗"定心丸",王佐开始在工作中发奋积累经验,遇到不懂的积极提问,努力改变"新兵上阵"的生涩和尴尬。

那段时间,王佐平时不敢开腔说话,因为嗓子都是哑的。经过一个月的琢磨、切磋,王佐提高了教学的水平,终于成为一个站在讲台上无愧于心的老师。最让王佐头疼的还是怎么和与自己年龄相仿的学生相处。王佐给自己的定位是"课上负责的老师,课后亲切的同伴"。虽然跟同学们"打成一片",但课上传道授业的王佐是认真的,尤其是在操作过程中涉及安全问题的时候,他的表现会尤其严肃。一件小事让王佐记忆犹新。一次在实践课上,学生们的机床马上就要启动了。出于对学生安全的负责,王佐在嘱咐大家检查机床后,又亲自检查一遍。他猛然发现一个学生的机床上还插着刚才调整机器使用的扳手,这发生在高速运转的机床上,必然会带来不可收拾的惨痛后果。此时,学生已按下启动开关,王佐一个箭步冲过去,"啪"地按停机器,摘下扳手。这个学生目瞪口呆,吓出了一身冷汗。王佐并没有狠狠批评惊魂未定的学生,而是在安抚过后向大家仔细解释这个失误可能造成的严重后果。"这次的有惊无险之后,大家都知道遵循'安全第一'的守则了。"

一年半下来,王佐教过的学生多达数百人,不少都成了贴心的好朋友。"有时,中午课间我在教室闭目休息,就会听到吃过午饭的同学们之间互相叮嘱:'小声点儿,佐佐太累了,让他好好睡一会儿。'"

挑战自我来到名校清华

2013年,王佐突然接到母校北京电子科技职业学院校领导的电话,叫他回校一趟。一见面,院长问他:"想不想挑战一下自己?"王佐斩钉截铁地回答:"想!"院长卖了个关子又问:"想不想去世界名校工作?""想!"院长再次直接发问："想不想去清华大学工作?"王佐却没说话,当时他心里别提多激动了："我能不想吗? 我是连想都没敢想!"

原来,由于性格善良、经验丰富,学校把他作为优秀毕业生推荐到了清华大学基础工业训练中心做实训指导教师。数字铣床、数字车床、3D 打印、三坐标测量……努力的王佐是单位里持有上岗证最多的那个人,他指导过的学生至今不下千人。

清华是名校,学生们既有想法又有性格,职校毕业的王佐站在讲台上却一点儿都不发怵,"术业有专攻,在机电一体化专业方面我力图学得最深入、教得最详尽"。十年来,王佐不改初衷,从来没有放弃对专业的热爱和探索。王佐说,自己做到了对每一个学生都问心无愧,并将一直坚持下去。

(资料来源:央广网,内容有改动)

一、劳动和创新

在人类的历史长河中,创新和劳动是历史发展、社会进步的根本动力,人类在不断的劳动创新中创造了新世界。发展动能不仅需要国家创新驱动,更需要创新人才的推动。高校是人才培养基地,培养具有创新素质的劳动者,既是新时代人才培养目标,又是历史责任和使命。

在 2018 年的全国教育大会上,习近平总书记再次强调,要在劳动态度、劳动认识、劳动实践上,对学生予以积极引导,在学生中弘扬劳动精神,提倡"辛勤劳动、诚实劳动、创造性劳动",使学生"懂得劳动最光荣、劳动最崇高、劳动最伟大、劳动最美丽的道理"。习近平总书记关于劳动教育的重要论述,既有现实针对性,又有深刻的新时代内涵,对高校加强劳动教育、培养创新型人才提出了新要求,对劳动教育融入高校育人体系提出了新任务。"培养德智体美劳全面发展的社会主义建设者和接班人"成为高校人才培养的重要目标。

二、劳动在提升大学生创新素质中的作用

人的创新素质,包括突破传统、打破常规的创新精神、创新意识、创新思维、创新人格,以及想象力、洞察力、直觉力、预测力、善于捕捉机会的能力等。创新离不开劳动,创新素质的培养离不开劳动教育。

（一）创新精神在劳动中塑造形成

马克思对劳动、劳动精神、劳动价值、劳动教育有诸多论述，他认为劳动是人们谋生的手段，是个人获得物质需要的基础。劳动创造了社会物质财富，同时还创造了精神财富。人性是追求至美至善、追求彻底自由的，而只有劳动才能使之达成。人通过劳动作用于客观世界，实现自我价值和超越自我，得到快乐和满足。劳动不是简单的体力劳作，而是人在改造自然的实践过程中，怀着好奇心、求知欲，以批判和怀疑的科学精神，不断地提出问题、解决问题、总结经验，并形成敢闯、敢冒风险的创新精神和创新人格。

（二）创新能力在劳动中锤炼获得

马克思主义理论从唯物史观的角度，论述了劳动是人类的基本存在方式和本质特征，是人类社会生存发展的基础和决定性因素。劳动不仅创造人类、创造历史、创造新世界，还推动着社会历史创新发展。停止劳动，社会将濒临灭亡；停止创新，社会将停滞不前。

人的劳动过程是综合能力运用的过程，不仅有劳动基本技能的运用，同时还伴随着神奇的想象力、深刻的洞察力、敏锐的直觉力和大胆的预测力等创新能力的运用。创新能力不是天生就具有的，需要在劳动的锤炼过程中融入创新教育，最终才能形成。马克思主义教育学原理强调，劳动是实现人的全面发展、创新发展的重要途径，劳动形成人的本质，创新促进人的完善。

劳动教育是新时期党的教育方针之一，是社会主义教育的根本原则，是中国特色社会主义教育制度的重要内容。在高校，无论是专业教育还是通识教育，都要融合创新素质教育与劳动素养教育，其目标是促进学习者形成创新思维和劳动价值观，提升创新素质和劳动素养。

三、创新素质培养和高校劳动教育

国家从战略高度推动创新教育，提出建设创新型国家。党的十七大、十八大对创新人才培养做出重要部署，党的十九大提出"鼓励更多社会主体投身创新创业"。在大众创业、万众创新的时代背景下，劳动者呈现出诚实劳动、创造性劳动的鲜明特征。因此，在高等教育中融入劳动者创新素质培育具有重要的现实意义，高校要将马克思主义劳动教育观、劳动价值观，以及创新素质作为劳动教育的重要任务。

（一）劳动教育是培养具有创新素质的社会主义建设者的需要

新中国成立至今，在中国共产党的领导下，中国人民一步步将一穷二白的国家建成在世界上具有重要影响力的大国，靠的就是辛勤劳动和创新强国。在新时代，中国人民有着"两个一百年"宏伟目标和实现中华民族伟大复兴的中国梦，更有着对美好生活的强烈向往，而要达到宏伟目标和实现中国梦，靠的也是辛勤劳动和创造性劳动。因此，开展劳动教育和创新教育是新时代人才培养的必然要求。

培养具有创新素质和劳动素养的社会主义事业建设者和接班人是我国高校的重要育人目标，而倡导劳动精神和创新精神是高校教育的应有之义。2004 年 10 月 15 日发布的《中共中央国务院关于进一步加强和改进大学生思想政治教育的意见》，从社会实践的角度推动思政与创新教育、劳动教育的融合，要求高校大学生思想政治教育要创建将"社会实践与专业学习相结合、与服务社会相结合、与勤工助学相结合、与择业就业相结合、与创新创业相结合的管理体制，增强社会实践活动的效果，培养大学生的劳动观念和职业道德"。为深化改革，培养创新人才，建设创新型国家，2015 年国务院颁布《关于深化高等学校创新创业教育改革的实施意见》，提出"加快培养规模宏大、富有创新精神、勇于投身实践的创新创业人才队伍，不断提高高等教育对稳增长促改革调结构惠民生的贡献度"。

习近平总书记强调"教育引导广大青少年牢固树立热爱劳动的思想、牢固养成热爱劳动的习惯，为祖国发展培养一代又一代勤于劳动、善于劳动的高素质劳动者"。把劳动教育提到与德育、智育、体育、美育同样的高度，强调要培养"德智体美劳全面发展"的社会主义建设者和接班人。

（二）劳动教育与创新教育是高校思想政治工作的重要内容

劳动教育是社会主义教育的根本原则。高校不仅要教育和引导大学生坚定理想信念、锤炼意志品格、践行社会主义核心价值观，引导他们努力学习科学文化知识、提高本领，还要鼓励他们树立正确的人生观和世界观，将实现个人抱负和远大理想与国家民族的发展需要结合起来。同时，高校要加强大学生的创新教育，培育学生的创新思维；加强劳动教育，培育学生的劳动情怀，让大学生牢固树立劳动意识和养成劳动习惯，使他们掌握专业的劳动技能，在求职就业过程中更加理性和务实。由此可见，培育创新精神和劳动精神是高校思想政治工作的重要内容。习近平总书记将劳动教育与德智体美四育并列,既凸显劳动教育的必要性,也充分肯定德智体美劳五育并举、协同育人的重要性。

劳动在创新教育中扮演着重要的角色,创新体现在智力活动和复杂劳动的实践中。完善创新人才培养模式,要求高校将创新教育融入强化劳动观念、增强劳动知识和提升劳动技能的劳动教育中,激发大学生的创新精神,培养其创新素质,并且要大力弘扬劳动精神,让大学生在学校的创新学习和社会实践中体悟劳动,以劳创新,为社会服务,从而增强其个人价值感。

(三)劳动教育是培育学生创新素质的需要

在物质日益富足的新时代,在培养孩子的过程中,不少家庭和学校重视智育发展、看重学业成绩,部分学生因而缺乏创新素质教育和劳动锻炼,没有形成创新思维和劳动习惯,这不利于他们的健康成长。高校要把学生培养成对社会有用的人,就要让他们体味劳动的艰辛,在劳动中塑造健康的心理素质,在拼搏奋斗中磨炼意志品格,使他们形成正确的劳动价值观。高校教师要让学生勇于面对新事物,在创新中不断挑战自我,体会自我实现的价值感和获得感,从而塑造创新精神、形成创新思维,获得受益终生的宝贵精神财富。

如何将创新精神、劳动精神融入创新教育和劳动教育,渗透到学生的学习和生活中,是高校面临的重要课题。劳动教育是创新素质养成的重要途径,高校要引导学生以辛勤劳动为荣、以好逸恶劳为耻,养成好的劳动习惯,在劳动创造中追求卓越,实现人生价值。学校可通过专业实习实训、志愿服务、社会实践等活动,让学生深入体会劳模精神、劳动精神和工匠精神的精髓,同时,在劳动教育中融入创新素质教育,使学生在潜移默化中形成创新劳动的职业素养,不断成长为既有创新精神又有劳动本领的劳动者。

四、基于创新素质培养的高校劳动教育途径

大学阶段是学生的创新精神和价值观成型的关键时期,也是大学生学以致用、适应社会的开端。因此,高校要贯彻落实劳动教育、创新教育,建构大学生创新思维训练体系和劳动知识技能体系,并将它们融入人才培养体系的各个环节,使学生重视和认同创新教育和劳动教育,通过专业学习和开展形式多样的实践活动,培育大学生的创新素质和劳动素养,促进其全面发展。党中央、国务院高度重视劳动教育,为全面指导和全力推进劳动教育,

印发了《关于全面加强新时代大中小学劳动教育的意见》。教育部为推动落实劳动教育，制定《大中小学劳动教育指导纲要（试行）》，指导如何把劳动教育在各学段的学校教育中一以贯之，着力构建德智体美劳"五育并举"的育人体系。

（一）劳动教育融入思想政治教育及创新精神培育

在劳动教育中开展思想政治教育、将思想政治教育融入劳动教育中，是一种有效的互促模式。创新精神、劳动价值观与社会主义核心价值观一脉相承，社会主义核心价值观体现了劳动精神和创新精神，与大学生的价值取向、创新素质、职业精神和职业素养具有一致性。敬业、诚实劳动充分体现了职业精神。爱祖国、爱人民、爱劳动、爱科学、爱社会主义的社会主义核心价值观是国家倡导的社会公德，爱劳动是公民的公德之一。在 2018 年召开的全国教育大会上，习近平总书记强调"要在学生中弘扬劳动精神"，"培养德智体美劳全面发展的社会主义建设者和接班人"。因此，高校着力培养创新人才，在对学生进行公民道德教育、人格塑造时，要将劳动教育和创新教育融入思想政治教育的始终。

具体来讲，学校可以通过建立以"劳动教育、创新教育融入学生思政工作"为研究和实践方向的"辅导员工作室""创新创业工作室"，引导和组织学生参与科学研究、创新创业实践、志愿服务活动等，培育学生的劳动素养和创新素质。又如，可以在"五一"国际劳动节前后举办"劳动体验日"和"劳动知识有奖竞猜"活动。还可以在学校的各类网站和新媒体平台上对劳动模范、大国工匠的优秀事迹进行报道，营造劳动光荣的氛围，弘扬劳模精神、劳动精神和工匠精神等，给学生树立榜样。

（二）劳动教育融入学校课堂教学及创新思维培养

高校要努力构建德智体美劳全面培养的教育体系和高水平的人才培养体系。课堂教学是育人的主阵地。在课堂教学过程中，教师应对学生进行劳动教育的熏陶和创新思维的训练，将创新精神、劳动观念、劳动知识和技能等融入其中，作为教学的重要内容进课本、进课堂、进头脑。在专业实践教学环节，有针对性地让学生进行专业实践训练和劳动锻炼，使学生在课堂教学过程中就能了解所学专业的最新研究课题，学习相关专业劳动技能，掌握劳动本领，让学生真正懂得创新劳动在学习和社会生活以及个人成长过程中的重要性。

　　劳动就是创造,创新创造必须通过劳动实践来实现。劳动教育有助于增强学生的劳动能力和创新创业能力。培养创新型人才已成为当今高等教育的使命和责任,因此,高校要在大学生中广泛开展劳动教育、创新教育,增强其实践能力,培养大学生正确的劳动价值观和创新创业意识,提升其创新创业能力,鼓励他们创造性地劳动。

拓展阅读

培养创新思维能力的5个方法

日常生活中,我们可以用以下5个方法培养自己的创新思维。

1. 用"求异"的思维去看待和思考事物

在我们的学习、工作和生活中,多去有意识地关注客观事物的特殊性。不拘泥于常规,不轻信权威,以怀疑和批判的态度对待一切事物和现象。

2. 有意识地从常规思维的反方向去思考问题

如果把传统观念、常规经验、权威言论当作金科玉律,我们的创新思维活动往往无法展开。因此,面对新的问题或长期解决不了的问题,不要习惯于沿着前辈或自己长久形成的、固有的思路去思考问题,而应从相反的方向寻找解决问题的办法。

3. 用发散性思维看待和分析问题

发散性思维是创新思维的核心,其过程是从某一点出发,任意发散,既无一定方向,也无一定范围。发散性思维能够产生许多可供选择的方案、办法及建议,能提出一些独出心裁、出乎意料的见解,使一些似乎无法解决的问题迎刃而解。

4. 主动地、有效地运用联想

联想是在创新思考时经常使用的方法,也比较容易见到成效。我们常说的"由此及彼、举一反三、触类旁通"就是联想中的"经验联想"。任何事物之间都存在着一定的联系,这是人们能够采用联想的客观基础。因此,联想最主要的方法是积极寻找事物之间的关系,主动地、积极地、有意识地思考它们之间的联系。

5. 学会整合,宏观地看待事物

我们很多人擅长的是"就事论事",或者说看到什么就是什么,思维往往会被局限在某个片区内。整合就是把对事物各个侧面、部分和属性的认识统一为一个整体,从而把握事物的本质和规律的一种思维方法。

(三)劳动教育融入学生第二课堂及创新能力提升

学生第二课堂是实施素质教育、使学生成长成才的重要途径和有效方式。学校在第二课堂开展创新教育主要是培养学生的创新素质,进一步深化他们的专业知识。学校在第二课堂开展劳动教育时,要以提升创新能力为目标,不断优化学习方式,融合学习内容,提炼一些好的做法。例如,组织主题班会,讨论"劳动"的本质和新时代劳动精神的内涵;加强劳动价值观教育;聘请劳动模范、行业专家举办沙龙、座谈会或论坛;开展关于劳模精神、工匠精神的大讨论;开展以劳动为主题的征文、演讲活动;组织参观劳模相关事迹展;创建劳动教育基地;等等。同时,教师在第二课堂上要积极组织学生参加劳动实践,如勤工俭学、发明创新等,也可组织学生到街道、服务机构从事志愿活动。通过动手动脑、出力流汗,让学生从思想上追求创新、崇尚劳动、尊重劳动者,从行动上勇于创新、践行劳动、乐于劳动,在技能上学会创造性劳动,以达到劳动育人的目的。

(四)劳动教育融入学生自我管理及创新人格塑造

学习是脑力劳动,也是一种创新劳动。劳动教育有助于增强大学生学习的主动性和创新性,促进其专业知识的学习。有些学生沉迷于网络游戏,不愿学、不勤学,学习动力不足,缺课严重,在课堂上当"低头族",不仅严重影响校风学风,而且有损当代大学生的精神风貌。高校要发挥大学生的主体地位,重视学生的自我管理、劳动养成和创新素质培育,使学生认识到掌握科学知识需要付出艰苦努力、创造社会财富需要付出艰辛劳动,还要让学生明白社会经济发展必须依靠创新创造,而不是简单的重复劳动。大学生只有参与到劳动过程中,才能体会劳动成果的来之不易,从而懂得尊重他人的劳动、尊敬劳动者,自觉珍惜劳动成果。

艰苦奋斗是中华民族的传统美德,也是社会主义精神文明建设的重要内容,而劳动教育有助于培养大学生的艰苦奋斗精神。大学生经济尚未独立,生活开支主要依靠家长提供。高校要着力培养学生自立自强、艰苦奋斗的精神,加强劳动教育,引导大学生刻苦学习、锐意进取,增强责任意识,能经受住困难和压力的考验,通过劳动为社会多做贡献。

（五）劳动教育融入家庭养成教育及创新意识形成

教育需要学校、政府、家庭、社会合力推进。家长是学生的养育者和启蒙者，为孩子开启"人生第一课"。作为人生导师，家长要教育孩子掌握基本的生活劳动技能，帮助他们扣好人生第一粒扣子。

父母在家庭教育中，要对孩子的劳动习惯、创新素质进行养成教育，鼓励他们参与家庭劳动和创新活动，在日常的家务劳动中，培养个人生活自理能力，养成良好的劳动习惯，珍惜来之不易的劳动成果，感恩劳动者的付出，让正确的劳动观念在脑子里扎根，在劳动实践中掌握生活劳动技能，塑造自立自强的意志品格。家庭教育中要保护和激发孩子的想象力、洞察力、直觉力、预测力和善于捕捉机遇的能力，尤其在生活劳动技能的养成过程中要融入创新教育，使他们形成创新思维。

（六）劳动教育融入校园文化建设及创新氛围营造

校园文化建设是高校开展学生思想政治工作的有效载体，也是育人体系中的重要内容。在培育创新性人才的过程中，高校要加强校园文化建设，尤其要营造创新氛围，重视和充分发挥大学生的主体性作用，把创新精神内化为学生学习的动力，把劳动教育目标内化为行动自觉，切实提高劳动教育、创新教育的有效性。学校可通过举办创新沙龙、创新大赛和创新实践活动，营造浓厚的创新文化氛围。学校还可通过邀请劳模开展"劳模大讲堂""大国工匠进校园""大国工匠面对面"等品牌活动，组织志愿劳动，开展文明班级创建、文明宿舍评比和学生评奖评优等活动，增强大学生主动劳动的意识，使大学生善于劳动、乐于劳动，树立劳动光荣的社会主义劳动观，从而形成崇尚劳动的校园文化。

（七）劳动教育融入学业职业发展及创新发展促进

大学阶段是大学生形成劳动价值观、提升职业劳动能力以及提高创新素质的重要时期，也是学生从校园走向职场的探索阶段。这一阶段大学生面临职业选择，面临社会角色的变化，即将从学生转变为职场人，劳动形式将由在校园读书学习转变为在职场工作。因此，作为走向职场的社会人和创新型国家的中坚力量，大学生不仅要有积极的劳动态度，具备职场人的基本专业素质、创新素质、劳动技能，更要主动承担劳动任务，进行创新劳动，努力贡献自己的力量。

五、大学生发展创新能力的措施

（一）练就过硬本领

奋斗新时代，青春正当时。我们身处的新时代，是人人皆可出彩的"大舞台"。可以说，时代为我们施展才华、竞展风采提供了广阔舞台，为我们实现人生理想、创造美好生活打开了宽广空间。

如今，知识更新不断加快，社会分工日益细化，新技术、新模式、新业态层出不穷。这也对我们的能力素质提出了新的更高要求。成就自己的人生理想、担当时代的神圣使命，尤其需要我们努力学习掌握科学知识、提高内在素质、锤炼过硬本领，使自己的思维视野、思想观念、认识水平跟上越来越快的时代发展。

（二）用创新引领未来

创新，是人类社会发展生生不息的动力。当今世界，创新已经成为国家发展的动力源，成为民族兴旺的助推器。创新更是时代的主旋律。我们面对的是日新月异的世界，我们从事的是前无古人的事业，创新是掌握民族发展命运的关键之举，是战胜各种风险挑战的制胜之道。

对于个人而言，我们要与时俱进、开拓创新，努力抓住发展的机遇，不断开创国家各项事业的新局面；要不断在实践中探索前进，永不自满，永不懈怠，努力使工作体现时代性、把握规律性、富于创造性；要充分发挥敢想、敢闯、敢为天下先的特点，努力学习知识，积极增长才干，用创新创造为深化改革增添动力，用新的业绩为科学发展增添活力，使青春的价值在推进民族复兴伟业中充分彰显。无数青年成长的事迹充分说明，成功从不偏爱谁，练就真本领、硬功夫，就能打开属于自己的一片天空，就能成就自己的人生梦想。

（三）用技能成就梦想

十八大以来，党和国家高度重视职业教育，经费投入大幅增加，办学条件明显改善，发展环境不断优化。职业教育迎来前所未有的发展黄金期，一个世界上规模最大的现代职业教育体系框架已经基本建成。

站在这一起点上，我们应顺应时代潮流，以培养高素质劳动者和技术技能人才为目标，培育自身精益求精的工匠精神和爱岗敬业的劳动态度，为"中国智造""中国创造"而努力，为当前职业教育面临的时代使命而奋斗。

拓展阅读

世赛冠军胡萍的"工匠"梦

21 岁的胡萍，圆圆的脸，齐耳的短发，戴着大框眼镜，笑起来萌萌的，很难把她和"世界冠军"联系在一起。但这个北京姑娘真的做到了。她在 2017 年 10 月举行的第 44 届世界技能大赛上，战胜 29 个国家和地区的选手，夺得服装技术项目的金牌。她也是我国金牌得主中唯一的女选手。

2013 年，刚刚 17 岁的胡萍踏进了北京市工贸技师学院，第一次走进服装系的实训室，笨手笨脚使用缝纫机的那一幕让胡萍至今难忘。胡萍回忆："从小我就是一个喜欢动手、喜欢画画的孩子，在有着 44 年历史、培养了许多知名设计师和工艺师的服装专业学习，让我离梦想越来越近。"

北京市工贸技师学院，是胡萍"工匠"梦开始的地方。2015 年，胡萍 19 岁。她的学姐，当时刚满 20 岁的陈碧华代表中国参加第 43 届世界技能大赛时装技术项目比赛并斩获铜牌。胡萍备受鼓舞，当时就暗下决心：一定要刻苦学习、认真训练，一定要参加这个比赛，一定要向学姐那样身披国旗站在世界技能大赛的领奖台上！

2016 年 8 月，胡萍 20 岁。经过一年大赛班的学习和训练，胡萍通过了北京市选拔赛和全国选拔赛，成功入选第 44 届世界技能大赛时装技术项目中国集训队。通过集训的打磨，胡萍增强了主动意识、沟通能力与技巧，规范了技术动作，提高了适应陌生工作环境、工具设备、交流对象的能力。训练的过程虽然艰苦，但是每天都过得很充实。每天的训练时间里最少有 8 个小时都是站着的，尽管很累，但是胡萍完全不觉得烦闷枯燥。胡萍说，她很享受这个逐梦的过程。

做新时代"大国工匠"

胡萍在集训的"10 进 5""5 进 2""2 进 1"的比赛中都拿到了第一名的好成绩。离"工匠"梦想最近的机会，是代表中国参加第 44 届世界技能大赛时装技术项目，肩负着责任和使命，胡萍赢得了荣誉，实现了她的"工匠"梦想。习近平总书记在党的十九大报告中指出，要建设知识型、技能型、创新型劳动者大军，弘扬劳模精神和工匠精神，营造劳动光荣的社会风尚和精益求精的敬业风气。胡萍表示："我会继续苦练技能，做一名新时代的'大国工匠'！我坚信，在这个时代，技能一定能成就我未来精彩的人生！"

（资料来源：搜狐网，内容有改动）

思 考 题

1. 如何培养大学生的创新素质？
2. 劳动教育对培养大学生创新能力的作用是什么？

实践任务

头脑大风暴

一、活动准备

（1）班级同学分成四组，抽签进行两两比拼。

（2）一位同学为计分员，一位同学为裁判员并进行计时。

二、活动步骤

（1）先进行 5 分钟的组内交流，派出一位同学作为小组代表参与比赛。

（2）比赛采用一对一轮流对答的形式，5 秒钟未说出答案，则轮到对方回答。

① 请说出铅笔的用途，看谁说得多。（5 分钟内完成）

得分标准：说出几个用途就得流畅度几分，说出几种类别用途就得变通度几分，谁两种得分高，谁就获胜。

② 夏天的蚊子着实让人烦恼，请说出尽可能多的灭蚊方法。（5 分钟内完成）

得分标准：说出几种就得几分，得分高者获胜。

三、评价反思

（1）填写活动评价表。

目标和内容	自我评价	同学评价	老师评价
提高想象力基本方法的掌握程度	☆☆☆☆☆	☆☆☆☆☆	☆☆☆☆☆
流畅度得分情况	☆☆☆☆☆	☆☆☆☆☆	☆☆☆☆☆
变通度得分情况	☆☆☆☆☆	☆☆☆☆☆	☆☆☆☆☆
活动参与度	☆☆☆☆☆	☆☆☆☆☆	☆☆☆☆☆

（2）在游戏中，你是否发现自己的思维受到了限制？影响你的发散性思维和想象力的原因是什么？

（3）你的游戏完成得非常出色，这与你平时的什么爱好或习惯有关？请与大家分享一下。

模块二　大学生创新创业

案例导入

　　无锡科技职业学院为推进创新创业建设进度,进一步优化校园创新创业环境,帮助和扶持大学生自主创业,全方位鼓励大学生开展创新和创业实践活动,培养大学生创业意识、创业精神,提高创业能力和素质,以促进创业带动就业,创新创业学院出台一系列创业扶持政策,指导创业精英班学生注册成立公司,累计达53家。大学生创业公司的法人、监事、财务总监和公司职员均由我校各院系的大学生组成。公司经营范围分为跨境电商方向22家、物联网软件开发11家、其他服务类创业方向20家。大学生创业公司自成立以来,涌现出了许多充满正能量的创业故事。

　　商学院电子商务1601班学生韩虎啸,和5名同班同学创办了"无锡零启商贸有限公司",通过大学生创业办公室提供的创业一站式服务,顺利办理自己公司的营业执照。经由创新创业学院组织的"跨境电商项目对接平台",韩虎啸创建的公司团队通过电商业务技能培训和考核,与无锡歆然乐趣电子商务公司成功完成项目对接,成为无锡歆然乐趣电子商务公司在科院的首批签约合作单位。

　　依托无锡歆然乐趣电子商务公司的优质资源,通过速卖通电商平台,大学生创业公司成员实战演练平面设计技术、标注LOGO和数据分析等电商平台运营工具,掌握经营分析—商品分析—商品效果—单品分析的店铺经营方法。目前,公司主营童装和家居用品等商品。商品远销美国、加拿大、俄罗斯和法国等欧美国家市场。未来公司规划从店铺定位、选款、推广、转化率及回购率五方面入手,全面提升店铺运营能力。

　　商学院市场营销1601班学生季强,在创新创业学院领导和老师的指导下,与同学张航共同注册成立无锡帆海云舟电子商务有限公司。经由在无锡跨境电商产业园内无锡自由客电子商务有限公司为期一个月的业务培训,从23家一起参加培训的学生创业公司中脱颖而出,成为无锡自由客电子商务有限公司在科院的首家签约合作公司。

无锡帆海云舟电子商务有限公司的跨境电商团队现经营13家跨境电商店铺,经营商品涵盖儿童玩具、男女箱包、厨房用品、抱枕、毛绒玩具等5大类别,商品主要销往菲律宾、马来西亚、泰国、印度尼西亚、新加坡等亚洲国家。公司团队分工明确,分别负责店铺中产品上架、站内引流和视觉营销等业务。在创业上获得成功的季强还有着另外一个身份就是在校学生,虽然创业占用了他很多的时间,但是对于学业他也从来没有松懈过。白天他认真学习"大学生创新创业教育""VBSE创新创业实训"和"跨境电商实务"等课程知识,利用晚上和周末等课余时间开展创业公司运营。

创新创业学院一直以来积极为大学生创业提供各项服务,本学期依托"校企合作电商项目对接会"和"双创活动周"等平台,引进大型电商企业入驻我院大创园,引入跨境电商优质资源,直接在众创空间设点带领学生开展创业项目,为100多位学生开展电商创业教学及培训业务,以及为大学生创业公司提供完善的创业项目孵化服务。

一、创新创业概述

"大众创业、万众创新"出自2014年9月夏季达沃斯论坛上李克强总理的讲话,李克强提出,要在960万平方千米土地上掀起"大众创业""草根创业"的新浪潮,形成"万众创新""人人创新"的新态势。此后,他在首届世界互联网大会、国务院常务会议和2015年《政府工作报告》中频频阐释这一关键词。每到一地考察,他几乎都要与当地年轻的"创客"会面。他希望激发民族的创业精神和创新基因。

创新创业是指基于技术创新、产品创新、品牌创新、服务创新、商业模式创新、管理创新、组织创新、市场创新、渠道创新等方面的某一点或几点创新而进行的创业活动。创新强调的是开拓性与原创性,而创业强调的是通过实际行动获取利益的行为。创新是创新创业的特质,创业是创新创业的目标。

二、创新创业的特点

（一）高风险

创新创业是建立在创新基础上的创业，但是创新受到人们现有认知、行为习惯等方面的影响，会面临被接受的阻碍，因而创新创业会面临比传统创业更高的风险。正如彼得·德鲁克所言："真正重大的创新，每成功一个，就有 99 个失败，有 99 个闻所未闻。"

（二）高回报

创新创业是通过对已有技术、产品和服务的优化组合，对现有资源的优化配置。能够给客户带来更大、更多的新价值，从而开创所在创业领域的"蓝海"，获取更多的竞争优势，也获取更大的回报。创新创业是在创新基础上的创业活动，创新是创业的基础和前提，同时创业又是创新成果的载体和呈现，并在创业活动过程中不断优化资源配置、总结提炼，以实现创新的更新与升级。创新带动创业，创业提升创新。

三、职业院校学生创新创业的优势与弊端

职业院校学生创业是一种以在校大学生和毕业大学生这一特殊群体为创业主体的创业过程。随着我国不断走向转型化进程及社会就业压力的不断加剧，创业逐渐成为在校学生和毕业学生的一种职业选择。

（一）优势

（1）职业院校学生往往对未来充满希望，他们有着年轻的血液，充满激情，以及"初生牛犊不怕虎"的精神。

（2）职业院校学生在学校里学到了很多理论性的知识，有着较高层次的技术优势。"用智力换资本"是大学生创业的特色和必然之路。一些风险投资家往往是因为看中了大学生所掌握的先进技术，而愿意对其创业计划进行资助。

（3）现代职业院校学生有创新精神，有挑战传统观念和传统行业的信心及欲望，而这种创新精神也往往成为大学生创业的动力源泉，成为成功创业的精神基础。

（4）职业院校学生创业能提高自己的能力，增长社会实践经验，通过成功创业，实现自己的理想，证明自己的价值。

（二）弊端

（1）职业院校学生社会经验不足，常常盲目乐观，没有充足的心理准备。对于创业中的挫折和失败，许多创业者感到十分痛苦茫然，甚至沮丧消沉。

（2）急于求成、缺乏市场意识及商业管理经验。职业院校学生虽然掌握了一定的书本知识，但终究缺乏必要的实践能力和经营管理经验，对市场营销等缺乏足够的认识，很难一下子胜任企业经理人的角色。

（3）职业院校学生对创业的理解还停留在仅有的美妙想法与概念上。

（4）职业院校学生的市场观念较为淡薄，很少涉及技术或产品的市场空间。

四、职业院校学生创新创业所需的基本能力

（一）自我认知及科学规划

刚进入大学校门的学生，对社会和自己的认识还非常有限。要想清楚地知道自己以后的发展方向，仅靠自身的苦思冥想是找不到答案的。最好的办法就是去观察别人，征求"过来人"的意见，再结合自己的实际情况制定一些小目标，通过确定和实现这些小目标，再慢慢地开始规划自己的人生。

在创业过程中，要经常性地提前计划或规划一些事情。在制订计划时一定要综合各种因素，形成切实可行的动作分解，要将任何可能的细节都考虑在内。而在实施的过程中要针对当下的具体情况进行，适时做调整。运营需要强有力的计划管理能力，只有具备这一能力才能让自己更靠近成功创业之门。

（二）胆识和魄力

团队筹备之初及运营后，会面临各种各样的决策。作为团队灵魂的创业者的一举一动都左右着创业的发展走向和兴衰。前期，创业者可能会广泛地征求亲朋好友的建议，一旦自己能够独立自主后，就必须通过自己的智慧和胆识去决定各种大小事务。在自主做出决策时，谨慎是必不可少的，一旦优柔寡断可能就会失去一个绝佳的商业机会。同时，决策的胆识和魄力一定要建立在深思熟虑的基础之上，既要风险小又要兼顾利益最大化。

（三）团队管理、信息管理

创业如同经营一家企业一样，需要制定各种制度。制度不在于多，而在于能否让所有相关的人都明白其中的道理，并且严格执行。创业者需要针

对自己团队的实际情况建立各种有效的管理制度,包括店员管理、培训、绩效考核等。同时,针对市场的不断发展变化而改进相应制度,只有这样才能够让创业者及其团队立于不败之地,拥有发展的主动权。制度的制定和改进要基于客观事实,而不能想当然,要极力保证制度的可实施性。

职业院校学生创业者由于缺乏大量的社会实践经验,因此在接触各种信息时,难免会有失偏颇地做一些决定。当创业者对信息无所适从时,可以向过来人请教,加以甄别。要在观察和请教别人的过程中,不断提高自身处理信息的能力。

(四)学习能力

在现代社会要想取得不断的成功,必须具备持续学习的能力。市场各行业的竞争日益激烈,大到企业、小到个人,要想力争上游,就必须比竞争对手更快地掌握更多的知识,通过不断学习使自己处于不败之地。对于大学生创业者而言,除了书本的理论知识,更要重视培养其他方面的综合能力。

(五)社会交往能力

良好的人际关系,不仅能给人带来快乐,而且还能助人走向成功。大学生创业者在开始创业后必将会接触各种不同类型、身份的人,而接触的人大多都是与自己的利益相关的。所以,从创业最开始就要学会与各种人打交道。要尽可能地去积累人脉,认识朋友,舍得给自己投资。在与前辈们的交流和学习当中不断认识到自己的不足,针对性地加以完善。

(六)保持身心健康

创业者要经常与孤独和挫折为伴,绝大多数的创业过程不是一帆风顺的。要保持乐观而稳定的心态,需要在长时间的历练中找到方法。大学生要放低姿态,平静地去接受一切可能的打击。同样,在得意时,切不可沾沾自喜、妄自尊大。

身体是革命的本钱,创业者只有身体健康才能够支撑一切的打拼和奋斗。为事业拼搏而废寝忘食的精神非常值得肯定,但是终究不能成为常态。大抵年轻的创业者都精力旺盛,一旦投入工作中很难自拔,在创业的过程中一定要注意劳逸结合,切莫因为太拼而让自己的健康状况下滑。

思考题

1. 创新创业的特点有哪些?

2. 职业院校学生创业所需要的能力有哪些？

实践任务

模仿下面的活动方案，设计一个本学院的创新创业劳动周活动方案。

以下为供参考的活动方案。

教育科学学院创新创业劳动周活动方案

一、活动背景

全面贯彻党的教育方针，落实"立德树人、追求卓越、自主发展"的本科教育理念，将创新创业教育、劳动教育融入我校人才培养的全过程，形成具有华师特色的创新创业和创新劳动教育模式，培养高素质的"双优人才"。为此，学校特开展"第×届创新创业劳动周"。

二、活动对象

2018 级和 2019 级全日制本科生，2017 级、2020 级本科生自愿参加。

三、活动时间

本学期第 12 周

四、活动内容

（一）讲座论坛

邀请专家学者、行业（企业）精英、优秀校友代表及青年优秀创业人员，通过讲座、论坛、沙龙、交流会等形式，分享优秀创新创业者的成功经验，使学生了解国家的创新创业政策，学习创新创业基本知识，培养学生的创新创业理念，激发创新创业意识和激情，启迪创新创业思维，强化诚实合法劳动意识教育，培养科学精神。

（二）考察调研

组织学生到实习实践基地、高新企业、科技园、大学生创业园、创业孵化基地、众创空间和小微企业创业基地，尤其是 IAB 类企业（信息技术 Information Technology、人工智能 Artificial Intelligence、生物制药 Biopharmaceutical）等进行考察调研，了解企业管理理念、生产经营、企业文化等，打造全方位的创新创业实践平台、基地。

（三）竞赛活动

组织开展各类竞赛活动，着力培养和提高学生的创新创业能力、团队合作能力、组织协调能力。

（四）实践活动

深化产教融合，注重围绕创新创业，结合学科和专业积极开展实习实训、专业服务、社会实践、勤工助学等生产劳动和服务性劳动，重视新知识、新技术、新工艺、新方法的应用，创造性地解决实际问题，培育诚实守信的合法劳动意识和创造性劳动能力。

（五）项目孵化

邀请创业导师对创业项目进行分析指导；邀请风险投资公司、企业家入校，选拔有融资需要的创新创业项目进行展示、路演、对接，培育具有市场潜能的创新创业项目或创业公司。

（六）成果展示

总结凝练近年创新创业工作的好经验、好做法，展示近年创新创业活动丰硕成果和创新创业成功典型，努力营造敢为人先、敢冒风险、宽容失败的氛围环境，培育创新创业文化；组织开展劳动技能和劳动成果展示。

五、活动安排

活动时间	类别	活动名称	地点	人数	负责人
11 月 20 日前	竞赛	"创业，往往开始于一个小尝试"商业计划书		100	
11 月 23 日上午 9：30—11：30	论坛	"知创学创，开启双创之门"论坛		130	
11 月 24 日上午 9：30—11：30	讲座	"创新创业有技巧"知识讲座		50	
11 月 23 日—11 月 29 日	考察调研	自主调研，自主参观产业基地		130	
11 月 25 日上午 9：30—11：30	沙龙	"交流点燃创新思维"：学习与科研的经验碰撞		130	
11 月 25 日下午 15：00—16：30	项目转化	"互联网＋"获奖项目/创意计划的商业路演		130	

（续表）

活动时间	类别	活动名称	地点	人数	负责人
11月26日下午 15：00—17：00	成果展示	"鉴经验，筑坦途"经验交流会		130	
11月26日下午 15：00—17：00	展览类	"品佳作风采·萌研学之芽"优秀作品展		500	

六、活动要求

（1）创新创业周期间，学校及学院将会对学生进行考勤，学生要服从学校、学院的统一组织和管理，积极参加各种活动，不得擅自离校。

（2）具体参加要求

①展览类为不可选项，全体学生都可以看展出的作品。

②2018级、2019级本科生每人应至少选择参加2个活动（需分属不同类别，在表格中以不同颜色区分），达到参与要求才能获得相应学分。2017级、2020级本科生自愿参与各项活动，无须报名。

（3）需发送邮件的内容

① 请各班班长统计班内各项活动报名情况，确认所有人的报名符合要求类别和数量后，于11月13日（周五）下午3点前将《创新创业周活动报名表》（附件一）及《自主调研报名表》（附件二）发至 jky××@163.com，邮件主题命名格式：创新创业周20××级××专业。（若某项活动报名人数过多，超出活动容量，则按照发邮件的先后顺序安排，最迟的班级须重新报名）

② 请每班参与竞赛的同学认真阅读《竞赛项目通知》，并按要求填写、提交相应的表格。请每班参与自主调研的同学写好《自主调研总结》（附件三），每人一份，以班为单位，于11月29日12：00前发至 jky××@163.com，邮件主题命名格式：自主调研总结20××级××专业。

模块三　园区创新创业实践

案例导入

　　2021 年 2 月 18 日,民政部网站发布通知,公布 2021 年度全国基层治理创新典型案例名单,无锡市新吴区旺庄街道一项目成功入选,这是全市唯一入选案例,也是全国仅有的两个以街道为申报单位的案例之一。旺庄街道实施的《"益动旺庄"成长计划探索社区工作者阶梯式培养新模式》,以居民需求为导向,深挖街道社区治理特色,挖掘街道优秀的自治项目,打造街道社区治理创新品牌,走出了社区治理的"旺庄解法"。

　　　　专题调研、精准把脉　提炼"六力"需求模型

　　街道通过问卷调查、观察访谈等方式向辖区内的社区工作者、居民等了解情况,找准症结所在;以能力建设为核心,着力搭建"益动旺庄"人才培训平台,聚焦社区工作者为民服务力、居民动员力等"六力"建设。

　　　　搭建平台、传帮带育　新手起航与赋能

　　街道面向新手社区工作者展开"新手社工启航培力计划",推动新手参加社工考证,培养专业理念和意识;邀请优秀社区工作者分享经验、方法与技巧,帮助新手熟悉业务;通过实战提高新手一线服务能力,与居民建立友好关系。

　　　　系统设计、链接资源　骨干培力与增能

　　街道挑选入职 2 年以上、有工作经验且愿意主动提升发展的社区工作者作为骨干,通过整合资源、召开小巷论坛交流会等方式为其提供"知、信、行"知识实践体系培育,提升其项目运营力和协商议事力。

　　　　联动长三角、跟岗训练　精英提升与聚能

　　街道将社区负责人作为第三层级培育对象,通过与先进街道制定共建跟学合作计划,实施跟岗训练,开拓其治理视野,并举办主题论坛分享学员

学习心得与反思,提升社区统筹协调、治理创新能力,激发社区治理活力。

微爱旺庄、项目化操演　能力实践与提升

街道将"益动旺庄"人才培养平台与"微爱旺庄"社区微治理创新大赛有机结合,以项目化操演的形式使社区负责人、骨干社工、新手社工均能参与其中,以实战提升社区凝聚力与整合治理能力。

近年来,新吴区深入推进"善治新吴"城乡社区治理创新实践项目,通过项目化建设推进社区治理。2021年,新吴区上下实施了百余个涉及社区营造、居民自治、协商议事等领域的社区治理服务项目,立足"一街一品",形成了"益聚议治江溪""微爱旺庄""新安街道品牌战略计划""创智益航""梅好家园""鸿福治愿"等社区治理项目"品牌群",不断增强基层社会治理效能,提升了人民群众的认同感、获得感和满意度。

一、高职院校双创人才培养的现状

(一)没有给予双创人才培养以足够重视

高职教育的目标是培养与我国社会主义现代化建设要求相适应的高级技术应用型人才。随着高职教育的发展,"大众创业、万众创新"的双创人才培养越来越受到关注,创新和创业已经成为人才培养目标的重要指标。但双创人才培养尚未受到高职院校领导和师生的足够重视,更不用说把双创人才教育融入高职教育的内容中,培养双创人才的教育难以开展。

(二)没有形成双创人才培养模式

一是高职院校忙于扩招、扩建,缺乏更多的资金用于投入双创人才培养模式的基本建设。二是虽然社会、学校制定实施了许多利于"双创型"人才培养的政策、制度,但是这些政策、制度往往彼此孤立存在,没有形成一套利于"双创型"人才培养的合理体系。三是虽然国家、学校为了提高学生"双创"能力举办了许多技能比赛和创业活动,但是这些活动并没有发挥出多大作用,学生们并未了解比赛的真正意义,只是盲目地搜集资料,并未在此过程中提高自己的创新创业能力。

(三)缺乏培养双创人才的教师队伍

从播下创新创业精神的种子,到培养相关能力,再到启发引导学生们创新创业走向正轨,教师是学校"双创"教育的关键。我国高职教师队伍注重学历,但缺乏创业经历和公司经营经验。要配齐配强创新创业教育专职教师队伍,聘请各行各业优秀人才担任专业课、创新创业课授课或指导教师,建设优秀创新创业导师人才库。此外,加强高校教师创新创业教育意识和能力培训,鼓励教师积极参与技术创新和产品研发,把科研成果转化作为着力培育"大众创业、万众创新"的新引擎。

二、"区校一体"专创融合型育人模式——以无锡科技职业学院为例

(一)完善"区校一体"的专创融合体制机制建设

1. 在学校与高新区共建的"政产学研合作理事会"架构下,成立专业指导委员会、学生创新创业指导委员会

无锡科技职业学院是高新区全额拨款的一所高职院校,为高新区企业发展提供智力支撑是学校办学的根本目的。将高新区产业发展与学校的专业相结合,深化"区校一体"的育人模式,助力高新区高质量发展。

2. 与园区合作成立"产业学院",并建设"产业人才双创孵化中心""产业人才教学实践基地"

学校充分集聚现有的优秀人才和资源,与园区行业领军企业携手合作,培养企业发展急需的具有双创素养的应用型技术人才。

3. 整合和升级学校现有双创平台,完善大学生创新创业项目的孵化管理办法

制定和修订《无锡科技职业学院大学生创业园运行管理规定》《无锡科技职业学院大学生创新创业项目孵化管理规定》《无锡科技职业学院创新创业教育实施办法》《无锡科技职业学院大学生创业训练计划项目管理办法》等制度文件,规范管理,形成长期稳定有效的运行体系。

(二)重构"区校一体"的专创融合教育体系

1. 将创新创业教育纳入人才培养方案进行整体设计

结合无锡市新吴区经济社会发展对高技能创新人才的需要,调整专业课程设置,挖掘和充实各类专业课程的创新创业教育资源,依托院系推进创新创业课程体系建设,推进创业教育与专业教育的深度融合。将创新创业教育落实到各专业人才培养方案之中,在现有"大学生创新与创业基础""专业创新创业实践"两门课程的基础上,设立并执行创新创业专项学分,以保

障创新创业教育水平和创新创业能力素质培养质量。学生通过课程学习、参加创新创业活动、开展实施创新创业项目、参加创新创业竞赛等方式来获得学分，并可在各个获得学分的方式之间进行学分置换。

2. 挑选培养双创人才的实用教材

可以引进国外创新创业教育教材。国外创新创业教育起步较早，经验丰富，已经开发了一些非常权威的创新创业教育教材，形成了比较成熟的教学手段和教学评估标准。

积极调整专业课程设置，"融创新创业教育于全过程"。遴选创新创业能力培养核心课程设置综合性工程创新项目，将涉及创新能力培养的内容和案例融入教学全过程，实现创新创业能力培养的常态化，如开设创业规划、沟通技巧、管理技能、企业营销等类别课程。充分利用通识教育课程平台，深化创新创业教育改革，丰富创新创业教育课程菜单，加入思维方式、职业素养、礼仪形象等类别的课程。

3. 打造"区校一体"的专创融合众创空间

学校在双创人才培养过程中，一方面，为学生提供项目研发和团队运行的场所；另一方面，为学生提供系列的双创辅导课程和活动体验。因此，专创融合的众创空间有以下特点。

（1）全程免费。有别于社会上的众创空间，我校的众创空间是学生团队自主管理的全免费的孵化平台，零场地租金、零办公开销、入驻零门槛，旨在给有创业梦想的学生提供一个尝试和挑战自我的舞台。

（2）全程指导。采用多导师制，即由校内专业导师和素养导师、企业导师构成，只要学生创业团队入驻众创空间即可享受全程的双创指导。素养导师主要是对学生项目的实施过程进行监督和指导商业计划书的初步撰写，帮助学生学会时间管理；专业导师主要是指导学生创业过程中的项目研发的技术问题，帮助学生解决技术难题；企业导师，作为高级顾问，定期为学生的创业项目进行阶段性诊断和提出修改建议。

（3）体制完善。该众创空间主要由学生团队自主管理，学会经营孵化平台。因此，在创业咨询师的指导下，学生管理团队会制定完善的入驻须知、日常管理办法、创业基金的建立和使用规则以及合理规划众创空间的空间布局等。

（4）以赛促创。在互联网＋行动下，近几年的各级创新创业大赛的主要赛项为:互联网＋传统行业的 App 设计、网络营销技能、物联网等。因此,依托我校江苏省移动互联 A 类品牌专业的优势,组建多支 App、物联网项目开发团队入驻,积极参加各级创新创业大赛。一方面可以检验创业团队的实力,另一方面可以开阔队员的眼界和开拓社会资源。

三、大学生创业在园区

大学生毕业后创业,首先要做的就是注册公司。大学生在无锡注册公司的一般流程如下。

(一)企业名称预先登记

办理程序:持股东(投资人)资格证明领取《名称(变更)预先核准申请书》《投资人授权委托意见》—填表(按公司命名要求一次可以最多起 9 个名称备查)— 交表— 领取《企业名称预先核准通知书》

(二)企业设立登记

办理程序:出示《企业名称预先核准通知书》—领取《企业设立登记申请书》,同时领取《企业设立登记申请书》等有关表格。

(三)前置审批

企业登记注册前,政府行业主管部门对企业经营资格进行审查。一般企业不需要。

(四)交存企业注册资金

办理程序:股东之一本人当面出示所有股东的身份证原件—填写入资单—存入注册资金—领取入资原始进账单。

(五)工商注册的审批、领取营业执照

填写并提交《企业设立登记申请书》等材料—领取《准予设立(变更、注销、撤销)登记(备案)通知书》—5 个工作日后持《准予设立(变更、注销、撤销)登记(备案)通知书》交费—领取营业执照正副本。

(六)企业印章备案及刻制

办理程序:携带营业执照副本到公安分局窗口备案—公安分局在营业执照副本上印核准章—在指定的刻字社刻制公章、财务章、合同章、人名章等印鉴。收费标准:公安分局备案免费,刻章费共计 365 元(其中财务章180、公章 70 元/枚、合同章 70 元/枚、人名章 45 元/枚,此为行业规范价格,仅供参考)

（七）企业法人代码登记

办理程序：领表—填表—提交单位公章等资料—交费—（办理时限过后）领取组织机构代码证书。

（八）税务登记

提供材料：企业法人营业执照副本复印件一份或其他主管机关核发的许可证照复印件一份；法定代表人或负责人的身份证复印件一份（外籍人员为护照复印件一份）；企业办税人员身份证复印件一份；企业组织机构统一代码证复印件一份；提供企业银行开户许可证复印件一份；办理新办税务登记的纳税人还要提供营业执照所在地街道和乡镇的名称。

（九）开设银行账号

提供材料：请以各入资银行的具体要求为准。

（十）开转资证明和划转资金

提供材料：工商局开具的转资证明（出具《营业执照》正本或副本原件、《开户许可证》原件、《交存入资资金凭证》的企业留存联、经办人身份证原件方可领取转资证明）；股东之一（原办理入资的股东亲自来办）本人持身份证原件及复印件办理转资。

（十一）社会保险登记

提供材料：营业执照副本原件及复印件；法人代码证书原件及复印件。

拓展阅读

无锡创业政策扶持

无锡针对创业的政策，涉及全过程。大学生、本市户籍城乡劳动者在当地创业，可申请享受以下政策：6000 元的一次性开业补贴；每年 5000 元、连续三年的租金补贴；带动 1 人补贴 3000 元、连续补贴三年、最高补贴 10 万元的创业带动就业补贴；每人 2000 元的创业培训补贴；连续补贴两年的大学生创业住房补贴；最高 30 万元的大学生创业投资补贴；最高 30 万元的大学生创业项目无偿资助等。

同时，符合条件的创业孵化基地，可申请基地建设补贴 15 万至 100 万元。大学生和本市户籍城乡各类劳动者，在无锡从事个体经营或创办企业，可申请 30 万元的小额担保贷款扶持，劳动密集型小企业可申请享受 200 万元贷款贴息扶持。

围绕大众创业、万众创新,无锡正在实施创业引领工程的三年计划。这项工程包括创业主体培育、创业能力提升、创业政策落地、创业孵化推进、创业服务优化等五大行动。

无锡在 2015—2017 年,建成大学生创业园 15 家以上,组织各类创业培训 5 万人以上,重点扶持大学生、城镇失业人员、农村劳动力、复转军人、妇女、青年以及残疾人等各类劳动者创业 3 万人以上,引领带动就业 10 万人以上。

无锡市以"五大体系"建设为基础和着力点,着力构建创业氛围,全面推进创业工作,结出了累累硕果。而在今后的 5 年中,市人保部门将围绕市委市政府提出的生态城、旅游服务城、高科技城、宜居城建设目标,全面落实劳动者报酬与居民收入倍增行动计划,以全民创业为目标,重点引领高层次人才创业,积极引导大中专毕业生创业,全面扶持各类人员创业。

未来 5 年,我市将围绕"543"扶持创业计划,组织实施科技创业促进行动、创业能力提升行动、创业政策落实行动、创业融资助推行动、创业跟踪服务行动、创业环境营造行动这六大行动。进一步完善政策扶持、创业培训、创业服务一体化的创业工作体系,积极搭建鼓励和扶持更多城乡劳动者成功创业的综合性平台,大力推进创业带动就业发展战略,不断将创业带动就业工作引向深入、迈上新台阶。

（资料来源：无锡科技职业学院商学院官网,内容有改动）

思考题

1. 简述大学毕业生如何注册一家创业公司。
2. 职业院校应该怎样把创新创业和育人结合起来?

实践任务

撰写一份创业计划书

创业计划书,也被称为商业计划书,是从创意到执行的方案,是一种书面文件,也是可行性研究报告。创业计划书的撰写可以使创业者系统地思考新创企业的各个影响因素,从而使创业创意更加具体清晰;创业计划书也是新创企业的推销性文本,通过创业计划书向有实力的投资者、创业孵化园、供应商、潜在的合作伙伴以及相关人员和单位展示自我。

请尝试写一份创业计划书。

一、活动准备

为了使创业计划书脱颖而出,并最终获得风险投资人的青睐,创业者要明确自身的能力以及身边的资源,分析自身能够创造出的差异价值,真实地阐明产品与服务占领目标市场的可行性。

创业者要从三个方面做好劳动准备:一是学习成功的经验;二是进行创业构思;三是完成市场调研。

二、活动步骤

(1)明确创业方向,确定创业内容,寻找创业伙伴。

(2)起草方案,撰写创业计划书。

①撰写项目摘要,包括公司概况、注册资金、商业模式、投资收益评价等。

②进行市场分析,包括市场定位与目标客户、市场预测(市场占有率)、竞争分析、项目 SWOT 分析等。

③介绍营销策略,包括产品特征、营销特征、产品定价、销售渠道、宣传推广等。

④设置人员与组织结构,包括组织结构、团队成员、部门/岗位职责等。

⑤财务分析报告,包括固定资产(生产经营所需设备、工具和办公家具)、原材料/商品采购成本、销售与管理费用预测、启动资金需求、启动资金来源等。

⑥对利润进行预测。

⑦风险分析与对策。

⑧介绍企业的愿景。

(3)根据创业计划书内容,把最主要的东西做成一个 1—2 页的摘要,放在前面。检查一下,千万不要出现错别字之类的错误,否则别人会对你做事的严谨性产生怀疑。

(4)为创业计划书设计一个漂亮的封面,编写目录及页码,打印,装订成册。

三、评价反思

(1)填写活动评价表。

目标和内容	自我评价	同学评价	老师评价
明确创业的目的,了解创业计划的内容	☆☆☆☆☆	☆☆☆☆☆	☆☆☆☆☆
提高对创业要素的认知和分析,提升创业素养	☆☆☆☆☆	☆☆☆☆☆	☆☆☆☆☆
理解创新与创业的关系,树立明确的就业目标,培养创业能力与素养	☆☆☆☆☆	☆☆☆☆☆	☆☆☆☆☆
完成一份创业计划书	☆☆☆☆☆	☆☆☆☆☆	☆☆☆☆☆

（2）在撰写创业计划书的时候,你发现自己最欠缺哪方面的知识?

（3）这份创业计划书是你和创业伙伴共同完成的吗? 你们合作的感受如何?

（4）你的创业计划书可执行性如何? 要如何改进?

参 考 文 献

[1]习近平.决胜全面建成小康社会 夺取新时代中国特色社会主义伟大胜利:在中国共产党第十九次全国代表大会上的报告[J].理论学习,2017(12).

[2]习近平在乌鲁木齐接见劳动模范和先进工作者、先进人物代表 向全国广大劳动者致以"五一"节问候[N].人民日报,2014-05-01(01).

[3]李彤.高校大学生劳动教育研究[D].河北大学,2021.

[4]魏慧慧.新时代劳动教育与德智体美四育关系的审思及重构[D].渤海大学,2021.

[5]林子铃.新时代大学生劳动精神教育研究[D].桂林电子科技大学,2021.

[6]石晓刚.新时代高职院校学生工匠精神培育——基于习近平劳动教育重要论述的研究[D].山西财经大学,2021.

[7]李卓雯.新时代大学生劳模精神培育研究[D].长春工业大学,2021.

[8]韦佳.中等职业学校劳动教育课程的实施问题及对策研究[D].四川师范大学,2020.

[9]蒲苗.新时代大学生劳动教育课程实施的个案研究[D].中央民族大学,2021.

[10]赵晓达.当代大学生志愿精神及其培育研究[D].河北师范大学,2021.

[11]印玉芬.低碳校园建设的分析与研究:以湖南农业大学为例[D].湖南农业大学,2016.

[12]张秀春.培养校园劳动传统,让劳动教育落地生根[J].教师教育论坛,2020(12).

[13]樊东坡.低碳时代下高校建设低碳校园的路径探讨[J].当代经济,

2012(12).

[14]苏萌,严伟.劳动教育视域下高校志愿服务育人功能的实现路径探索[J].创新创业理论研究与实践,2021(19).

[15]沈威.新时代志愿服务高质量发展路径探析:以杭州亚运会为例[J].中国青年社会科学,2021(6).

[16]新华社.习近平在全国教育大会上强调坚持中国特色社会主义教育发展道路 培养德智体美劳全面发展的社会主义建设者和接班人[J].党建,2018(10).

[17]中共中央国务院发出《关于进一步加强和改进大学生思想政治教育的意见》[J].云南教育,2004(33).

[18]国务院办公厅.关于深化高等学校创新创业教育改革的实施意见[J].中国大学教学,2015(5).

[19]新华社.中共中央国务院关于全面加强新时代大中小学劳动教育的意见[G].中华人民共和国国务院公报,2020(10).

[20]教育部关于印发《大中小学劳动教育指导纲要(试行)》的通知(教材〔2020〕4号)[G].中华人民共和国国务院公报,2020(23).

[21]许涛.基于创新素质培养的新时代高校劳动教育[J].创新与创业教育,2021,12(6).

[22]吕佳,丁锋.高职院校"区校一体"专创融合型育人模式研究[J].中国管理信息化,2021,24(23).

[23]高明.马克思如何看待劳动的价值[EB/OL].(2020-09-08)[2022-03-11].https://m.gmw.cn/baijia/2020-09/08/34165339.html.

[24]江苏省教育厅.江苏省无锡市高新区加强区校协同 积极探索产教融合发展新模式[EB/OL].(2021-03-23)[2022-03-11].www.moe.gov.cn/jyb_xwfb/s6192/s222/moe_1741/202103/t20210323_522110.html.

[25]第十二届中国青年志愿者优秀个人奖[EB/OL].(2019-12-14)[2022-04-29].http://iqingyun.cyol.com/home/special/info/pid/284890/spid/7.html.

[26]给边疆栽上万朵鲜花:记河北保定学院西部支教毕业生群体[EB/OL].(2021-08-25)[2022-05-02].http://zgzyz.cyol.com/content/2021-08/25/content_19016945.htm.

［27］热情饱满，激情昂扬！青年志愿者助力十四运会和残特奥会火炬传递［EB/OL］.（2021－08－25）［2022－05－03］. http://mzyz. cyol. com/content/2021－08/25/content_19016926. htm.

［28］无锡职业技术学院：把创新意识融入学生"血液"［EB/OL］.（2015－07－14 ）［2022－04－17］. https://www. sohu. com/a/22646217_115402.

［29］五虎迎春·吉祥虎践行非遗 无锡科技职业学院探索剪纸中的吴地中国年［EB/OL］.（2022－01－30）［2022－04－30］. https:ourjiangsu. com/@/20220130/1643592560440. shtml.